勳老 徐正淇 先生 儒教大全 卷10 記

世界 속의 韓國流風

훈로 서정기 선생 유교대전 권10 기

世界 속의 韓國流風

徐 正 淇 先生 著

머 리 말

유풍(流風)이란 일상생활 속에 선인(先人)이 남기고 간 좋은 습성
이다. 우리나라의 선인(先人)들은 인류의 역사이래로 가장 고결한 신
선세계(神仙世界)를 이미 상고시대에 개척하여 3신산(三神山: 蓬萊,
方丈, 瀛洲)의 자취를 이 땅에 남겼고, 중고시대에는 대단히 장중하고
엄숙하게 질서를 지키면서도 너그럽고 즐겁게 화합하는 군자국(君子
國)을 건설하여 고매한 인격을 갈고 닦는 문풍(文風)을 남겼으니 고
구려의 경당(局堂)과 신라의 화랑(花郞)이 그 자취이다.

근대에는 성학(聖學)을 크게 일으켜 도덕과 윤리와 예절을 숭상하
고 교화(敎化)에 힘써서 동방예의지국(東方禮義之國)을 건설하였으니
사류(士類)를 준거집단(準據集團)으로 삼아 예의염치(禮義廉恥)를 지
키고 청렴결백하게 사는 풍속을 남겼는데 서울의 고궁(古宮)에 돈화
문(敦化門), 광화문(光化門), 홍화문(弘化門)의 현관과 지방의 향교
(鄕校)에 만화루(萬化樓), 태극루(太極樓), 풍화루(風化樓)의 현액이
지금까지 현존하는 자취이다.

이리하여 우리나라의 유풍(流風)은 지극히 아름다운 자연관(自然觀)

과 대단히 지성적(知性的)인 인격관(人格觀), 그리고 매우 친근한 사회관(社會觀)이 있어서 이 땅을 금수강산(錦繡江山)으로 가꾸고 한겨레가 평생 배우고 가르치면서 인정이 넘치면서도 예의범절을 지키는 문풍(文風)을 조성하였으니 오늘날 세계에서 그 유례를 찾을 없는 인류문화 전통이다.

이 『세계 속의 한국流風』은 우리의 선인(先人)이 도심(道心)으로 모든 것을 감화시켜 길이 남기고 간 세계에서 제일 좋은 습성을 되찾아 인간성을 회복하고 가정윤리를 복원하며 사회정의를 구현하고 나라의 기강을 세워서 유구한 전통에 빛나는 역사를 계승 발전하기 위하여 편집하였다.

좋은 습성은 하루아침이나 하루저녁에 만들어지는 것이 아니다. 역사와 전통과 풍토 속에서 오랫동안 생활문화로 정착되어야만 감화력이 생기는 것이며 또한 좋은 습성을 만들기는 어렵고 나쁜 습성에 물들기는 쉬운 것이므로 어진 사람은 유풍(流風)을 참으로 소중하게 지켰던 것이다.

장차 노령인구가 급속히 늘어날지라도 산속에 들어가 고결한 신선처럼 자연과 더불어 초연히 사는 신선의 유풍을 다시 일으키면 무슨 걱정이 있으며, 장차 국제화시대에 안으로 국력을 배양하여 이상 국가를 건설하고 밖으로 인류문명을 선양하여 화평세계를 이룩함에 도덕군자(道德君子)를 선출하고 단정한 선비를 등용하면 무슨 근심이 있으며 장차 사회에 인정(人情)이 넘치고 예의범절이 있다면 아첨과 교만과 인색과 사치와 방종에 무슨 고민이 있겠는가? 우리 선인(先人)의 유풍(流風)은 어려서 부지런하고, 젊어서 번듯하고, 장년에는 엄숙하고, 늙어서는 초연한 것인즉 오늘의 고민을 가장 슬기롭게 해결할 수 있는 보배로운 가치라고 하리라.

단기 4338년 12월 7일
동양문화연구소 소장 서정기 씀

勳老 徐正淇 先生 儒敎大全 卷10 記

世界 속의 韓國流風 〈目 次〉

예절은 나이로 맺어진 삶

─ 예절세대는 20대에서 60대까지 ─

사람이 이승에서 모두 똑같이 공유한 가치로 나이처럼 공평한 것은 없다. 그래서 성인(聖人)은 사회의 화합질서를 제정하면서 나이로 맺어진 삶의 틀을 만들어 연륜과 더불어 인간이 성장하고 세월과 함께 사회가 순환 발전하는 길을 열었다.

하늘의 운행으로 나타나는 시간의 흐름은 한 순간도 그침이 없어 주기적으로 연월일시가 바뀌기 때문에 그 순서가 분명하고 그 기간이 일정하므로 만물의 생성변화를 측정하는 데 가장 정확한 기준이 되는 것이다.

그래서 예절은 나이로 인간의 정신과 육체를 측정하여 알맞게 대우하는 생활규범을 만들어 서로 사랑하고 존경하는 공동체사회를 경영하였으니 나이가 배가 많으면 아버지뻘로 섬기고 열 살이 많으면 형뻘로 섬기며 다섯 살이 많거나 적으면 벗으로 대우하고 열 살이 아래면 아우뻘로 대하고 20세가 적으면 아들뻘로 보호하라고 하였으니 우리가 처음 보는 사람에게 먼저 자기의 나이를 말하고 상대방의 나이를 묻는 까닭이 바로 이러한 사회적 인간관계를 설정하기 위함이다.

그러나 예절은 건강한 육체와 건전한 정신이 있는 사람만이 실천할 수 있는 능력이 있기 때문에 예절세대는 20세 이상 69세 이하로 한정하였으니 7세 이하와 80세 이상은 예절세대에서 완전히 제외했고 8세에서 14세까지의 동자(童子)는 간단한 인사만을 희망했고 15세 이상과 19세까지의 성동(成童)과 70대의 노인은 겨우 예절의 형식만 갖추게 하고 내용은 면제하여 책임을 묻지 않은 것이다.

이와 같이 완벽을 추구하는 예절세대는 20세 이상 69세 이하에서도 건강한 육체와 건전한 정신을 가지고 있을 뿐만 아니라 예절을 배워서 아는 사람만이 행하는 것이므로 누구에게나 획일적으로 강요해서는 안 된다. 그래서 어린이와 청소년에게는 예절을 가르치고 노인에게는 예절을 생략하도록 배려하였으니 나이에 따라 요점을 기술하면 다음과 같다.

6년이면 숫자와 방향을 가르치고, 7년이면 청소하고 남자와 여자가 자리를 함께 하지 않으며 식사를 함께 하지 않고, 8년이면 문밖출입을 하면서 심부름을 하고 음식자리에 앉아 반드시 어른보다 뒤에 먹으며 양보하는 마음을 가르치고, 9년이면 날짜를 셈하는 법을 가르치고, 10년이면 학교에 가서 기숙사에 자며 공부하되 비단옷이나 솜옷을 입지 않으며 기초예절을 익히고, 13년이면 음악과 시와 춤을 배우고, 15년이면 청소년이니 활쏘기와 말타기 및 무술을 배우고, 18년이면 관혼상제(冠婚喪祭)와 효제충신(孝悌忠信)을 배워야 한다.

20년이면 관례(冠禮)를 하고 성인(成人)의 옷을 입으며 어버이를 섬기며 사회적 책임을 다하고, 30년이면 혼인하여 자립가정을 경영하면서 자녀를 부양하며, 40년이면 확고한 신념으로 공공사업을 주관하여 강력하게 추진하며, 50년이면 흰머리가 나니 건강에 조심하면서 지방행정을 맡거나 협조하여 시대적 사명을 완수하고, 60세면 육체가 쇠약하지만 정신만은 원숙하여 국가사회의 지도층으로 화합을 주도하고, 70이면 노인이니 이 세상에서의 모든 욕망을 버리고 초연히 인생을 조망하면서 사회활동의 무대에서 물러나고, 80세면 육체와 정신이 모두 쇠퇴했으므로 수행원이 없이는 밖에 나가지 않고, 90세면 곁에서 보호하는 사람이 있어야 하고, 100세면 곁에서 음식을 먹여주는 사람이 있어야 한다.

이렇게 예절은 사람의 체력을 감안하였으니 비록 상복(喪)을 입었을 때라도 50은 음식을 조금씩이라도 먹고, 60은 정상적으로 먹고, 70은 술을 마시고 고기를 먹으며 상복만 입고 방안에 거처하게 하고 80이상은 절도 앉아 있는 상태에서 두 번 하게하며, 비록 죄가 있어도 형벌을 면제하고 상복도 입지 않으며, 90세 이상은 슬프고 충격적인 소식은 전하지 않아도 되는 것이다. 이것은 노인을 특별히 배려하여 예절을 생략한 것이므로 청장년이 감히 따라서 본받을 바가 아님을 분명히 깨달아 예절세대는 아름다운 절도를 지켜야 할 것이다.

일찍이 공자는 이러한 예절의 원리에 따라 10년마다 학문이 발전하는 단계를 말씀하셨으니 15년에 학문의 뜻을 두고, 30에 몸을 세웠으며, 40에 의혹하지 않았고, 50에 천명을 알았으며, 60에 귀가 순하였으며, 70에 마음에 하고자 하는 바를 따라도 법도에 어긋나지 아니하였다고 술회하셨으니 이 말씀이 예절세대가 본받아야 할 기준임을 밝혀둔다.

대동화합의 場, 설날

설날은 천도(天道)의 운행에 있어서 세 가지가 새로 시작하는 날이다. 해(歲)가 새로 시작하는 신년의 원단(元旦)이고, 철(時)이 새로 시작하여 새 봄의 양기(陽氣)가 발동하며, 달이 새로 시작하는 정월(正月) 초하루이다. 따라서 이 날은 지난 과거를 완료하고 미래의 희망을 잉태하는 순간으로 하늘땅이 영원한 진리를 발양해서, 만물이 원기를 회복하여 새 출발하는 시점이다.

천지만물이 새로워지는 이 날을 우리 조상들은 설날이라고 이름하여 예로부터 풍속으로 정착해서 사람이 세상을 경영하는 표준으로 삼아왔다. 이것이 인간이 천하만사를 경영함에 있어서 다함께 똑같이 시작하려는 대일통(大一統)사상에서 출발한 것으로 인간이 천도가 시작하는 절도를 주체하여 바르게 살려는 노력의 결정체라고 할 수 있다.

천도의 시원(始元)은 원기의 뿌리이고, 선(善)의 으뜸이다. 그러므로 만물의 영장인 사람도 한 해를 새로 시작함에 있어서 마땅히 원기의 뿌리와 선의 으뜸을 확고하게 지켜서 천지만물과 더불어 함께 새로운 시대를 경영하려는 의지를 담은 것이니 그 뜻이 대단히 크다.

첫째는 시간의 변화에 따라서 새롭게 발전해야 된다는 것이고, 둘째
는 하늘땅은 영원무궁하게 순환 발전하므로 종말은 없다는 낙천적(樂
天的)인 자연관을 가져야 된다는 것이며, 셋째는 새해의 첫머리에 맑
고 깨끗하고 착한 생각을 가져야만 상서롭고 행복한 미래를 보장 받
을 수 있다는 것이다.

태극(太極)은 음양(陰陽)을 생성하지만 음양은 도리어 태극을 경영
한다. 따라서 사람은 하늘이 점지했지만 사람은 오히려 우주를 경영하
는 주인이다. 이러한 인본주의(人本主義)사상은 우주 천체의 운행법칙
도 인간중심으로 관찰하여 일찍이 설날을 맞이함에 시작을 삼가 하고,
끝을 신중히 하는 능동적인 생활 철학을 정립한 것이다.

그리하여 설날에 사람마다 정직한 마음을 간직하고 정의를 지켜서
정도(正道)로 시작하여 먼저 덕을 베풀고 화평한 기상으로 천지와 함
께 새 출발해서 초목의 새싹이 움돋고, 농사를 경작하고, 학교에 입학
하게 함과 동시에 벌목을 금지하고, 새집을 부수지 않고, 어린 곤충이
나 짐승을 죽이지 아니 하여 양기가 소생하고 만물이 처음 활동함에
삼라만상이 약동하게 해서 아름다운 환경을 조성하는 것으로 새 해를
시작하게 하였다.

집집마다 정월 초하루 아침에 온 가족이 함께 모여 사당에 깨끗한 음
식으로 조상에게 술을 올리고, 차례가 끝나면 집안에 어른과 어린이가
차례로 선조의 신주 앞에 서서 자부와 증손이 초주(산초와 약재를 섞어
빚은 술, 屠蘇酒 등)를 가장에게 올리는데 어린이부터 먼저 올리게 하였
으니 어린이가 성장하는 기쁨을 즐거워하기 위함이었다.

집안에서 설날의 행사가 끝나면 마을의 어른과 은사에게 가서 세배
를 드리며, 또한 신년하례를 온 사람에게는 반드시 떡국을 대접하는
것이 우리나라의 전통세시풍속이었다. 음식과 덕담으로 더불어 함께
새 해를 시작하는 정신은 공동체 문화의 정수로써 비단 사람에게 뿐
만 아니라 우리나라의 정월 음식문화는 가축과 날짐승, 들짐승에게 까

지 나누어 주었던 것이니, 천지만물과 함께 새해를 같이 출발하려는 미풍양속이었다.

설날의 참뜻이 이와 같이 숭고하기 때문에 우리나라는 바야흐로 남북이 분단하여 50년이 지났지만 유일하게 민속문화와 유교의식이 그대로 남아 있어서 설 명절을 지키고 있으니 민족동질성 회복을 위하여 참으로 다행한 일이 아닐 수 없다. 이제 지난 과거사를 깨끗이 완료하고 하늘땅의 변화에 발맞추어 대동화합해서 일제히 함께 새 출발하는 민족명절인 설날의 본래 모습을 되찾음으로써 민족통일과 세계화의 길이 활짝 열릴 것이다.

진리는 항상 높고 멀리 있는 것이 아니다. 해마다 맞이하는 설날의 참뜻을 우리가 깊이 되새겨 본다면 지극한 이치가 그 가운데 있는 것이다. 묵은 것을 보내고 새 것을 맞이하는 역사전환의 방법이 어찌 기상천외의 초능력을 요구하겠는가? 우리의 뜻과 노력에 달려있는 것이다.

일제 만물이 쾌활하게 새로 시작하는 설날을 맞이하여 민족문화의 저력을 발굴해서 아름다운 통일시대를 설계하자.

가정의 달에 孝心을 찾자

천하의 중심은 국가이고, 국가의 중심은 가정이며 가정의 중심은 사람이다. 그러므로 사람이 안락하여야 가정이 안락하고 가정이 안락하여야 나라가 안락하며, 나라가 안락하여야 천하가 안락한 것이다.

오늘날 개인 이기주의의 천박한 사조는 급기야 인간성을 상실하여 인간의 정신을 황폐화한 결과, 인격을 파탄하고 가정을 해체함으로써 나라가 어지럽고 세계가 불안한 현실에 놓여있다. 이것은 모두 성악설(性惡說)에 기초한 배타주의, 쾌락주의, 출세주의, 현실도피주의 등의 사상이 만연하여 서로 다투어 개인의 이익만을 추구하면서 인간의 도덕심을 봉쇄하였기 때문이다.

이러한 사상적 혼란을 극복하고 고상한 도덕적 품성을 길러서 가정을 가지런히 하고, 나라를 잘 다스리고, 천하를 화평하게 건설하는 길은 무엇인가? 그것은 모든 사람에게 효심을 일으켜서 그 어버이를 잘 섬기도록 하는 윤리도덕을 부흥하는 길밖에 없다.

효심(孝心)은 순수한 인간성의 발로이다. 따라서 효도는 인간됨의 시작이고 가정화목의 기초이다. 사람이 인간이 되려는 노력과 가정의

화목을 도모할 때에 개인의 이기심은 저절로 사라지고 안일과 방종을 극복하여 성실 경건한 자세를 확립할 수 있는 것이다. 사람이 그 어버이를 섬기는 것은 비록 개인적인 일이지만 그 효도하는 마음은 사심(私心)이 아니라 공덕심(公德心)이기 때문에 효도의 사회적 가치가 지고 지대하여 진실로 효도를 잘하면 천하 사람의 숭경을 받고 진정 불효하면 천하의 극형을 면치 못하는 것이다.

효도하는 마음은 도덕심이고 불효하는 마음은 이기심이니 사랑과 공경에 기초한 도덕과 예의로써 부모를 섬기면 날로 즐겁고, 권세와 이익을 탐하여 아첨과 방탕으로 어버이를 모시면 날로 사악해진다. 부모를 섬기는 즐거움의 극치는 흐르는 시간을 아깝게 여기는 데 이르고, 어버이를 모시는 사악함의 종말은 끝내 어버이를 시해하는 데 미치는 것이므로 도덕적 양심을 길러서 사리사욕을 맹아에서부터 극복하는 효도의 교육은 인간교육의 핵심이다.

성선설(性善說)에 기초한 전통교육은 효도를 근본으로 하는 3강(三綱), 5륜(五倫)의 윤리도덕으로 집중하였으니 세종대왕은『3강행실도』를 간행했고, 중종은『2륜행실도』를 간행하였으며 정조대왕은『5륜행실도』를 간행하여 효도를 크게 장려했다. 또 효행을 널리 표창함으로써 동방예의의 나라를 건설하여 이 땅에 아름다운 가정문화를 창조해서 집집마다 효자·효부가 대대로 이어 나와 도덕과 예법을 숭상하는 가풍을 자랑하였으니 이것이 오늘날 민족을 화합 통일하는 저력임과 동시에 또한 세계 속의 한국문화를 건설하는 표본이라고 할 것이다.

바야흐로 5월이다. 가정의 달이다. 뿌리가 있는 나무는 모두 꽃피고 움돋으며 같은 종류는 함께 번영을 노래하고 춤춘다. 봄볕이 가득한 산과 들에 삼라만상이 힘차게 약동하면서 삶을 찬미하고 영화(英華: 꽃)를 발산한다. 춥지도 덥지도 않은 좋은 시절에 가정의 달을 정한 것은 자연에서 효심을 배우자는 뜻일 것이다. 금수는 말할 것도 없고 초목이나 곤충도 같은 무리는 함께 떼 지어서 즐겁게 놀거늘, 하물며 사람으로서 부모처자와 형제를 멀리하고 혼자만 쾌락을 탐닉해서 되겠는가?

사람으로 태어나서 전 가족이 함께 즐거운 가정도 경영하지 못한다면 그런 인간이 장차 무슨 복을 받겠는가? 자기 혼자만 즐거운 인생을 추구하다가는 결국 순간의 쾌락 속에 남은 허탈감으로 인하여 고독감과 소외감만 더하는 것이다.

이 좋은 가정의 달에 효심을 되찾아 산업사회의 핵가족 시대에 깊이 함몰한 개인 이기주의를 극복하고 퇴색한 효사상을 다시 일으켜서 아버지는 아들의 모범이 되고, 어른은 어린이의 모범이 되고, 남편은 아내의 모범이 되어야 한다. 그래서 도덕과 예의를 숭상하는 전통가풍을 부흥하면서 아버지와 아들은 친함이 있고, 국민과 관리는 정의로움이 있으며, 남편과 아내는 분별이 있으며, 벗 사이에는 믿음이 있는 강상윤리(綱常倫理)를 뚜렷이 밝히는 것이 바로 구시대의 잘못된 역사를 청산하는 길이다. 효심을 일으키고 조상을 숭배하는 것이 가정에서부터 정통성과 주체성을 회복하는 역사 바로 잡기의 실천과제임을 깨달아야 할 것이다.

자고로 가정이 건전한데도 불행한 사람이 있었거니와 가정이 파괴되었는데도 행복한 사람은 없었으니 후세의 사람이 경계할 일이다.

오늘날 핵가족 시대에 자녀들은 과잉보호하면서도 시골에 사는 부모와는 소원하게 지내는 사람이 많으니 자애의 정은 넘치면서 효심은 메마른 것 같아 안타깝기 그지없다.

한가위 民族心性 되찾자

　가을은 풍성한 계절이고 한가위는 우리 민족에게 있어서 풍성함을 나누는 가장 큰 명절이다.

　봄여름에 온갖 씨앗을 뿌려서 가꾸면 가을은 만물의 생명력을 다시 뿌리와 열매에 저장해서 영글게 하여 사람으로 하여금 풍성한 수확을 거두게 함으로서 한 해의 기쁨이 넘치고 보람을 느끼게 한다.

　우리 민족은 이러한 자연의 섭리를 깨닫고 매우 일찍부터 중추가절에 온 겨레가 즐기면서 보람을 누리는 가윗날을 큰 명절로 정착시키고 아름다운 심성을 길러왔던 것이다.

　한가위를 맞는 민족 심성은 무엇인가? 그것은 두 말할 것도 없이 풍성함을 나누는 사랑이요 정의요 예절이요 지혜이다.

　논밭에 가득한 곡식을 보면서 가난한 사람을 생각하고 나무에 주렁주렁 매달린 과일을 보면서 조상을 사모하는 마음씨가 바로 우리나라의 한가위 민족 심성이다.

　가장 잘 익은 열매를 거두어다 먼저 조상님께 바치고 나서 친척과 이웃이 나누어 먹던 풍성한 마음씨는 바로 이 땅을 풍요롭게 하는 원동력이었고 인정이 넘치는 아름다운 공동체문화를 건설하는 저력이었다.

이러한 한가위 민족 심성을 이제는 되찾아야 하겠다. 그동안 홍수처럼 밀려온 외래사조와 맹수처럼 날뛰던 전통파괴세력에 의하여 갈기갈기 찢어지고 조각조각 박살난 민족문화를 다시 복원해야만 되는 시점에 도달했다.

우리는 21세기 화해와 협력의 시대를 맞이함에 있어서 먼저 민족을 통일하고 민족동질성을 회복해야 되는 과제를 안고 있다. 또한 중국과 러시아와 국교를 수립함으로서 만주와 시베리아 등에 거주하는 많은 해외동포들과도 민족 심성을 함께 해야 되는 현실에 놓여 있다.

무엇으로 남북의 민족동질성을 회복하고, 해외동포들과 민족정서를 함께 할 수 있을까?

그것은 한마디로 한가위 민족 심성을 되살리는 것이다. "1년 3백 65일이 더도 덜도 말고 내내 한가위 때만 같읍시다."라고 하는 민족 심성을 되찾는 것이다.

풍요로운 삶에 인정이 넘치는 만남으로 옛날의 조상을 추모하고 지난 이야기를 하면서 술과 고기를 나누어 먹고 밝은 가을 달빛 속에서 모두 함께 춤추고 노래하는 기쁨을 다시 찾고 민족의 맥박을 확인하는 것이다.

세상에는 사람이 살아가는 법도가 있다. 가난하고 못살아서 살아남기 위하여 아귀다툼 속에서 증오하고 경쟁하는 것은 그래도 일말의 동정심이 없지 않지만 가질 만큼 소유하여 풍요로운 가운데서도 파렴치하게 다투어 싸우면서 인색하고 교만한 작태를 계속하면 인간으로 보지 않을 것이다.

한가위 풍성함을 나누는 의미가 바로 여기에 있는 것이다. 겨울을 나고, 보릿고개를 지나고, 여름을 보내면서 어찌 증오하며 외면하고, 경쟁하며 다투는 일이 없었겠는가?

그러나 오곡백과가 풍요롭게 익어가는 수확의 계절이 되면 그동안의 섭섭함도, 미워함도 모두 풀어버리고 가을 햇살처럼 따뜻한 마음으로, 그리고 가을 호수처럼 깨끗한 기분으로 다시 인정을 꽃피우는 계기를 만드는 것이 가윗날의 본뜻이다.

그리하여 한가위는 우리 민족에게 있어서 풍요로움을 나누는 기쁨과 다시 만나는 즐거움의 상징으로 승화하여 천 수백 년의 민족사에 생동감 넘치는 정취를 드날린 희망의 날로 기억되었다.

그 누가 추석날의 연휴를 아직도 향락으로 보내고 있는가! 그 누가 추석날의 정취를 선거운동으로 젖어들게 하고 있는가!

이제는 국내외 전민족의 대동화합을 위하여 한가위 민족 심성을 되찾는 데 방해가 되는 일체의 부정적 행위를 스스로 삼가고 민족공동체의식을 배양하는 데 앞장서야 할 때다

명절의 아름다운 풍속을 일으키기 위하여 퇴폐적이고 향락적인 놀이를 지양하고 집단적이고 역동적이고 향토적인 민속놀이를 개발하여 민속문화의 우수성을 세계에 과시하여 민족의 긍지를 만방에 자랑해야 된다.

그리고 여러 가지 크고 작은 선거를 앞두고 맞이하는 이번 추석은 이미 사직당국과 공선협에서 사전선거운동을 감시한다고 하였거니와 각 정당도 시대의식을 새롭게 하여 절대로 과거와 같은 부정과 불법을 지양하고 아름다운 민족고유명절의 순수한 정취를 되찾는 데 앞장서야 할 것이다.

한 나라에 있어서 역사풍속을 아끼는 것이 중요하다면 우리에게 있어서 한가위의 전통적 의미를 찾는 것보다 절실한 것이 없을 것이다.

우리 가정에 있어서 핵가족으로 분열한 삭막한 현실이 걱정이라면 현대에 있어서 한가위의 가족적 의미를 찾는 것보다 시급한 것이 없을 것이다.

한가위는 우리 민족만이 느끼는 끈끈한 친화력과 힘찬 생명력과 아름다운 정서가 있으므로 이러한 정신을 살려서 명실상부하게 가장 큰

명절의 의미를 부각해야 되고 통일에 대비하여 남북의 동질성 회복의 계기로 만들어야 하며 또한 해외동포와 민족의 정서를 공유하는 날로 만들어야 한다.

이러한 추석날이 하루 속히 와야만 비로소 실향민의 슬픈 날을 청산하고 해방되던 해의 추석날처럼 환호와 광명으로 가득 차서 온 겨레가 얼싸안고 춤추던 꿈을 모두 잊으리라.

道德性을 회복하는 길

   도덕심을 회복하는 길은 私慾을 극복하고 良心을 지키는 데 있다. 사람이 사사로운 욕망을 스스로 자제할 줄 모르면 점점 커지는 욕망의 불꽃은 마침내 사치와 방종으로 폭발하여 작게는 敗家亡身하며 크게는 죽임을 당하고 나라를 망치는 것이다. 그러기에 예로부터 마음공부를 통하여 자제력을 길러서 자기의 사욕을 극복하고 사회의 합리적 질서로 복귀하는 삶의 질적 변화야말로 가장 보편적인 인생의 가치임을 가르쳐왔던 것이다.

   孔子는 일찍이 경계하여 말하기를 청소년 시기에는 아직 血氣가 정상이 아니므로 色慾을 경계하고, 장년기에는 혈기왕성하므로 鬪志를 경계하고, 늙어서는 이미 혈기가 쇠약하므로 貪慾을 경계하라고 하였다. 청소년기의 무절제한 酒色은 몸을 상하고, 장년기의 투지만만한 경쟁심은 인격을 해치고, 늙은이의 그칠 줄 모르는 老慾은 이름을 더럽힌다. 그러므로 사람은 젊으나 늙으나 항상 지나친 욕망의 충동을 스스로 억제하여야만 모름지기 건강한 육체, 건전한 인격, 아름다운 이름을 길이 보전할 수 있는 것이다.

아마도 인생의 계율을 잊고 사는 이들은 온 세상이 모두 混濁한 어지러운 시대에 어떻게 홀로 깨끗하게 사는 방법이 있겠느냐고 항변을 하겠지만 그러나 사람이 亂世라고 하여서 아무렇게나 살아도 된다는 법은 없는 것이다. 더욱이 公職에 종사하고 있는 사람에게는 사회에 대하여 일정한 정도의 생활규범을 준수하여야 되는 책임이 따르기에 항상 권력으로 교만해서는 안 되고, 봉급으로 사치해서는 아니 되는 계율이 있는 것이다.

우리는 정부가 범죄와의 전쟁을 선포할 정도로 흉폭살벌한 무도패륜의 세태를 두려워하면서도 이 땅의 어느 일편에서나마 滄浪의 맑은 물이 흐르고, 伯夷의 淸風이 일어나기를 학수고대하여 마지않았던 것이다. 그러나 근래 물의를 빚은 일련의 추악한 瀆職 사건은 이러한 국민의 기대를 크게 실망 시켰을 뿐만 아니라 나아가 우리의 자주 민주 통일을 추구하는 기반조성의 분위기까지 흐려놓는 상태에 이르고 있다. 공직자의 비리와 부정이 어찌 一朝一夕에 일어나는 현상이겠는가? 본래 무책임하고 몰염치한 정권은 파렴치한 범죄를 대량생산하는 것이다. 권력 핵심의 교만 방자한 공무집행 작태와 권력 주변의 사치 초호화 방종생활로 인하여 公人으로서의 도덕성을 완전히 상실함으로써 사회에 부정부패가 걷잡을 수 없이 만연하는 것인즉 결국 힘이 곧 정의요 돈이 곧 능력이라는 가상의 등식에 매료되어 사람들로 하여금 무한 쟁탈케 하기 때문이다.

비록 그렇다고 하여도 검사가 폭력배들과 술자리를 함께 하고, 국회의원이 폭력배를 비호하여 구명운동을 하며, 교수가 학생을 선발함에 돈으로 부정한 거래를 집단적으로 자행하고, 국회의원이 이권단체로부터 뇌물을 공공연히 받아서 사사로이 외유를 하였다는 사실은 직위를 미끼로 하여 국민을 완전히 배신하였다는 점에서 아연실색하는 것이다. 우리는 이러한 참담한 현실을 부끄러운 눈으로 물끄러미 바라보면서 이 정권의 自淨能力을 의심하지 않을 수 없는 것이다.

윗물이 맑아야 아랫물이 맑고, 권력이 깨끗해야 사회가 깨끗하다는 것을 역사가 증명하는 고금의 명언이다. 권력·상층부에 정치의 대원칙을 세우고, 행동의 도덕적 계율을 확실히 실천하여야만 이에 국가의 기강이 서고 사회에 도덕윤리가 회복되어 마침내 명랑사회를 건설할 수가 있다는 동양의 정치철학은 오늘날도 유효한 것이다.

감각적 쾌락만을 쫓는 허망한 인생의 질곡으로부터 과감히 해탈하여 인간의 존엄성을 되찾아 합리적인 사회생활의 규범들을 존중하여 따르는 것이 바로 정상적인 삶이라고 할진대 도덕심을 회복하는 길은 곧 자기 자신이 정상적인 삶으로 돌아가서 떳떳하게 사는 일이다.

사랑도 떳떳하게 하고, 벼슬도 떳떳하게 하고, 돈도 떳떳하게 써서 씩씩하고 당당하게 사는 것은 참으로 위대한 삶이요, 사랑도 비굴하게 하고, 벼슬도 추악하게 하고, 돈도 더럽게 쓰는 것은 인간성을 상실한 허무한 인생의 몰골이다. 그러기에 공자는 말하기를 정의롭지 못한 부귀영달은 나에게 뜬 구름과 같다고 하면서 나물 먹고 물마시고 팔을 베고 누웠어도 즐거움이 그 가운데 있다고 갈파하였던 것이다.

도대체 정신이 있는 사람인가? 없는 사람들인가? 이때가 어느 때인가? 안으로 지난 백 년간의 민족 수난사를 청산하고 2000년대의 민족번영을 준비하는 중대한 시점에서 반독재 민주화투쟁을 성취하여야 하며, 반분단 통일운동을 완결하여야 하며, 반외세자주화사업을 성공하여야 하는 중대한 역사적 시간이요, 밖으로 걸프전쟁이 일어나서 국민경제가 어려운 시기이다.

바야흐로 온 겨레가 민족의 긍지를 되살리고, 국위를 다시 드날리기 위하여 불철주야 헌신노력하고 있는 이 마당에 일부 몰지각한 공직자들의 타락한 작태를 엄징하여 반성의 계기로 삼음과 동시에 또한 우리는 연일 보도되고 있는 이러한 잡다한 사건들로 인하여 눈앞의 자주 민주 통일이라는 국가목표를 망각하고 잠시라도 시선을 다른 데로 돌려서도 안 될 것이다

왜냐하면 벼릿줄이 반듯하면 그물은 저절로 펼쳐지는 것이며, 뿌리가 튼튼하면 잎가지가 자연히 무성한 것이며, 아침 해가 높이 뜨면 어둠은 모두 사라지는 까닭이다.

송년회(送年會)의 의미

　묵은해를 보내는 아쉬움과 새해를 맞이하는 희망으로 해서 12월은 사람으로 하여금 깨끗함과 상서로움을 생각하게 한다.

　12월은 1년의 마지막 달이다. 한해의 일을 모두 정리하고 다가오는 새해의 정월을 여는 변화의 시점이다. 이러한 변화의 시점은 지난 과거와 앞으로 올 미래를 연결하는 순간이기에 매우 소중한 의미를 가진다. 끝과 시작을 연결하는 순간에서 우리는 유종의 미를 거두어야 하고 새롭게 출발하는 밝은 희망을 장만해야 되기 때문이다.

　그러므로 우리는 언제나 과거와 미래를 연결하는 선상에 서면 한없는 감화를 품기 마련이다. 거기에는 부담감도 절실하고 미련과 아쉬움에 뼈저린 희한도 있어서 연말에는 대부분 바쁘게 뛰고 산다. 그래서 12월은 우리들을 참되고 착하고 아름답게 만드는 것이다.

　이 절기에 있어서 태양은 동지(冬至)를 기점으로 다시 점점 길어지고, 역사는 새해를 기점으로 해서 신년도가 시작되며 사람은 설날을 기점으로 해서 한 살씩 더 먹는다.

　이와 같은 변화는 새 세상을 여는 힘이다. 자연변화는 삼라만상을 신선하게 바꾸고 인간 변화는 사람을 참신하게 만들며 역사 변화는 사회를 쇄신한다. 그러므로 묵은해를 보내는 송년(送年)의 의미가 바로 여기에 있는 것이다

송구영신(送舊迎新)은 발전을 기약하는 말이다. 지난해에 얼크러졌던 일들을 조리 있게 매듭짓고 새해에 할 일을 슬기롭게 설계한다는 뜻을 담고 있으므로 송년모임을 가짐에 있어서는 진실하고 경건한 자세로 임해야 하는 것이다.

그리하여 옛날부터 송년모임이 있었는데 최초에는 제사의 의식으로 출발했다.

동짓날에는 온 겨레가 모여서 시조(始祖)에게 제사를 지내면서 신천지가 다시 열림을 기리는 축제를 하였고, 섣달에는 뭇 신(神)에게 올리는 제사를 지냈다.

섣달에 뭇 신에게 올리는 제사는 지역공동체의 송년 축제적 성격을 가진 것으로 하(夏)나라에서는 청사(淸祀)이라고 하였으며, 주(周)나라에서는 사(蜡)라고 하였고 진(秦)나라에서는 납(臘)이라고 하였으니, 지금도 12월을 납월이라고 하는 까닭이 여기에 있다.

후대로 내려오면서 이러한 국가공공의 의례가 대중적 의미를 담으면서 다양한 풍속으로 발전하였는데, 특히 깨끗하고 상서로운 새해를 맞이하는 준비작업으로 받아들이게 되었다.

12월은 정월의 상서로운 빛을 받아들이기 위한 준비기간으로 설정하여 먼저 몸과 마음을 깨끗이 함과 동시에 집 안팎을 청결하게 쓸고 닦으며 질병이나 사악한 귀신을 쫓아냄으로써 가족의 행복을 기약하는 새날을 열고자 하였던 것이다.

질병이나 사악한 귀신은 붉은 태양을 싫어하므로 동짓날에는 붉은 팥죽을 쑤어 사방에 뿌리고 먹으면서 액운을 소제하였으며 또한 며느리들은 버선과 가죽신을 만들어 시부모에게 드리고 동짓날 태양이 점점 길어지듯이 길이길이 복을 누리도록 축원하였다. 그리고 섣달 그믐

날 밤에는 나례(儺禮)라고 하여 궁중이나 가정에서 초라니가 악귀를 쫓아내는 의식까지 거행하게 되었다

이리하여 섣달 그믐날 밤을 제야(除夜)라고 하여 지난 1년이 모두 끝날 뿐만 아니라 모든 사악한 것을 제거하는 밤으로 의식하게 되었으니 이러한 생각은 물론 더욱 나은 미래를 개척하겠다는 굳은 신념의 표출이었기 때문에 오랫동안 풍속으로 자리 잡았던 것이다.

현대사회에서는 이러한 풍속도 바뀌어 각종 사회단체에서 송년모임을 가지는 것이 유행이다. 물론 시대가 변하면 풍속도 바뀌는 것이므로 과거 농경사회의 전통이 오늘날 산업사회에서 새롭게 변모하는 것도 당연한 귀결일 것이다.

그러나 풍속은 삶의 틀이요, 시대상의 반영이다. 새 시대를 창조하는 우리들의 삶의 모습이 건실하게 약동하는 것이어야 한다면 한 해의 일을 마감하는 송년모임도 뜻 깊은 행사로 담아내려는 노력이 있어야 할 것이다.

그런데도 아직까지 우리 사회에서는 건전한 송년모임의 의식을 정착시키지 못하고 있을 뿐만 아니라 일부 몰지각한 계층에서는 부질없이 신분을 과시하는 사교모임으로 착각하여 사치와 방종의 광란으로 흘러감으로써 연말의 사회분위기를 어지럽게 만들었던 것이다.

이러한 작태는 비록 신질서를 잉태하는 과도기적 현상이라고 하더라도 지나치게 타락해버린 것이며 더 이상 방치할 수 없는 사회문제이다.

금수초목도 겨울에는 뿌리 속에다가 생명력을 저장하여 감추거늘 하물며 인간이 연말에 정신을 잃고 마음속에 진실을 간직하지 못해서야 되겠는가.

연말연시는 마음속에 진실을 가득히 모으고 인간정신을 맑고 깨끗하게 보존하는 반성의 계절이다. 우리 선조들이 이 시대에 얼마나 경건하게 살려고 노력했는가를 생각한다면 전통문화 속에서 엄숙한 삶

의 가치를 재발견 할 수 있을 것이다.

 이제 화해와 협력의 21세기를 앞두고 있는 시점에서 금년에는 국내 외적으로 많은 변화를 가져왔다. 도덕을 그리워하는 의식이 드높이 일어났고, 환경문제가 크게 부각되었으며, 시민이 자발적으로 공명선거 실천을 다짐했고 황영조 선수가 올림픽에서 마라톤을 제패했다. 이러한 역사발전의 추동력은 일찍이 볼 수 없었던 획기적인 것이었으므로 정말 오랜만에 사회개혁의 희망을 부풀게 하였다.
 따라서 올해의 송년모임은 예년과 다른 모습으로 탈바꿈해야 되는 것이다. 조용하면서도 즐거운 휴식과 진실하고 착한 마음으로 하늘땅의 상서로운 길을 닦는 신선한 모임으로 발전해야만 하는 것이다. 우리 모두가 이러한 송년모임을 애써 정착하여 희망적인 미래사회를 자손만대에 보장하도록 해야겠다.

도덕성 회복과 새 사람

동양의 지혜는 매우 일찍부터 자연의 성실성을 인간의 삶 속에 투영하여 날마다 새롭게 발전하는 인격수양론을 정립하였다. 해가 지면 달이 오고, 달이 가면 해가 온다. 이렇게 날마다 새롭게 바뀌는 하늘 땅의 자연현상을 본받아 사람도 끊임없이 노력하는 삶의 현장에서 인간의 인간다움을 찾으려고 하였다.

금세기에 있어서 우리 민족이 겪은 비극과 고통은 엄청난 것이었다. 그것은 증오의 세월이요, 절망의 시대요, 공포의 나날이었다.

이리하여 그 험악한 세상을 살아온 우리 민족의 얼굴은 상처투성이가 되어서 제 모습을 잃어버린 안타까운 현실이다. 이제 불행했던 금세기를 마감하고 희망의 21세기를 준비해야 될 시점에서 우리는 다시금 마음을 가다듬고 냉철한 이성으로 자기 자신을 반성하고 사회현실을 직시하고, 민족역사를 깊이 통찰해야 하는 획기적인 계기를 마련해야겠다.

고통과 곤란 속에서 깨달은 지혜는 값지고, 시련과 역경을 이겨낸 용기는 장하다. 증오의 세월이 고통스러웠으면 사랑의 환희가 더욱 클 것이고, 절망의 시대가 길었으면 희망의 빛이 더욱 밝을 것이며, 공포의 나날이 험난했으면 믿음의 정이 더욱 두터울 것이다.

이러한 인간성장과 사회변화 및 역사발전의 논리가 있는 까닭으로 진리는 영원히 살아 있고, 정의는 반드시 이긴다는 사실을 실증할 것이다.

따라서 지난 백 년의 민족고난사를 악몽으로 돌리어 몽땅 폐기처분하는 것은 자학이며 자포자기에 지나지 못할 것인즉, 이제 우리는 그동안 몸소 겪었던 백 년의 시련을 거울삼아서 민족웅비의 새 역사를 창출해 냄으로써 진리와 정의를 실증하여 역사 앞에 떳떳할 수 있을 것이다.

그러자면 현재 우리 사회에 있어서 가장 시급한 문제가 도덕성을 회복하여 바람직한 새 사람으로 거듭나는 일이라고 할 것이다. 증오심을 버리고 사랑을 베풀려고 노력하고, 절망하지 말고 끝까지 희망을 가지며, 공포심을 버리고 용기를 내서 합리적으로 생각하고 처리하는 지혜를 개발해야 될 것이고, 다양한 계층의 갈등과 모순을 수용하여 융합통일하는 중용의 길을 개척해야 될 것이며, 세계만방과 우호협력하여 대동태평시대를 건설하려는 의욕을 가져야 될 것이다.

진흙탕 물에서 핀 연꽃은 참으로 아름답고 쓰레기통에서 핀 장미꽃은 더욱 아름답다. 가난하고 천했고 가련하고 불쌍했던 시절을 딛고 일어나서 삶의 외연적 조건을 충족하여 의젓한 신분으로 상승한데다가 또한 사회적 신분에 걸맞은 인격을 수양하여 말씨와 행실이 곱고 바르다면 그 누가 우러러 보지 않겠는가?

인류의 스승인 공자는 일찍이 이렇게 말했다. "허물을 알고도 고치지 않는 것이 바로 허물이고, 옳은 일을 보고도 하지 않는 것은 용기가 없기 때문이다." 그리고 맹자는 말하기를 "아무리 미인이라도 그 몸에서 악취가 나면 모두 얼굴을 돌리고, 아무리 못생겼어도 목욕재계하고 제사를 지내면 천지신명이 응감한다."라고 하였다.

　그러므로 누구나 인간의 고유한 도덕심을 회복하여 바르게 생각하고, 정직하게 말하고, 떳떳하게 행동하여 주변 사람들에게 신선한 충격을 주면 바로 새 사람으로 존중을 받는 것이다.

　진정 우리들이 이러한 새 사람으로 거듭날 때 바야흐로 민족적 과제를 가장 아름다운 모습으로 풀어낼 수 있으리라.

韓國儒道를 世界文化의 中心으로 建設합시다

乙酉光復이후 國權을 回復한 우리나라 儒林은 1946년 봄에 金昌淑
先生을 主軸으로 全國儒林大會를 열어서 孔子의 道德을 復興하여 國
民의 倫理精神을 啓導하고 修身, 齊家, 治國, 平天下의 大道를 天下에
宣布하여 이를 實行케할 目的으로 儒道會總本部를 創立하고, 다음해에
當局으로부터 財團法人 成均館의 設立認可를 받아 成均館의 編制와
機構를 갖추고 成均館大學校를 設立해서 民主時代에 걸맞은 現代的
組織體制를 完備하여 새로운 儒道의 發展을 期約했던 것입니다. 이것
은 今世紀에 들어와서 沒落의 길로만 걸어왔던 儒教의 歷史에서 劃期
的인 盛事이고, 새 時代의 希望이었습니다.

그러나 1956년부터 自由黨이 正副統領選擧에 이용하기 위한 術策에
휘말려든 儒道會紛糾事態는 이 땅에 儒道發展의 새 싹을 蹂躪함으로
써 現實變化에 대한 適應力과 外來思潮에 대한 對抗力을 모두 喪失하
게 되어 오늘날까지 文廟享祀만 維持할 뿐이오. 儒教思想의 現代化作
業, 國民倫理實踐運動, 傳統文化藝術開發普及事業 등을 放置하였을 뿐만
아니라 經營資源을 浪費했고 儒道理念을 忘却하여 勤務紀網까지 解弛해

져서 마침내 後繼世代를 걱정하는 暗澹한 現實에 逢着했던 것입니다.

그리하여 市中의 뜻있는 선비들이 일어나 1976년에 韓國靑年儒道會와 女性儒林會를 創立하고, 1991년에 儒敎振興對策委員會를 發足해서 儒敎의 現代化, 大衆化, 科學化事業을 推進했던바 江湖에 흩어진 儒林이 조금씩 모여들기 시작하여 새로운 儒風이 일어나려고 하던 차에 昨今의 成均館이 아름다운 傳統으로 繼承할 것과 새로운 氣風으로 改革할 것을 混同하므로써 벌어진 亂脈相은 급기야 法廷訟事로까지 번져서 目下 儒林大會조차 圓滿하게 開催하지 못하는 沓沓한 局面으로 轉落했습니다.

지금 우리는 世紀末的 變化의 時代에 살고 있습니다. 國際的으로 하루가 다르게 變化하고 있습니다. 1991년 舊소련이 崩壞되면서 東歐社會主義가 解體되어 70여 년간 理念의 對立으로 派生했던 東西冷戰구조가 終熄되고, 美國의 單獨支配體制下에 새로운 國際秩序로 移行하는 과정에서 1992년에 EU가 統合했고(來年에는 EU의 유러라는 貨幣가 通用됨) 1993년에는 우루과이 라운드가 1995년에는 그것을 具體化한 WTO體制가 出帆하여 所謂 國境없는 經濟的 競爭時代가 開幕되었습니다. 앞으로 이것뿐만이 아닙니다. 環境問題와 關聯해서 그린라운드라는 國際規約이 새로 나오고 있고, 勞動問題와 關聯해서 부루 라운드라는 規定案이 나오고 있으며, 不正腐敗를 國際的으로 防止하기 위하여 커럽션 라운드라는 것이 論議되고 있습니다. 이것은 世界萬邦이 다 같이 지켜야 되는 새로운 國際法이 되어 모든 나라로 하여금 開放과 改革을 통하여 和合과 協力의 廣場으로 끌어내는 變化의 時代임을 宣言하고 있는 것입니다. 그리하여 옛날처럼 閉鎖孤立하여 살던 時代는 이미 끝났고, 國境없는 無限競爭社會에서 競爭力이 있고 存在價値가 있는 것은 살아남지만 競爭力이 弱하거나 存在價値가 없는 것은 모조리 淘汰당하는 運命에 처하게 되었습니다. 非但 金融과 企業의 産業分

野만이 아닙니다. 앞으로 教育學術 軍事外交 情報通信 科學技術 文化
藝術 등의 全 分野에 걸쳐서 國境없는 競爭의 時代가 올 것을 豫告하
고 있습니다.

우리나라도 最近 急迫하게 變하고 있습니다. 30여 년간의 軍事獨裁
를 終熄하고 民主化를 推進하여 1993년에 金泳三 文民政府는 改革과
開放을 標榜하고 國際化 世界化를 부르짖으면서 初等學校에서 英語教
育을 實施하였으며 1995년에는 地方團體長을 選擧하여 地方自治制度
를 施行하고, 1996년에는 OECD에 加入하였습니다. 그리고 지난해에
는 外換枯渴 IMF의 救濟金融에 의하여 國家經濟의 破綻을 겨우 면하
면서 50년 憲政史上 처음으로 選擧에 의한 平和的 政權交替를 實現한
金大中 大統領의 국민의 政府는 IMF의 改革條件을 모두 受容하고 民
主主義와 經濟回生을 위해 政府改革, 金融改革, 財閥改革을 推進 中에
있습니다.

또한, 南·北韓은 1991년에 UN에 同時加入했고, 1994년에 金日成
의 死亡으로 金正一이 權力을 繼承했으며, 현재 KEDO가 北韓에 輕
水爐原子力發電所를 建設 中에 있습니다. 그리하여 이제는 우리나라도
國境없는 無限競爭의 마당 한가운데에 놓여서 國際規範을 지키지 않
고는 단 하루도 支撐할 수 없는 狀況에 이르는 것입니다.

이와 같이 急變하는 國內外的인 政勢는 장차 政治 經濟 社會 文化
의 領域에서 透明하고 信賴할 수 있는 論理的 規範을 요구하고, 和合
하여 協力할수 있는 도덕적 哲學을 要請합니다.

왜냐하면 모든 問題를 국제적 調停으로 解決해야 되는 세계화시대
에 透明하고 信賴할 수 있는 국제적 倫理的 規範이 없거나 和合하고
協力할 수 있는 세계적 道德哲學이 없다면 어떠한 문제도 平和的으로
解決할 길이 없게 되어서 마침내 국제적 混亂을 惹起하여 천하대란의
破局으로 전락할 것이기 때문입니다.

우리 儒林은 이때를 당하여 修身 齊家 治國 平天下의 大義와 百姓

昭明 協和萬邦의 大道를 大大的으로 宣揚하여 우리 儒敎倫理의 公明 正大한 國際的 規範을 提示하고, 우리 東洋道德의 大同和合하는 世界 文化를 宣傳하면 온 세상 사람들이 新世紀를 建設하는 새로운 學問思 想으로 다투어 傳道修業하는 千載一遇의 機會를 만들 수 있습니다. 誠 實 正直 勤勉으로 孝悌忠信의 行實을 다듬는 讀書修身의 門戶를 활짝 열어 智仁勇의 三達德과 父子 君臣 夫婦 長幼 朋友의 五達道를 가르 쳐서 方正한 人格, 和睦한 家庭, 文明한 國家, 公平한 世界를 自體的 으로 完成하는 希望의 道德事業을 全世界 人類에게 깨우쳐야 합니다.

그동안 우리 儒林界는 未來를 내다보는 卓越한 指導者가 없었기 때 문에 組織이 瓦解되고 事業이 停滯하게 되어서 앞날에 대한 希望을 갖지 못한 結果로 東西古今을 통하여 가장 거룩한 人類의 師表이시며 天下의 大聖이신 孔夫子의 五經을 가지고 있으면서도 硏究할 일을 찾 지 못했고, 6百 餘年의 歷史를 가진 成均館과 鄕校를 保存하고 있으 면서도 人才養成의 努力을 기울이지 않았으며, 東方禮義之國으로써 3 百 餘年의 山林學者兩班文化와 道統東來의 小中華 矜持를 가지고 있 으면서고 春秋大義로 燦爛하게 빛나는 韓國儒學을 자랑할 줄 모르는 形便이 되었습니다.

이것이 모두 이 時代 儒林이 道德에 대한 確信이 不足했고 歷史에 대한 識見이 없었기 때문입니다. 우리는 흔히 時代를 탓하고 世態를 탓합니다. 그러나 時代를 經營하는 것은 사람이고, 사람을 敎化하는 것은 儒林이 아닙니까? 하물며 오늘날은 主權이 國民에게 있는 民主 自治時代입니다. 이제라도 歷史意識이 있고 道德精神이 있는 賢能한 儒林指導者를 結集하여 子孫萬代에 繼承할 아름다운 傳統과 實用的 能率的으로 改革하여 참신하게 발전시킬 것을 明確히 選擇하여 集中 的으로 事業을 推進한다면 우리는 短時日內에 儒道會의 活力을 되찾 아서 儒道理念을 천하에 具現할 수 있습니다.

國境없는 競爭의 時代에 民主自治 사회가 繁榮하기 위해서는 이미

歷史的으로 世界의 普遍性을 확인한 一等思想, 一流文化를 普及해야
합니다. 왜냐하면 國際化 세계화시대에 近代思想의 非人間的이고 劃一
的이며 物質萬能主義的인 個人利己主義나 集團社會利己主義의 短點과
限界를 克服하고 人間的이고 調和로운 道德秩序로 천하국가사회의 未
來를 밝게 이끌어갈 思想的 文化的 力量이 있는 一等思想 一流文化가
아니면 세계인민을 教化할 수 없기 때문이다. 天命率性의 中庸之道를
主張하는 儒道思想은 聖人의 道統으로 傳承한 一等思想이고, 繼天立極
하여 化民成俗한 文德을 崇尙하는 儒敎文化는 聖王의 大統으로 繼承
한 一流文化입니다. 그러므로 儒敎人은 萬古에 아름다운 共同分數主義
의 社會道德을 具現하는 階層이기 때문에 역사적으로 名敎로 일컬어
왔고, 자고로 聖賢君子의 생활 문화를 享有하기 때문에 上席에 앉은
珍客의 待遇를 받아왔습니다. 따라서 유도는 政治와 敎育을 통하여 天
下人類를 至善으로 中和시킬 수 있는 世界第一의 至大至高 唯一無比
한 思想敎化力과 文化創造力을 具備하여 5천 년 동안 東洋社會에서
正統思想의 位置를 確固하게 占有했던 것입니다. 그리하여 儒林은 社
會의 一流階層이었고, 儒林家는 京鄕의 名門이었으며, 儒敎國家는 文
明의 중심이었고, 儒道世界는 協和萬邦하는 大同世界의 太平聖代이었
던 것입니다.

　斷言하건데 國際的으로 東西冷戰體制가 무너진 사상의 空白期에 가
장 人道的인 유교의 一等思想을 世界에 宣揚하면 草上之風처럼 響應
이 迅速할 것이며 國際的으로 民主主義를 定着하여 地方自治를 施行
하는 鄕土의 傳統文化育成期에 가장 人文主義的인 儒敎의 一流文化를
振作하면 事半功倍하여 成果가 巨大할 것입니다. 우리 儒林階層이 이
러한 事實을 再認識하고 大同團結하여 國境없는 競爭時代에 民主自治
共同體社會에서 人間關係의 倫理道德性을 具現하는 일에 앞장서고 天
下國家의 앞날을 이끌어갈 아름다운 선비精神과 學者氣風을 되살려
새 시대의 模範的인 社會의 制度와 構造를 創出한다면 和解와 協力을

追求하는 21世紀人類文明發展에 크게 寄興할 뿐만 아니라 더 나아가 將次 2천 년대 天下文明을 主導하여 孔孟程朱의 學問思想을 꽃피게 하고, 堯舜禹湯文武의 道德世界를 다시 열어 地球上의 福祉樂園을 建設할 수 있는 것입니다.

　오로지 儒學硏究에만 專念한 사람으로서 中立에 서서 흔들림 없이 大同和合하여 正名大道로 卓立超然의 姿勢를 堅持하면서 먼저 儒道理念을 뚜렷이 밝혀 勤務紀綱을 確立하고 經營資源을 開發하여 儒敎의 現代化 大衆化 科學化 事業과 道德性 恢復運動, 儒敎文化藝術活動을 展開하고 孔夫子誕降日 公休日制定과 同姓同本禁婚法을 다시 制定토록 努力하며 漢文 倫理 歷史 敎育을 强化하도록 政府에 促求하는 등 汎社會的 儒林活動의 領域을 多角的으로 넓혀 儒道會의 사회적 位相을 뚜렷이 세워가면서 窮極的으로 儒道의 理想과 目的을 實現하는 神聖한 事業을 集中的으로 推進할 때임을 호소합니다.

오늘의 스승像

　스승은 바른 길을 열어 주고 옳은 일을 가르치고 의심을 풀어주는
것이니, 모름지기 스스로 먼저 실천하여 성실하고 슬기롭고 밝은 모범
인이다. 尤庵 선생이 말하기를 스승의 責務는 가르친 다음에 제자가
不忠하게 되거나 不孝하게 되어서는 아니 되며, 또한 阿諂하거나 驕慢
하게 되어서는 아니 된다고 하였다.

　오늘날 이와 같은 師道의 脈이 끊어지고 教育精神이 흐려져 바야흐
로 退色되어가는 民族精氣를 바로 세우고자 成均館에서 韓國青年儒道
會 주관으로 오늘의 스승賞을 制定한 것은 우리나라 師道定立에 하나
의 成事라고 할 것이다.

　지난달 27일 유서 깊은 明倫堂에서 전국 초중고등학교의 모범적인
教師 가운데 우선 스물한 분의 훌륭한 선생에게 제1회 施賞式을 행하
였다.

　우리나라는 수천 년에 걸친 文化國이다. 일찍이 弘益人間의 理念과
氣質變化의 教育方法으로 文武技藝의 教育制度를 수립하여 學問과 教
育을 장려함으로써 시대마다 나라에는 훌륭한 師表가 있었고, 고장마

다 學校가 있어서 스승을 높임이 아버지나 임금처럼 받들어 學生을 아낌이 아들이나 아우처럼 돌봐서 가르치면 사람이 되지 아니함이 없었고, 배우면 인물이 되지 아니함이 없었다.

오늘날은 어찌하여 가르쳐도 사람이 안 되고, 배워도 쓸모가 없는 학생이 가끔 나온다. 敎育成果가 온전하지 못한 原因을 糾明할진대 人倫道德을 뒤로한 知識 위주의 교과 내용에도 문제가 있을지나, 보다 더 중요한 것은 敎師의 師道觀이 바뀌어 天職意識과 敎育觀念이 희박해진 까닭이라고 생각되는 것이다.

이번에 賞을 받은 敎育者들은 모두 역경 속에서도 信念을 굽히지 않고 더욱 奮發하여 성스러운 敎職의 使命을 끝까지 完遂한 사람들이니 이 시대에 더욱 돋보일 뿐만 아니라 참으로 옛것을 지키어 새로운 진리를 찾아내는 등불이라고 할 것이다.

무릇 學問을 함에는 공경을 주장하고 敎育을 함에는 仁愛를 주장하나니, 배우는 사람이 恭敬心을 가지지 아니하면 學業을 完成할 수 없는 것처럼 敎師가 仁愛心을 가지지 아니 하면 師法을 세울 수가 없다.

따라서 우리나라는 예로부터 嚴肅恭敬한 學風이 이룩되어 배운 이는 공경하지 아니하는 것이 없되 어버이에게 孝道하고 나라에 忠誠하는 것을 첫째로 알고, 생각을 착하게 가지되 誠實과 正直을 으뜸으로 하고, 말을 씩씩하게 하며 행동을 勇氣있게 하되 禮節과 公益을 앞세우나니 이에 어진이가 대대로 이어나와 君子의 나라가 되었고, 風俗이 아름다워서 東方禮義之國이 되었던 것이다.

우리는 이와 같이 위대하고 자랑스러운 歷史를 오늘에 되살려 앞으로 世界 속의 韓國을 건설하는 基礎로 삼아야 할 것이니 그 先導的 역할을 해야 될 一次的 책임이 곧 先知 先覺의 敎育者에게 있다고 할 것이다.

훌륭한 스승 없이 위대한 民族은 없는 것이며 敎育精神보다 숭고한 것이 있지 아니 하다. 自體精神의 完成을 궁극의 目標로 하여 그 가운데서 끝없는 보람과 즐거움을 찾는 韓國의 敎育精神은 弟子를 보고 스승을 아는 것이며, 地方文化를 보고 學校活動을 아는 것이다. 스승의 役割과 學校의 機能이 이와 같을진대 오늘의 스승賞이 커다란 契機가 되어 悠久한 歷史에 빛나는 師道의 正統을 다시 이어 모든 스승의 긍지를 높이고 民族의 앞날에 榮光을 더하기를 간절히 바라는 바이다.

한국의 淸廉思想

  한겨레의 청렴결백을 숭상하는 國風은 동방 5천 년의 유구한 역사 위에 찬연히 빛나고 있다.

  사람은 누구나 한결같이 예의염치를 알아서 이해득실에만 집착하지 아니하고, 항상 옳고 그름과 착하고 악함을 밝게 분별하였으며, 나라는 언제나 끊임없이 淸廉正直을 권장하여 成敗利鈍에만 얽매이지 아니하고, 正과 邪, 公과 私를 철저하게 밝혔다.

  이와 같은 청렴사상은 바야흐로 공직을 맡음에 반드시 滅私奉公하고 破邪顯正하는 官記肅正의 기초가 되었고, 사회생활에서 옳고 그름을 밝혀서 착한 일을 권장하고, 악한 일을 징계하는 鄕約의 근거가 되었던 것이다.

  그러므로 우리나라에는 열렬한 忠義節士와 고결한 淸白吏가 끊임없이 나와서 황금을 돌같이 보고, 깨끗한 지조를 생명처럼 받드는 아름다운 國風이 이루어졌던 것이다.

  圃隱은 죽음으로써 지조를 지켰고 成三問 등 死六臣은 世祖의 祿을 먹지 않았으며, 梅月堂 金時習 등 生六臣은 세상에 숨어버렸으며, 靜菴은 官職에 있을 때는 손님을 대문 밖에서 만났으며, 栗谷은 임종에

壽衣가 없었다. 또한 花潭은 安貧樂道하였으며, 華西 李恒老는 淸介正立하여 交遊를 난잡하게 아니하였으며, 崔勉菴은 나라를 빼앗아가는 倭國의 물도 마시지 않고 굶어 죽었다.

이것이 바로 우리 겨레의 萬古淸風인즉 저 하늘땅과 더불어 영원히 향기롭고 저 해와 달과 함께 길이 빛나서, 이 강산 이 민족을 깨끗하게 지키는 얼과 넋이다.

대저 청렴결백한 사람은 반드시 儉素質朴하나니, 검소하고 질박함은 共同善이요, 방탕하고 사치함은 私己惡이다.

모든 것을 아울러 共同으로 하는 사람은 반드시 克己節制하여 人慾을 줄이고, 절약 검소 질박의 미덕을 솔선수범하지만, 제 욕심만 채워 혼자 우쭐거리는 사람은 급기야 자제력을 잃고, 물질의 노예가 되어 정신이 혼탁하므로 뇌물도 물리치지 못하고, 도적도 멀리 쫓아내지 못하게 되어 버린다.

만일 公職者가 共同善을 망각하고, 私己惡을 저질렀다면 이것은 절대로 용납할 수 없는 것이니, 작으면 五刑을 받을 것이요, 크면 天罰을 면치 못하는 것이다.

나라는 神聖하고, 사람은 靈明하다. 오직 公明하고, 剛直하고, 能通한 사람이 아니면 함부로 책임을 맡고 나서서는 아니 된다. 그러므로 大學에서 말하기를 物情을 알고, 인심을 깨달아야 인격을 갖추고, 집안을 가지런히 가꿀 수 있으며, 인격이 떳떳하고 가정이 반듯해야 나라를 다스리고 천하를 화평하게 건설할 수 있다고 하였다.

淸廉하게 나아가야만 潔白하게 물러올 수 있는 것이다. 그 뿌리가 어지러운데 그 가지가 싱싱할 수 없고, 그 시작이 그릇되었는데 그 끝이 좋을 수 없는 것이다.

그러므로 茶山은 牧民心書에 淸心章을 두고 청렴은 관리의 기본 책무요, 萬善의 원천이며, 모든 德의 근본이라고 강조하면서 자고이래로 지혜가 깊은 선비는 청렴으로 교훈을 삼고, 탐욕으로 경계를 삼지 않은 이가 없다고 결론지었다.

　옛날 곧은 선비는 盜泉의 물을 마시지 않고, 굽은 나무의 그늘에서 쉬지 않았다. 어찌 반드시 이와 같기를 바라리요만 윗물이 맑아야 아랫물이 맑은 것이다. 모든 공직자는 물러남에 한번 심판하고, 죽어서 관 뚜껑을 덮음에 한번 심판하고, 백년 뒤의 역사가 한번 심판한다.

우리 민족의 奢侈와 虛勢

온실 속의 화초가 아무리 화사해도 울창한 소나무의 기개를 따르지 못하는 것이다. 안으로 민족이 분단되고, 밖으로 국가가 종속된 상황에서 호사한 사치를 맛보려고 하는 것은 하나의 허풍에 지나지 못하다고 할 것이다.

이 시대에 있어서 우리 겨레는 세계에서 가장 큰 고통을 받은 민족 가운데 하나였다. 20세기 전반기는 일본제국주의의 침략을 분쇄하지 못하고 나라를 빼앗겨 망국노의 서러움을 받았으며, 8·15해방과 함께 남북으로 진주한 미·소양군은 38선이라는 국토분단을 매개하여 두 개의 정권을 각기 세움으로써 6·25동족상잔이라는 전무후무한 민족 불행을 겪으면서 오늘에 이른 것이다.

이러한 역경에 처한 민족으로서 만난을 극복하고 밤낮없이 일하여 조국을 건설하고 산업을 진흥하며 생활을 향상하는 것은 당연한 사명일 것이다. 이러한 간고한 노력의 결과는 의당 제1차적으로 민족의 자주 민주 통일의 역량으로 모아져야 할 것이요, 또한 민중의 자유 평등 해방의 기쁨으로 나누어져야 할 것이다. 그러고도 여유가 있다면 제2차적으로 인생의 호탕한 멋을 마음껏 즐기면서 옛날의 쓰라린 상처를 위로하고 보상받아야 할 것이다. 사리가 이와 같이 뚜렷한데도 우리의 과소비현상을 돌아보면 한심하기 짝이 없는 目不忍見이라고 하겠다. 농민과 노동자의 희생 위에 세운 공든 탑을 마치 허물기 경쟁이나 하듯이 과소비에 혈안이다.

정부는 정부대로 독재의 업적을 과시하기 위하여 기념적 사업만 추진하고, 국민은 국민대로 사회적 신분을 과시하기 위하여 외면적 치레만 열중이다. 정치인의 자기선전에는 이미 신물이 났고, 경제인의 오만한 작태에는 이미 역정이 났으며, 학자의 인색한 형태에는 벌써 실망하였으며, 종교인의 위선에는 이미 가념하였다.

모임이라 하면 몇 십 백만이요, 회의라 하면 외국 호텔이요, 음식이라 하면 산해진미요, 유흥이라 하면 몇 백 천 억 원짜리요, 여행이라 하면 단체 외국관광이요, 초청이라 하면 외국사람이요, 물건이라 하면 외제상품이니 그 호화와 사치는 이미 세계적 수준에 도달하였다.

그들의 호화로운 사치를 멀리서 바라보노라면 마치 天福을 타고 하늘에서 떨어지고, 땅에서 솟아나서 그 조상도 없고, 형제도 없고, 이웃도 없는 天上天下 爲我獨尊으로 별천지에서 노니는 별종 인간처럼 아무런 걸림이나 막힘이 전혀 없이 유유자적하는 꼴이란 사회적 분노에 앞서 인간적 동정심을 금할 길 없다.

저게 5천년을 함께 살아온 동족인가? 이게 1백년의 시련을 함께 겪어온 동포형제인가? 아니 아직도 민족의 자주 민주 통일을 실현하지 못한 국민임을 망각한 것은 아닐까? 민중의 자유 평등 해방을 이루지 못한 사회임을 깨닫지 못한 것은 아닐까? 만일 역사를 오인하고 현실을 착각하였다면 더욱 큰일이다.

분단민족에게 행복은 없고 종속국가에 영광은 없다. 오랜 고통과 시련에 시달리다가 형편이 조금 나아지매 움츠리고 꺾였던 기개를 조금 펴기 위하여 한때나마 허리를 펴고 고개를 세워 눈을 부릅뜨는 것은 일단 장한 기개라고 긍정할 수도 있는 것이나 그렇지만 그것은 대단히 짧게 맛만 보고 다시 정상적 본분으로 돌아가야만 되는 것이요, 푼수없이 방종 방탕으로 흘러버리면 한낱 비웃음거리 밖에 되지 못할 것이다.

다른 민족보다도 더 많은 고난을 치렀다면 더욱 지혜로워야 할 터이요, 다른 나라보다도 더욱 어려운 처지에 있다면 더 많은 인내력을 가져야 할 터인데 어찌하여 남에게 거듭 어리석은 꼴을 보이면서까지 흥청거린다는 말인가?

비단옷에 고급 자가용을 타고 양양하여 우쭐거리는 것은 거리의 어린이나 선망하는 것이지 지각이 있는 사람은 모두 눈살을 찌푸리는 것임을 어찌 모르는가? 아방궁 같은 집을 지어놓고 천년 성을 쌓아서 기화요초를 즐기는 것은 풋내기 졸부들이나 부러워하는 것이지 도덕적 양심을 가진 사람은 모두 얼굴이 붉어지는 것임을 왜 모를까?

낡은 사회에 있어서 특권계급은 그렇게 살아도 되는 시대가 있었다. 그러나 오늘날은 나라의 주권이 국민에게 있는 민주시대요, 누구에게도 특권을 인정하지 않는 평등사회이다. 개인의 자유는 존중하지만 사회공동체라는 기초 위에서 누려야 되고, 사유재산은 보호되지만 국가기강이라는 준칙을 지키면서 써야 된다. 따라서 현대사회는 누구도 특권을 가지고 호화롭게 살아도 되는 신분이나 계급이 존재 할 수 없는 것이다.

그럼에도 불구하고 오늘날 가진 자들은 분명 돈은 현대사회에서 벌었으면서 그것을 씀에는 중세적 귀족의 기분으로 행세하는 까닭에 그 돈을 쓰는 몸짓이 아주 어색하고 흉물스러운 돈키호테로 비쳐지는 것이다.

현대사회는 권력도, 재력도, 학력도 모두 특권층의 신분증명서가 아니고, 옷도, 집도, 차도 모두 위세의 상징물이 아니다. 만인이 평등한 공동체사회에서 자기만 특권적 위세를 과시하려는 몸짓은 못난이의 어릿광대에 지나지 못할 것이다.

조국이 분단된 지 46년이다. 눈앞에 독일이 통일되는 과정을 보면서 우리의 현실을 생각하니 중추가 막혀 말을 더 할 수 없다.

光復50주년에 맞는 한가위

한가위는 우리나라 민중이 풍요로운 열매를 거두면서 뿌리를 생각하는 큰 명절이다. 천지자연의 생성변화는 나선형으로 순환 발전하는 일정한 궤적이 있어서, 삼라만상이 그 절기의 순서에 따라 성장 발전한다. 그러므로 춘하추동의 4계절은 각각 그 활동법칙이 있는 까닭에 그 순서에 따라 삶의 양식을 조절하면 무한히 발전하는 것이요, 만일 그 조절력을 상실하여 때를 어기거나 절도를 잃으면 결국 쇠퇴하여 멸망을 면치 못하는 것이다.

한가위는 서민대중에게 삶의 양식을 조절하는 지혜를 깨우치고, 때를 따라서 분수를 지키는 공동체생활문화를 창출하는 민족의 명절이다. 봄에는 크게 시작하고, 여름에는 길이 발전하고, 가을에는 널리 유익하고, 겨울에는 바르게 지키는 천도의 운행법칙은 봄과 여름에는 모든 개체가 각각 무한히 생장 발육하여 자기성장을 추구하는 시기이고, 가을과 겨울은 모든 개체가 다같이 자기성장의 결실을 거두어 다음해의 발전을 준비하는 시기이다.

이것이 바로 밤과 낮이 교차하고, 추위와 더위가 순환하는 자연의 철칙이므로 우리 민족은 오래전부터 풍요로운 가을의 열매를 거두어 서로 함께 나누면서 반드시 먼저 그 뿌리에 영속적인 생명력을 북돋아서 내년의 싹을 튼튼하게 보장하는 노력을 모두 잊지 말도록 한가위를 자치사회건설의 풍속제도로 정착시켜 왔던 것이다.

중추가절은 검은 구름이 물러간 빛나는 가을 햇살, 흙탕물이 걷힌 깨끗한 강물, 구름이 없는 맑은 달밤의 풍광으로 인하여 사람의 마음을 넓고 시원하고 결백하게 한다. 그리하여 자연히 가을 햇빛처럼 밝고 가을 물처럼 맑은 마음을 가지는 자기의 참모습이 나타나는 절기이다. 더욱이 오곡백과가 풍성하게 익어 삶에 여유가 생기고 저녁 달밤에 기러기가 높이 날아가는데 가을 벌레소리가 가까이 들리면 사람의 순결한 정신을 일깨워 저절로 고향을 생각하고, 부모를 찾고, 조상을 추모하여 자기의 뿌리를 확인하게 하는 사색의 계절이 된다.

가을에 느끼는 인간의 본심은 그것이 하늘과 인간이 하나의 정신으로 돌아가고, 사람과 만물이 한 몸으로 합쳐지는 숭고한 합동(合同) 변화의 법칙을 실증하는 자각현상으로서 결국 한가위명절의 근본의미를 결정하는 예법풍속도 조상에 대한 제사가 제반 의식의 중심이 되었다.

그러므로 추석이나 추분에 돌아가신 부모에게 제사를 지내는 예법이 오랜 역사를 이어 내려왔고, 또 그 축문을 보면 "때는 바야흐로 몇년, 몇 월, 며칠 효자 아무개는 감히 돌아가신 아버지와 돌아가신 어머니 ○○○님께 밝게 사뢰나이다. 이제 한가을이 되어 만물이 익어가기 시작합니다. 오곡백과가 풍요로우니 추모하는 마음 저 하늘도 다함이 없나이다. 삼가 맑은 술과 갖은 음식으로 정성을 드리오니 두루 흠향하소서"라고 하였으니 결실의 변화에 근본을 생각하는 정성이 얼마나 큰가를 알 수 있는 것이다.

금년의 한가위는 민족의 뿌리를 생각함에 있어서 깊은 사념에 잠기게 한다. 광복50주년, 분단50년이 되는 올해의 한가위는 당연히 지난날의 검은 구름과 흙탕물이 깨끗이 걷히고 화려한 금수강산을 되찾아 명랑하고 청신한 사회기풍을 진작하여 잘못된 역사의 궤도를 수정해야 한다. 또 얼룩진 과거를 청산하여 자주, 민주, 통일의 민족본래의 웅건 활달한 모습을 되찾아 온 겨레가 축제의 노래를 불러야 마땅함에도 아직도 때의 변화를 인식하지 못한 정부는 낡은 관행을 버리지 못하면서 가뭄과 홍수 그리고 사건사고가 겹치는 가운데 12·12는 군사반란임을 인정하면서도 불기소하고 5·18은 '성공한 쿠데타는 기소할 수 없다'고 강변하니 지금이 어느 때인가?

더욱이 남북교류협력을 위한 기본합의서를 실천할 의지를 찾아 볼 수 없는 현실은 그동안 민족명절인 한가위의 기쁨을 반감소시켜 온 가장 큰 장벽이었다.

그래도 올해의 추석에 우리의 참모습을 찾은 것이 몇 가지 있으니 지방자치를 실시하고 북한동포에게 쌀을 보내주고, 조선총독부건물을 철거하여 애향심과 민족애 및 역사정신을 크게 선양한 것은 천만다행이다. 이것이 바로 민족의 앞날을 위하여 역사 전환기에 영양분을 뿌리에다가 공급하여 앞날의 번영을 기약하는 예비노력이라고 할 것이니 여기에서 올해 한가위 명절에 우리 민족의 본래 모습을 확인하자.

술자리에서의 우리 전통예절과
선조들의 한 해 마무리

    새 천년의 첫 해를 보내는 연말이 다가온다. 이때쯤 되면 한 해를 마무리하려는 술자리가 잦아지는데 이제는 우리의 전통예절을 되찾아 검소하면서도 정답고 아름다운 송년문화를 개발해서 세계 속의 한국 문화로 발전시켜야 할 것이다.

    술은 음식 가운데 가장 고귀한 식품이기에 사회의 음식문화를 주도한다. 따라서 술자리에서의 범절이 그 사람의 인품과 그 지방의 풍속을 대변하기 때문에 우리 조상들은 술에 대하여 대단히 자상하게 교육하였으니 술을 빚는 주법(酒法)과 술을 마시는 주례(酒禮)와 술을 마시고 흥취를 느끼는 주도(酒道)를 뚜렷이 밝혔다.

    술자리에서 가장 중요한 것은 술의 선택이다. 술은 흡수가 빠른 음식이기 때문에 독한 술부터 마시면 안 되고 가급적 순한 술부터 마셔야 몸을 지탱할 수 있다. 반드시 전통적으로 내려온 주법(酒法)에 따라 빚은 술을 선택하여야 안심하고 마실 수 있는 것이므로 비법이니 비방이니 하여 처음 보는 술은 삼가고 시험해야 한다.

우리 조상들이 즐겨 마셨던 술은 일반적으로 다섯 가지가 있는데 술을 담아 하룻밤 익힌 단술 곧 예(醴)와 막걸리나 탁주라고 하는 요(醪)와 세 번 거듭 빚은 술이나 소주를 일컫는 주(酎)와 밑술로 모주나 박주(薄酒)라고 일컫는 이(醨)와 위에서 뜬 좋은 술로 지주(旨酒)라고 하는 서(醑)가 있고 또한 걸러 놓은 술 위에 뜬 삭은 지에밥의 밥알인 술구더기의 색상에 따라 다섯 가지의 명주(名酒)가 있으니 첫째 술구더기가 모두 표면에 동동 뜬 것은 범제(泛齊)이고, 둘째, 단술에 뜬 것은 예제(醴齊)이며, 셋째 흰 술에 뜬 것은 앙제(盎齊)요, 넷째, 빛이 붉은 술에 뜬 것은 제제(醍齊)이며 다섯째 술구더기가 아래로 가라앉은 것은 침제(沈齊)인데 우리가 말하는 동동주이다.

맑고 맛이 좋은 술은 위로 천지신명께 제사를 지내고 쇠약한 사람과 늙은 노인의 원기를 회복시키는 약물로 쓰기 때문에 대단히 정결하게 만들고 소중하게 간직하며 더욱이 성년식이나 결혼식 그리고 장례식과 제사 및 손님을 대접하는 연회에 여러 사람이 먹는 음식이므로 정성을 다해서 만들었다.

근세에 있어서 음주예절은 우리나라가 세계에서 가장 아름다웠다고 자부할 수 있을 것이다. 조선왕조는 주자(朱子)가 편집한 『소학』(小學)을 학교의 기본 교과목으로 가르쳤는데 그 속에 이미 음주예절을 구체적으로 서술했기 때문에 누구나 술자리에서 갖추어야 되는 범절을 스스로 알아서 실천하여 고상한 풍속이 정착하여 내려왔던 것이다.

술자리에서 가장 중요한 것은 질서와 조화이다. 따라서 술자리에 들어 갈 때로부터 좌석에 앉을 때까지 어른이 맨 앞에 서고 다음 차례로 줄을 서서 질서정연하게 입장해야 하며 좌석에 앉을 때에도 어른이 먼저 앉은 다음에 차례로 제자리에 앉아야 한다. 그 차례를 정함에 일반사회에서는 나이순을 기준으로 하고 관청에서는 관작(官爵)을 기준으로 삼았으며 학교에서는 공덕(功德)순으로 한다.

이 원칙은 끝까지 지켜야 하는데 술과 음식도 어른이 먼저 먹어야 차례로 따라 먹으며 어른이 다 마시거나 먹지 않으면 아래 사람들도 그대로 따라서 먼저 다 마시고 다 먹어서는 안 된다. 여기에서 가장 중요한 것은 어른이 술잔을 내리면 비록 술을 마시지 못해도 받아서 마시는 태도를 보일 것이요 거부하여 위화감을 조성하지 않도록 분위기를 살펴야 한다. 그리고 옛날에는 임금이나 아버지나 스승을 모시고 술을 마실 때에는 3잔 까지만 마시고 더 이상은 마시지 아니 했으니 만일 3잔 이상을 마시면 불경으로 다스려 엄중히 지탄했다.

오늘날 사람들은 이러한 음주예절을 알지 못하여 취할 때까지 마시는 사람이 있고 또 같이 앉아 대작(對酌)하는 사람도 있는데 이것은 무례이다. 같이 마주 앉아서 주거니 받거니 하는 것은 평교(平交)간의 예절이지 군신(君臣), 부자(父子), 사제(師弟) 간의 음주예절이 아니다. 신하와 아들과 제자는 받아서 마시기만 하고 잔을 돌리는 법이 아니며 만일 어른이 술자리를 파하고 자리에서 일어나 돌아가면 모두 따라 나와서 돌아가야 한다.

이에 아버지나 스승이 아들이나 제자들에게 술을 더 마시고 즐겁게 놀도록 배려할 때에는 아버지나 스승이 먼저 자리를 뜨면서 남은 술을 더 마시고 놀라는 명령을 하는 것이니 그 때까지 참고 단정한 모습으로 있어야 한다.

발은 무겁게, 손은 공손하게, 눈은 단정하게, 입은 다물고, 소리는 고요하고, 머리는 반듯하고, 기상은 엄숙하며 풍채는 덕성스러우며 안색은 씩씩해야 술자리가 성대한 것이니 사람들이 보고 흠모할 뿐만 아니라 그 인격을 칭송하는 것이다.

평교간에 술을 마심에는 서로 권하고 사양하는 예절이 있는데 세 번 청하고 세 번 사양하는 예법이 있다. 처음에 청하는 것은 예청(禮請)이라고 하는바 이에 사양하는 것을 예사(禮辭)라고 하며, 두 번째 청하는 것을 고청(固請)이라고 하는바 이에 사양하는 것을 고사(固辭)라고 하

며, 세 번째에 청하는 것을 강청(强請)이라고 하는바 이에 사양하는 것
을 종사(終辭)라고 한다. 따라서 상대방이 종사(終辭)하여 끝내 사양한
다면 더 이상 권하지 않고 자리를 파해야 옳다.

술자리에서 가장 경계할 일은 이기지도 못하는 술을 많이 마시고 실
수를 하는 것인즉 말이 많아 떠들고 다투거나 몸을 가누지 못하여 비틀
비틀 술자리를 어지럽히는 행위이다. 이러한 화근(禍根)을 미연에 방지
하기 위하여 우리나라는 조선왕조시대에 향음주례(鄕飮酒禮)를 보급하
여 떼 지어 마시는 군음(群飮)의 습속을 바꾸려고 노력했다.

군음(群飮)은 모여서 술과 음식을 질펀하게 먹는 행위이니 애당초
의식절차도 없고 멋대로 아무런 거리낌이 없으므로 논할 것도 없지만
향음주례는 주공(周公)이 제정한 최고의 음주예절로 특정인에게만 술
자리를 마련하여 대접하는 향례(饗禮 또는 享禮)와 참석자 전원이 함
께 마시는 연례(宴禮 또는 宴會)로 나눈다.

향례(饗禮)에서는 술이나 음식을 먹는 의미보다는 존경과 찬양의
뜻이 크기 때문에 술 한 잔 먹는 예법에 절이 백 번이고 연례(燕禮)
에서도 음식은 고루 나누어 먹어야 되고, 서로의 인격을 존중하는 모
임의 가치를 찾기 위하여 종일 마셔도 취하지 않도록 활쏘기와 투호
놀이를 곁들여 술자리를 교제의 자리로 승화시켰다.

대체로 이러한 향음주례는 한 해를 마무리하는 늦가을이나 겨울철
에 개최하였던 것이니 한 해의 농사일을 끝내고 그동안 소원했던 사
람에게 한 해가 가기 전에 따뜻한 자리를 만들어 정을 나누는 성의를
표하고자 함이었다.

이러한 행사는 대체로 학교나 관청 및 마을에서 거행했는데 반드시
공개된 광장에서 거행하여 모든 사람이 보고 배울 수 있게 하였다. 그
리하여 주최 측이 주인이 되고 초청받은 사람이 손님이 되어서 서로
공경하고 사양하고 감사하는 예절이 넘치게 하였으니 향례(饗禮)에서
맨 처음에 주인이 큰손님에게 첫 술잔을 드리는 것을 헌(獻)이라 하

고 다음에 손님이 그 술을 마시고 잔을 씻어서 주인에게 드리는 것을
작(酢)이라고 하며, 연례(燕禮)에서 주인이 먼저 마시고 여러 손님에
게 술을 권하는 것을 수(酬)라고 한다.

주도(酒道)는 술기운이 올라 즐거운 감흥을 발산하는 방법인데 화
기애애하게 담소를 하거나 노래를 부르거나 춤을 추는 것이 좋다. 우
리 선조들은 풍류(風流)라고 하여 시조를 지어 읊조리고 고상한 감회
를 서술하여 뜻 깊은 모임을 기록으로 남겼다.

대체로 우리 전통의 음주문화는 주도(酒道)를 숭상하여 혼자 즐기
는 것보다는 다 같이 즐기는 것을 아름답게 여겼으므로 독창이나 독
무(獨舞)의 혼자 설치는 것을 좋아하지 않았고 제창(齊唱)이나 군무
(群舞)도 탐탁하게 여기지 않았으니 오로지 합창(合唱)과 만무(萬舞)
를 지극한 것으로 선호했다. 합창이나 만무는 남녀, 노소, 귀천이 없
이 모두 각각 자기의 노래로 자기의 춤을 춤에 그것이 협화음이 되고
한마당 어우러져서 사람뿐만 아니라 천지신명과 금수곤충까지도 즐거
워하는 잔치에 이른 것이다.

그러나 가장 높은 주도(酒道)는 술자리가 파함과 동시에 모두 깨끗
이 잊어버리고 평상심으로 돌아가는 것이니 술자리의 기쁨도 슬픔도
섭섭함도 마음속에 남기지 말아야 뒷소리가 없는 것이다.

시대의 변화에 유림의 책무 막중하다

　유교신보(儒教新報)가 새로운 감각으로 체제(體制)를 바꾸면서 편집인의 중책을 맡아 명륜춘추란을 통하여 독자제위에게 삼가 인사를 드리는 바이다.

　앞으로 이 난을 통하여 춘추정론(春秋正論)의 선봉으로서의 역할과 사명은 다할 것을 약속한다.

　우리 유림의 사업은 강상윤리(綱常倫理)를 널리 선양하는 것이 그 본무이고 3강 5륜의 인륜도덕이 구현되어야만 유도(儒道)가 부흥할 수 있는 것이며 유도를 부흥하기 위해서는 공부자(孔夫子)의 춘추대의(春秋大義)를 밝히는 것이 급선무라고 할 것이다.

　춘추(春秋)는 봄가을이라는 뜻이다. 봄에는 춘분이 있고 가을에는 추분이 있어서 밤과 낮의 길이가 똑같고 추위와 더위의 기온이 고른 철이다.

　그러므로 춘추를 공부자가 역사책의 이름으로 채택한 까닭은 사필(史筆)은 엄정 중립하여 공명정대해야 된다는 의미를 취한 것이다.

　더욱이 봄에는 온갖 풀과 나무에 꽃잎이 만발하여 모든 초목의 종류와 생태가 스스로 구별되고 가을에는 오곡백과의 열매가 익고 단풍이 들어서 온갖 초목의 본질과 실상이 저절로 구별된다.

역사의 기술도 이와 같이 모든 사건의 종류와 성격을 이성적으로 명확히 구분하고 그 본질과 실상을 뚜렷이 밝히는 선명성에 있음을 뜻하고 있는 것이다.

천하에 있어야 할 것이 있고 없어야 할 것이 없으면 밝은 세상이고, 그와 반대로 있어야 할 것은 없고 없어야 할 것이 있으면 암흑시대이다. 사람마다 성실하고 공경하고 정직한 양심(良心)이 있고 사회에 예의염치가 있어서 사양하고 협조하는 미풍양속이 있으며, 나라에 기강이 있어서 윤리도덕을 숭상하며 세계가 화해하고 협력하여 선린우호하는 조정력이 있으면 있어야 할 것이 있는 밝은 세상이다.

그러나 사람마다 사욕이 가득하여 서로 경쟁하면서 증오심이 있으며 사회에 권모술수와 폭력이 난무하며, 나라에 부정부패가 만연하고 풍속이 퇴폐하여 기강이 없으며, 세계에 살벌한 전쟁의 기운이 끊이지 않아 험악한 국제정세 속에 공포의 나날이 이어지면 이것은 없어야 할 것이 있는 난세이다.

춘추는 이와 같이 있어야 할 것과 없어야 할 것을 분명히 가려서 시비곡직을 명쾌하게 심판한다.

이후 이러한 역사심판의 사명은 유림의 몫이 되었다.

왜냐하면 선비는 나라의 원기(元氣)이고 예법을 수호하는 사람이기 때문이다.

그러나 오늘날 사회현실은 어떤가? 어쩌다가 있어야 할 것은 모두 없어지고 반대로 없어야 할 것만 가득하여 기염을 토하고 있다.

그리하여 시비선악이 뒤바뀌고 가치관이 전도하여 인간성을 상실하고 정신이 황폐하여 사치와 방종이 판치고 술수와 폭력을 당연시하면서 오히려 정직하고 질박한 참선비를 비웃는 어처구니없는 현실로 전락했다.

이러한 비참한 현실을 보고도 선비가 수수방관한다면 어찌 사회로부터 존경을 받을 것인가?

역사는 혼란의 극치에서 도덕을 그리워하는 새 바람이 일어난다는 사실을 누누이 증명하고 있다.

이제 극도로 타락했던 낡은 시대는 인류불행의 한계에 부닥쳤고 고매한 인격, 화목한 가정, 문명한 나라, 태평한 세계를 그리워하는 목소리가 동서양을 가리지 않고 사방에서 울려 퍼지고 있으니 이때야말로 유림이 분발 노력해서 사회에 모범을 보임으로서 성학(聖學)을 빛내고 만인이 우러러 흠모하고 존경하는 선비가 나올 수 있는 절호의 기회이다.

작은 이익을 탐하다가 큰 덕을 해치는 어리석음을 경계하라는 것은 선현의 절실한 당부일진대 이제 우리 유림은 안으로 고쳐야 할 것은 고치고 지켜야 할 것은 지키면서 인격수양에 매진하고 밖으로 눈을 크게 뜨고 넓은 세계를 향하여 약진하는 활약상을 보여주어야 하는 때임을 잊어서는 안 된다.

그러기 위해서는 우리 유교신보가 먼저 앞장서기 문호를 활짝 열고 밝은 면과 어두운 면을 샅샅이 살펴서 잊혀지고 있는 것을 깨우치고 숨어있는 것을 찾아내서 끊어진 것은 이어주고 약한 것은 북돋아서 새로운 유림사회발전에 활력을 불어넣는 노력을 기울여야 할 것이다.

이러한 새로운 기풍을 진작하기 위하여 이번에 본지의 사시(社是)를 춘추정론의 선봉과 유도부흥의 기수 그리고 강상윤리의 구현으로 정하고 자체적인 쇄신의 의지를 다짐하였으니 독자제위의 열렬한 성원과 협조를 당부한다.

인류의 스승 孔子 모독하지 말라

김경일 씨는 '공자가 죽어야 나라가 산다'는 저서에서 한일합방, 6·25전쟁, 국제통화기금(IMF) 경제위기의 원인이 모두 유교 때문이라는 주장을 폈다. 19세기 제국주의의 침략과 20세기 냉전, 그리고 경제정책 실패로 인한 외환위기까지 결국 공자가 원인을 제공했다는 논리는 희극의 수준을 넘어선 언어의 폭력이다.

대저 글이란 제목과 내용이 일치하고 논리와 증거가 합당해야 하거늘 김 씨는 다분히 주관적이고 감정적인 시각으로 사회현상을 진단하고 이것이 마치 보편적 실증인 것처럼 논리를 비약했다. '효도가 사람 잡는다', '나는 신토불이가 싫다' 등 몇몇 제목만 봐도 그렇다.

김 씨는 사농공상으로 대표되는 신분사회, 토론이 없는 가부장제, 끼리끼리 이익을 나누는 혈연적 폐쇄성, 스승의 권위강조로 인한 창의성 말살 등 오늘 한국사회에서 드러나는 문제의 원인 제공자가 공자라고 주장한다. 그러나 학구적인 진지함이나 분석적인 연구실적, 정확한 증거제시 같은 것은 찾아볼 수가 없다.

공자를 부정하려고 작정했다면 천리(天理)에 기초한 자연과학적 우주론과 성리(性理)에 바탕한 인문과학적 인생론 및 윤리(倫理)에 기반한 사회과학적 정치론 정도는 파악하고 논설을 전개했어야 했다.

공자는 인격을 수양해 인문주의적지성을 갖춰 화목한 가정을 만들고 문명한 나라를 세우며 평화로운 세계를 건설하라고 가르쳤다. 어디에 근거해 신분을 차별하고, 토론을 못하게 하고, 가정을 폐쇄하고, 창의성을 말살했다고 강변하는가.

김 씨는 또 '현란한 수식어를 걷어내고 가만히 들여다보면 공자의 도덕은 사람이 아니라 정치를 위한 것이었고, 남성을 위한 것이었고, 어른을 위한 것이었고, 주검을 위한 것이었다'고 단정했다. 유교의 정치론은 덕치인정(德治仁政)의 민본정치이다. 김 씨는 애민 양민(養民) 호민(護民)을 근본으로 하는 대학의 3강령, 8조목이나 중용(中庸)의 9경(九經)이나 서경(書經)의 홍범9주의 정치 강령도 모른다는 말인가.

유교는 남자와 여자, 어른과 어린이, 삶과 죽음 같은 문제를 상대적 통일체로 인식해 하나이면서 둘이고, 둘이면서 하나인 음양(陰陽)구조의 질서와 조화체계로 공존 공영하는 만물생존의 자연법칙으로 설명한다.

현명한 독자들은 인류의 영원한 성인을 모독한 이야기에 함께 분노를 느끼리라고 믿는다.

儒敎人의 品格

儒敎人은 孔子를 배우는 사람이다. 孔子는 道冠百王하시어 萬世宗師이시니 이 세상에서 가장 위대한 學問道德을 밝히신 인류의 師表이다. 따라서 孔子를 배우는 儒敎人은 그 品格이 매우 高尙하고 學德이 높아서 聖人이 되기를 기약하는 사람인즉 비록 聖人의 경지에 이르지 못했다고 하여도 賢人이 되고 君子가 되려는 선비의식을 가지고 있는 것이다.

그러므로 선비는 그 뜻을 숭상하나니 智慧와 仁愛와 勇氣를 갈고 닦아서 五倫의 道德을 바르게 실천하는 아름다운 인격완성에 전념하는 것이다.

공자는 15세에 學問에 뜻을 두었고, 30에 立身하였으며 40에 不惑하고 50에 知天命하고 60에 耳順하고 70에 마음에 하고자 한 바를 따라도 법도에 벗어남이 없다고 하였으니 孔子를 배운 儒敎人은 이것을 표준으로 하여 학문수양의 과정으로 삼아야 할 것이다.

儒敎人이 이러한 학문수양의 과정을 통하여 갖추어야 할 人格은 첫째 人間性을 涵養하는 것이고, 둘째는 社會性을 배양하는 것이다.

孔子는 仁을 人間性이라고 하였고 孟子는 仁義禮智를 인간의 고유한 善性이라고 하였다. 인간의 사사로운 욕심을 막고 天理의 本性을 온전히 간직하여 人間味가 넘친 品格을 유지하는 것이 儒敎人의 기본 德目이니 만일 人間性을 喪失하면 절대로 儒敎人이 될 수 없는 것을 알아야 한다.

또한 孔子는 孝道를 설파하고 孟子는 五倫의 道德을 역설하였으니 모두 儒敎人의 社會性을 강조한 내용이다. 인간성이 아무리 아름다워도 교만하고 인색하여 사람들과 더불어 화합할 수 없다면 어디다가 쓰겠는가? 집에서 孝道하고 나라에 忠誠하는 社會性이 있어야만 儒敎人이 될 수 있는 것이다.

그러나 또한 人間性과 社會性이 있다고 하여도 그것을 말미암음에 있어서 自然的 節度와 文化的 品格이 없어서는 안 된다. 巧言令色으로 다정한 척하고 분별없이 附和雷同하는 것은 천박하고 俗되어서 취할 것이 못된다. 반드시 禮法을 지켜서 자연스러운 절도가 있어야 되고, 智識이 있어서 합리적인 文彩를 갖추어야 된다.

"子貢이 묻기를 鄕人이 모두 좋아하면 어떠합니까? 孔子가 말하기를 옳지 못하다, 鄕人이 모두 싫어하면 어떠합니까? 孔子가 말하기를 옳지 못하니라, 鄕人의 착한 사람이 좋아하고 그 착하지 못한 사람이 싫어하는 것만 같지 못하니라"(論語, 子路)

여기에서 우리가 음미해야 될 내용은 儒敎人의 人間交際는 무차별 무분별한 사귐이 아니라 각각 절도가 있고 분별이 있어서 착한 사람을 좋아하고 착하지 못한 사람을 싫어 한다는 사실이다. 사람이 절도가 없고 분별이 없으면 高尙한 品格을 확립할 수 없기 때문에 비록 人情이 많고 붙임성이 좋다고 하여도 또한 節制力과 知覺이 있을 것을 요구하는 것이다.

그리하여 儒敎人이 있는 곳에는 學問道德이 일어나고 文化藝術이 발달하여 文明한 社會를 건설하는 中心處가 되어야 하는 것인즉 한갓

世俗과 동화하여 好人이라는 소리를 들으면서 난잡하고 무례하게 더불어 是非善惡을 가리지 아니 하는 사람은 결단코 儒教人이 될 수 없을 뿐만 아니라 급기야 人格을 상실한 鄕原으로 전락할 것이다.

유도는 사람이 함께 살 수 있는 길

유교의 도덕은 생활의 윤리로 아버지와 아들, 딸 사이에 친밀함이 있고, 국민과 정부 사이에 정의가 있으며, 남편과 부인 사이에 분별이 있으며, 어른과 어린이 사이에 차례가 있으며 벗들 사이에 믿음이 있는 사회를 이룩하는 원리에 지나지 않는다.

이러한 관계를 잘 이루기 위해서는 각각 몸과 마음을 닦아야 하는데, 몸을 닦는 원리가 의(義)이며, 마음을 간직하는 원리가 경(敬)인지라 사람을 만남에 반드시 공경하고 일을 함에 반드시 옳게 하는 공부를 하는 것이다.

그런 까닭에 옛사람은 물 뿌리고 쓸며, 대답하고 말하며, 나아가고 들어오는 예절과 어버이를 사랑하고 어른을 공경하며 스승을 높이고 벗과 친하는 도리로서 교육하였는바 이러한 교육을 받지 못하면 옳고 그른 것을 판단하는 데 온전치 못하게 되어 선악을 섞어버릴 위험성이 있는 것이다.

사람이 선과 악을 밝게 나누지 못하면 스스로 자기의 몸을 깨끗하게 지키지 못할 뿐만 아니라 남을 해치는 데 이를 것이요, 남을 해치게 되면 천하 사람이 그와 더불어 살 수가 없을 것이다.

儒道는 사람이 사람과 함께 살 수 있는 길을 밝히고 예절을 갖추며 교육을 하는 평범하고도 쉬운 진리이다.

하늘이 사람을 탄생할 때 가장 뛰어난 성품을 주었으니 이것을 착한 본성이라 하는 바 사람은 누구나 자기의 착한 본성으로 말미암아 살아가면 바로 그것이 인간 본연의 길임을 밝혔고, 이 인간 본래의 성품을 온전히 보존하기 위해서는 욕심을 막고 예절을 따를 것을 가르친다.

예절이란 사람이 할 수 있는 가장 아름다운 행동으로서 옛날 성현 (聖賢)들이 이미 모범을 보였으니 경전(經傳)과 역사책을 통하여 살펴보아야 한다.

아버지는 아버지의 예절이 있으며, 아들은 아들의 예절이 있으며, 윗사람은 윗사람의 예절이 있고, 아래 사람은 아래 사람의 예절이 있어 어떠한 관계에도 예절이 없는 데가 없다. 예절을 갖추지 아니한 곳에 아름답지 못함이 나오게 된지라 혼인하는 예절이 어그러질 때 부부(夫婦) 생활이 원만치 못하고, 효도의 예절이 어그러질 때 가정생활이 가지런하지 못하며, 충성의 예절이 어그러질 때 국가 활동이 아름답지 못하여 마침내 사회가 혼탁해서 인간다운 삶을 이룩하지 못하게 된다.

그러므로 사회는 반드시 인간성을 개발하는 교육이 필요한바 윤리(倫理)를 가르쳐 자기 본분을 깨우쳐 주어야 하고, 제 몸을 공경하여 스스로 성실할 것을 가르쳐 인격을 다듬게 하여야 한다.

자기의 본분을 알아 인격을 다듬는 사람은 반드시 지성(知性)을 높이고 덕성을 밝히며 용기를 기르는 까닭에 만물의 이치를 남김없이 연구하여 알지 못한 것이 없게 되고, 뜻을 성실히 하고 마음씨를 바르게 하여 사람을 사랑하게 되고, 옳을 것을 지키고 그른 것을 물리치는 데 씩씩하게 된다.

이와 같이 인격이 완성된 뒤에 벼슬길에 나아가 나라를 위하고 국민을 사랑하는 직분을 다하는 것이라 유교의 정치 이념을 도덕정치라고 한다.

유교의 진리는 현실 속에서 이상을 추구하고 이상적인 국가사회를 건설하기 위하여 현실을 개선하는 데 있는 까닭에 정치와 교육을 특별히 중시한다.

정치는 이상국가를 건설하는 가장 좋은 체제요, 교육을 인간정신을 배양하는 가장 좋은 방법이라 진정한 유교인은 언제나 정치가로서의 덕성과 교육가로서의 지성을 갖추어 벼슬길에 나아가서는 위대한 정치를 베풀고, 초야에 묻혀서는 숭고한 교육을 하는 것이다.

유교의 정치이념은 옛날 5천년 전의 성왕(聖王)에 의하여 이미 완전하게 갖추어 있는바 인간 본연의 도덕에 의한 정치일 것, 인생의 행복을 위한 문명정치일 것, 인류의 공론(公論)을 따른 민본(民本) 정치일 것인데 이 세 가지가 그 정치 기본 사상이며, 행정의 원칙은 국민의 인간성을 바르게 할 것, 국민의 생활을 편리하고도 서로 활용할 수 있게 할 것, 국민의 삶을 풍요롭게 할 것 등이며 시정방책은 첫째 경제개발의 정책, 둘째 국토방위의 정책, 셋째 교육진흥의 정책 등이다.

이와 같은 정치 이념에 따라 선비는 의리(義理)를 높이고, 공리(功利)를 낮추며, 청렴(淸廉)을 자랑하고, 사치(奢侈)를 부끄러워하며, 절개(節介)를 지키고, 영화(榮華)를 버린다.

유교의 교육정신은 동서고금을 통틀어 가장 철저한 체계가 갖추어 있는바, 아직 세상에 태어나기 전부터 태교(胎教)를 실시하고 이 세상에 탄생하면 유모(乳母) 교육을 하며, 밥 먹기 시작하면 습관교육을 시켜 일곱 살이 되면 소학(小學)에 들어가 예절 음악 활쏘기 말달리기 글씨쓰기 셈하기 등의 교육을 하며 열다섯 살이 되면 대학에 들어가 성현의 경전과 고금의 역사와 사물의 원리를 배워 인생관을 확립하고 우주론을 정립하여 마음이 절대로 움직이지 아니하며 천명(天命)을 어기지 아니하며, 스스로 즐거운 진리를 체득하는 데까지 나아간다.

그러므로 유교의 교육은 평생교육으로서 죽은 뒤에나 끝나는 것이다.

오늘날까지 유교가 동양사상의 주류로 내려왔던 까닭은 우연한 것이 아니다.

일찍이 인(仁)의 원리로서 노자와 장자의 허무주의를 꺾었고, 의(義)의 도리로서 양주의 이기주의와 목적의 박애주의를 물리쳤으며, 도덕으로서 한비 이사의 법술주의와 장의 소진의 실리주의, 손빈 오기의 병법주의를 내쳤으며, 효도와 충성으로서 불교의 염세(厭世)주의를 꺾었으니 그 사상이 넓고 깊지 않았다면 어떻게 이와 같이 거대한 역사를 세웠을 것인가?

오늘날 세계의 석학들이 유교를 연구하고 경전을 번역하는 까닭은 유학이 서양에 소개된 지 이제 3백여 년이 지난지라 점차 유학을 알게 된 것이다.

소위 실존주의 철학이 세계대전을 겪은 실망과 허탈을 구제하는 철학으로 높이 평가하고 있으나 그 철학의 형성은 유교의 성리학을 서구화한 데 불과한 것이었으며 그나마 성리학의 원리를 모두 이해한 것도 아니었다.

그러므로 이제는 유학이 더 이해됨으로써 실존주의 철학도 사라져가고 있는 실정이다. 일찍이 옛사람은 말하기를 태산을 보지 못하면 산이 높은 줄을 모르고 바다를 보지 못하면 물 깊은 줄을 모르며, 성인을 알지 못하면 말하기 어려운 줄을 모른다고 하였다.

만일 우물 속에서 하늘이 적다고 한다면 참으로 하늘이 적을까!

儒教의 再認識

儒學은 英雄을 養成하는 學問으로 學究나 하는 것이 아니며, 儒教는 賢人이 세상을 깨우치는 師道로서 人師가 보여주는 것이요, 經師가 떠드는 것이 아니다.

儒道는 眞理를 밝히고, 人倫을 바로잡아 理想的인 社會를 건설하는 길인바 먼저 人間의 本心을 간직할 것을 주장한다. 따라서 本心을 간직한 사람이 많아지면 自然히 儒道가 일어나고 儒教가 衰退하면 必然的으로 社會의 紀綱이 무너졌다.

지난날에 걸어온 자취를 더듬어 보면 時代의 盛衰와 斯道의 興亡이 그 운명을 함께 하였음을 알 수 있는 바 宋과 明의 王道政治를 할 때에는 自然히 儒學이 크게 일어났었고 元과 淸의 覇權統治를 할 때에는 必然的으로 儒學이 衰退하였는데 多幸히 우리의 朝鮮王朝는 最近世까지 王道政治를 실시하여 天地의 道德을 밝히고 人類의 文化를 創造하여 社會의 正義를 樹立하였으니 偉大한 人物이 나라에 가득하고 아름다운 制度가 지금도 남아있다.

不幸하게도 倭賊이 올라와 一世의 儒教抹殺術策에 시달리고 우리나라가 獨立한 다음 一代의 儒教外面政策을 겪으니 이로서 이 땅에 유학을 아는 이가 없게 되었다.

그간의 흘러간 세월이 불과 70년인데 어찌하여 千餘年의 傳統을 가진 學問이 이처럼 빨리 살아졌단 말인가.

그것은 까닭이 있다. 倭賊이 이 땅을 더럽히던 날에 精銳士林 數萬名이 義兵을 일으켜 악독한 왜적을 討伐하다가 壯烈하게 殉義하였고 어쩌다 남은 이는 陰陽으로 彈壓되어 學問을 계속할 수 없게 만들었으며, 한편으로는 奸巧하게도 儒教의 正統思想을 誤導하여 소위 皇道儒術로 捏造하였는바 日星같이 밝은 春秋大義의 尊王賤霸精神에 의하여 道義를 지키고 公利를 물리쳤던 것을 파벌意識으로 몰아 부치고, 우리를 도운 明나라를 높이고 우리를 해친 淸나라를 抗拒한 것을 事大主義로 몰아세우며, 자기의 國家부터 위하여야 함을 度量이 적은 것이라 하여 世界를 다같이 보라고 억지를 쓰면서 드디어 우리의 歷史까지 改造하여 위로 上古의 뚜렷한 史實을 否定하고 아래로 朝鮮朝의 밝은 文化를 뒤집어 더럽혀 놓았기 때문에 이미 儒學을 아는 사람은 살아남을 수가 없었고 아직 儒學을 모르는 사람은 죽은 학문이라고 멀리하였으니 어찌 속히 없어지지 않겠는가! 그래도 아직 經書가 온전히 남아있으니 한줄기 希望이 있고 하늘은 大道가 사라짐을 오래 버려두지 아니한지라, 春秋戰國의 어지러운 때에 孔子와 孟子가 나왔고 秦始王의 焚書坑儒와 五季의 난리를 거쳐 程子와 朱子가 나왔으며 元나라의 儒教排斥과 淸나라의 儒教誤導의 어려운 때에 우리나라에 宋子가 나왔다.

聖賢이 나오지 아니하면 儒學이 밝혀지지 아니하고 儒學이 밝혀지지 아니하면 사람의 착한 本性이 들어나지 아니하며 사람의 착한 本性이 들어나지 아니하면 사람들이 방자하여져서 안하는 말이 없고 못하는 짓이 없게 되어 나라가 크게 어지러워 질 것이니 하늘이 어찌 이것을 버려둘 것인가!

그러므로 오늘날 世界의 碩學들이 東方 聖賢의 思想을 硏究하고 또한 이 道德으로 世界를 씻으려 하고 있다.

이제 우리도 未來의 아름다운 理想을 세우기 위하여 옛 聖賢의 거룩한 사상을 찾아야 되고 즐거운 現實을 이룩하기 위하여 빛나는 祖上들의 넋을 깨달아야 되며 高尙한 人格을 다듬기 위하여 진실한 人間性을 밝혀야 된다.

옛 聖賢들의 거룩한 사상은 經傳에 있으니 精密하게 읽어보면 알 수 있고 빛나는 祖上들의 넋은 史書에서 남아있으니 敬虔하게 더듬어 보면 깨달을 수 있으며, 眞實한 人間性은 스스로 간직하고 있으니 정직하게 살펴보면 느낄 수 있다.

이렇게 하는 길 이외에 다른 功夫의 길이 없는바 곧 事物의 理致를 연구하여 知性을 높이고 뜻을 誠實히 하고 마음을 바르게 간직하여 德性을 기를 따름이다.

儒敎는 現實속에서 理想을 俱現하는 까닭에 現實을 있는 그대로 즐겁게 받아들이고 그것을 바탕으로 理想的인 條理와 秩序를 세우려 하는 것이다.

가까이는 물 뿌리고 쓸며 대답하고 말하며 나아가로 물러오는 日常 現實의 節度로부터 國家를 다스리고, 國民을 사랑하는 理想的인 道理에 이르기까지 無窮한 義理가 있는데 要約하면 사람마다 仁義禮智의 天性을 고이 길러 어디서나 孝悌忠信의 道理를 온전히 실천하는 것으로 누구든지 知性과 德性과 勇氣를 갖추면 할 수가 있는 것이다.

儒學은 그 理論이 높고 體系가 넓으나 核心은 孔子가 밝힌 仁인바, 이 仁은 모든 사람이 天賦的으로 똑같이 타고난 人間性의 全體요 사랑하는 原理이다. 이와 같이 사람에게 固有한 것을 바탕하면서도 天理와 一貫하는 理論이 있고 道德의 純粹함을 주장하면서도 物質과 一致하는 體系가 있어 物質 속에 살면서도 물질을 벗어나고, 功名을 이루면서도 功名을 떠나며, 사는 것을 좋아하고 죽는 것을 미워하면서도

生死를 넘어서는 지극한 原理가 있다.

무릇 孔子는 이 思想을 敍述하여 말하기를 나는 옛날로부터 있었던 思想을 종합하여 완성하였을 뿐이요 스스로 創作한 것은 없다 하였으니 그는 上古로부터 내려오는 易經을 解說하여 中正한 哲學原理를 밝히고, 中古로부터 내려오는 書經을 編述하여 公平한 政治制度를 밝히며 近古로부터 내려온 詩經을 選集하여 純粹한 文學思想을 밝히며 當時의 歷史인 春秋를 編修하여 정당한 社會道義를 밝혔을 뿐이니 이를 周公이 制定한 禮記와 함께 儒敎의 五經이라 한다.

朱子는 孔子와 그 제자들의 言行을 기록한 論語와 曾子가 儒學의 綱領을 기술한 大學과 子思가 儒道의 原理를 서술한 中庸과 孟子가 儒敎의 本質을 논술한 孟子를 註解하여 四書라고 하였으니 대저 聖學에 들어가는 기본서가 되는 것이다. 朱子는 이외에도 小學을 編輯하여 누구든지 배워야 되고 人倫을 알아야 되며 자기 몸을 소중히 하여야 되는 것을 밝혔으니 대개 사람의 道理가 여기에 있기 때문이다.

朝鮮朝의 士林은 이 思想으로 위대한 歷史를 創造하였으니 世宗大王은 公論政治를 하였고 靜庵 선생은 至治政治를 하였으며, 退溪 先生은 社會風紀를 바로 잡았으며 栗谷 先生은 哲學體系를 세웠고 松江 先生은 文學作品을 이루었으며 忠武公은 國家危難을 지켰으며 尤菴 先生은 國家大義를 드높였으니 온 나라에 賢師哲人과 淸儒廉吏와 孝子烈女와 忠臣義士가 그득하였다.

崇高한 學問이 아니라면 어찌 이렇게 많은 人物이 한꺼번에 나오게 할 수 있을 것인가? 모름지기 그들의 時代가 멀지 않으니 우리들도 스스로 본받아 힘써 노력하면 오늘의 世態가 바로잡힐 수 있고 士氣도 살아날 수 있는 거울이 여기에 있다.

儒道研修院建立에 벽돌 한 장씩이라도

　지난해 8월 28일 성대한 起工式을 거행하고 착공한 儒林研修院건축공사가 순조롭게 추진되어 벌써 본관 2층 골조공사에 들어가서 현재 전체공정의 22%를 달성했다고 한다.

　儒道研修院은 우리 1천만 儒林이 스스로 힘을 모아 벽돌 한 장씩을 쌓아서 이 거대한 공사를 완성하기로 이미 결의하였고 또한 金大中 대통령께서 전통문화발전과 젊은 儒林양성에 지대한 관심을 표하면서 우리 유림대표단을 지난해 두 번씩이나 청와대로 초청하여 크게 격려하고 이어 정부의 예산으로 지원한 막중한 대사업이다.

　그러나 지난 8개월 동안의 유도연수원 건립기금 헌성자 명단을 보면 150여 분밖에 안되고 그 금액도 1억 4천 2백여만 원에 불과하다.

　앞으로 완공될 유도연수원은 국가민족의 여망에 부응하여 우리 전통문화를 새롭게 해석하여 남북통일시대의 문화적 正體性을 확립하고 세계화시대의 인류문화발전에 이바지 할 인재를 기르는 요람이 될 것이다.

　그동안 우리 儒林界는 변변한 敎育場 하나 없이 다른 종교기관의 경이로운 발전만을 목도하면서 斯文쇠락의 탄식만 하고 있었다.

이제 천만다행으로 새 천년 유도부흥의 새 바람이 일어나서 이러한 공사를 일으켰으면 유림지도자와 전체 1천만 유림이 팔을 걷고 와서 협력하는 것이 당연한 본분일 것이다.

그럼에도 참여자가 미미한 것은 안타깝기 그지없고 유림으로 민망하기까지 하다.

물론 유림은 빈한하여 경제적 여유가 없다는 사실을 모르는 바 아니지만 십시일반이라고 성의만 있다면 어찌 벽돌 한 장의 값을 아끼겠는가?

어떤 사람은 유림연수원이 너무 먼 곳에 있어서 쓸모가 없다고 한다.

그러나 천안삼거리는 경기지역과 3남을 연결하는 교통의 요충지이고 앞으로 경부고속철도가 개통되면 첫 기착지로 23분이면 도착하게 될 터이니 이것을 문제 삼을 수는 없을 것이다.

또 어떤 사람은 재단법인 성균관이 앞으로 이 연수원을 주관할 것이므로 자기들과는 상관이 없는 일이라고 한다.

그러나 재단이사회 정관에는 분명히 토지와 건물 등의 관리는 재단이사회의 소관사항이지만 앞으로 연수원장을 두고 연수원건물을 활용하는 것은 전적으로 성균관과 유도회의 사업이 아닐 수 없는 것인즉 이것을 문제 삼는 것은 앞으로 운영에 관한 사항일 뿐 지금 예단할 일이 아니다.

큰일을 앞에 놓고 자기중심적으로 생각하는 것은 자칫 분열을 조장하여 대사를 그르치는 어리석음을 범하여 세인의 웃음거리가 된다는 사실을 깨달아야 한다.

바야흐로 온 국민과 세계 지성의 눈이 우리 유림의 움직임을 지켜보고 있다.

비록 말은 하지 않을지라도 오늘날 이 땅에 과연 유림이 있는지, 그리고 유도연수원건립공사를 원만하게 끝낼 수 있는지 지켜보고 있다.

재단이사회는 있는 힘을 다하여 책임지고 밤낮으로 열심히 설득하는 노력을 다 해야 할 것이며 성균관과 향교의 임원과 유도회와 지부의 임원은 유림을 총동원하여 목표액 모금에 발 벗고 나서야 한다.

그리고 유림은 큰돈은 없다고 하여도 벽돌 값으로 천원이면 천원, 만원이면 만원이라도 기쁘게 동참하여 이 시대의 떳떳한 유림상을 후세에 보여야 한다.

이미 성금을 모으고 있는 유림단체는 중간에 1차 납임하고 2차, 3차로 계속 추진하여야 그 성과를 공지할 수 있을 것이다.

傳統에서 본 禮節入門

1. 禮節教育의 起源

禮節教育의 始原은 멀리 上古시대로 거슬러 올라간다. 일찍이 堯舜은 孝로써 천하를 다스렸으니 『書傳』에 보면 堯, 舜, 禹의 정치와 교육의 이념을 다음과 같이 기술하였다.

曰若稽古帝堯한대 曰放勳이시니 欽明文思安安하시며 允恭克讓하사 光被四表하시며 格于上下하시니라 克明俊德하야 以親九族하신대 九族旣睦이어늘 平章百姓하신대 百姓昭明하거늘 協和萬邦하신대 黎民이 於變時雍하니라(堯典)

舜임금은 堯임금의 정치이념을 계승하여 인류역사상 처음으로 국가의 교육제도를 확립하여 교육문화를 진흥하였으니 帝曰 契아 百姓不親하고 五品不遜하니 汝作司徒하야 敬敷五教하되 在寬하라(舜典)

또 舜임금이 禹임금에게 도덕정치와 예절교육의 원리를 밝히면서 당부하기를 人心은 惟危하고 道心은 惟微하니 惟精惟一하여야 允執厥中하리라 (大禹謨)라고 하였으니 이것이 예절교육의 기원이다.

2. 禮節敎育의 發達

堯舜의 도덕정치이념과 예절교육원리는 夏殷周를 통해 크게 발달하였으니 夏나라는 人道를 밝혀 寅月을 正月로 세우고 忠을 숭상하였으며 殷나라는 地道를 밝혀 丑月을 正月로 세우고 質을 숭상하였으며 周나라는 天道를 밝혀 子月을 正月로 세우고 文을 숭상하였는데 특히 周나라 周公은 고금의 禮와 樂을 집대성하여 周禮를 완성하니 위로 조정행사로부터 아래로 가정문화에 이르기까지 아름답기 그지없어서 인류역사상 최고의 전범이 되었다.

그러나 춘추시대에 이르러 富國强兵을 추구하면서 禮樂이 붕괴하고 私利私慾을 채우는 데 광분하여 천하가 크게 어지러우니 孔子가 분연히 일어나 禮義道德을 역설하며 6經을 편집하여 도덕정치의 이념을 다시 밝히고 예절교육의 원리를 제자들에게 가르치면서 儒敎思想을 집대성하니 孟子는 전국시대에 王道政治를 설파하고 性善說을 주장하면서 仁義禮智의 본성을 함양하여 五倫의 가치를 크게 천명하여 인생의 중심가치로 떠올랐다.

3. 禮節敎育의 復興

秦始王의 焚書抗儒와 漢나라 때의 讖緯說의 득세로 禮樂이 사라지고 마침내 국민교육기관인 小學에서도 예절교육이 없어지고 오직 字形, 字音, 字義나 연구하는 文字學을 가르치는 초등교육기관으로 전락하였다.

이에 朱子가 분연히 일어나 愚民敎育을 비판하면서 堯舜三代의 小學에서 가르쳤던 灑掃, 應對, 進退의 예절을 다시 교육할 것을 역설하고 禮樂射御書數가 小學의 교육과목임을 주장할 뿐만 아니라 고대의

小學에서 가르쳤던 내용을 모아『小學』을 편집하여 보급하니 宋나라
와 明나라에서 예절교육이 크게 성행하여 儒敎가 復興하였다.

4.『小學』의 내용

　朱子가 門人 劉子澄에게 명하여 편집한 小學은 內編과 外編으로 되
어 있는데 내편은 권1 立敎, 권2 明倫, 권3 敬身, 권4 稽古이며 외편
은 권5 嘉言, 권6 善行이다. 내편은『書經』,『儀禮』,『周禮』,『禮記』,
『孝經』,『左傳』,『論語』,『孟子』,『弟子職』,『戰國策』,『說苑』등의 문
헌에서 인용 편집한 것이다. 권1 입교는 하늘이 내려준 성품인 仁義
를 함양하는 데 학습의 기본을 두고 있는 글귀를 모은 것으로 총 13
章이다. 권2 명륜은 父子之親 君臣之義 夫婦之別 長幼之序 朋友之交
를 밝히는 장과 通論 등 총 108장이다. 권3 경신은 心術之要 威儀之
則 衣服之制 飮食之節을 밝히는 것으로 총 46장이다. 권4 계고는 입
교, 명륜, 경신, 통론 등 총 47장이다. 외편은 주로 宋代 諸儒의 言行
을 기록한 것으로 소아 교육의 바탕이 될 만한 내용을 모았다. 灑掃,
應對, 進退의 구체적인 실습부터 情緖와 智識의 성장을 수반한 수양
방법과 위정자가 갖추어야 할 교양 등에 관해서 서술하였다. 권5 가
언은 廣立敎, 廣明倫, 廣敬身 등 총 91장이다. 권6 선행은 實立敎, 實
明倫, 實敬身 등 총 81장이다. 이 책은 孝와 敬을 중심으로 한 가정
사회에 대한 이상적인 인간상과 아울러 修己, 治人의 선비 즉 초급지
식인을 육성하기 위한 啓蒙, 敎訓을 주요 내용으로 하고 있다.
　朱子는 小學書題에서 어린이의 예절교육에 대한 중요성을 다음과
같이 밝혔다.
　古者小學에 敎人以灑掃應對進退之節과 愛親敬長 隆師親友之道하니
皆所以爲修身齊家治國平天下之本이니 而必使其講而習之於幼穉之時는

欲其習與智長하며 化與心成하야 而無扞格不勝之患也라 ―이하생략―

그리고 小學題辭에서는 忠孝의 절대적 가치를 역설하였으니 다음과
같다.

元亨利貞은 天道之常이요 仁義禮智는 人性之綱이니라 凡此厥初에
無有不善하니 藹然四端이 隨感而應이니라 愛親敬兄과 忠君弟長이 是
曰秉彝라 有順無疆이니라 ―이하생략―

이와 같이 朱子는 小學敎育은 착한 인간성을 기르고 아름다운 풍속을
일으키는 것으로 그 목적을 삼아야 함을 거듭 역설한 까닭에 朱子學이
흥행한 나라에서는 모두 예절문화가 찬연히 빛나게 되었다.

5. 우리나라의 禮節文化

우리나라는 유교를 수입한 이래로 고구려, 백제, 신라에 모두 학교
가 있어서 예의도덕을 가르쳤다. 그러나 도덕정치이념과 예절교육원리
를 본격적으로 구현하기 위한 노력은 朝鮮王朝에서 비롯하였으니 고
려 말 安珦이 性理學을 수입함으로써 새로운 도덕관념이 일어났기 때
문이다.

朝鮮王朝는 전국각지에 鄕校를 세우고 朱子의 『小學』을 간행 배포하
여 적극적으로 교육하였으니 비단 초급학자만 이 책을 숭상한 것이 아
니라 金宏弼과 같은 대학자도 스스로 小學童子라고 하였고 趙光祖 선
생도 小學을 지극히 숭상하였기 때문에 모든 사람의 필독서가 되었다.

그리하여 五倫이 인생가치의 최고로 자리 잡아 東方禮義之國이 되
었으니 여기에 더하여 世宗14년(서기 1431)에는 三綱行實圖를 간행
배포하고 中宗13년(서기 1518)에는 二倫行實圖를 간행하였으며 또
正祖21년(서기 1797)에는 五倫行實圖를 간행하였으니 모두 그림으로
그려서 누구나 보고 알 수 있게 하고 또 한글로 설명하여 쉽게 읽을

수 있게 하였는데 특히 詩를 덧붙여 사람의 감정에 깊이 호소하여 감동케 하였다.

그리고 丙子胡亂 이후에 정계를 은퇴하여 道學으로 평생 일관한 山林學者兩班 세력이 書院과 書堂을 방방곡곡에 세우고 冠婚喪祭의 예절문화를 대대적으로 보급하였기 때문에 마침내 斯文이 東來하는 빛나는 역사를 창조하여 세계 제1의 위대한 人類文化를 건설하였다. 따라서 우리가 예절을 부흥하여 새 시대를 열어야 할 사명이 여기에 있는 것이다.

한국청년유도회

期別 成長과정

1. 새 시대 새 선비상을

　오늘날 기술문명의 일방적 발달은 이 시대의 모든 인류에게 깊은 도덕적 우려와 장래에 대한 불안한 전망을 제기하고 있으며 인간의 존엄성에 대한 가치를 크게 위협하고 있다. 청년유도회는 이러한 시대적 자각을 토대로 성균관의 창건이념을 준수하고 유교의 현대화, 대중화, 생활화를 목표로 1976년 11월 13일 성균관 명륜당에서 창립되었다. 청년유도회는 민족주체의식의 회복, 민족주체사관의 정립, 국적 있는 교육의 실현 등이 지상과제이던 시대적 산물로 태동되었다. 무엇보다 사명을 절감한 몇몇 경향의 뜻있는 젊은이들이 우리 민족문화의 주류인 유교문화의 정수를 올바르게 인식하고 실천하고자 선현의 유도진흥정신을 오늘에 다시금 창조적으로 계승할 것을 다짐, 창립 취지문과 정관을 준비하고 성균관 원로제현의 뜨거운 성원과 지도를 받아 한국청년유도회가 성립되었다.

2. 제1기 : 발돋움하는 靑儒(76. 11~78. 11)

초대에 최창규 회장을 추대하고 회장을 포함한 15인위원회를 구성, 회 운영에 관한 제반권한을 위임하여 제9차 회의에 이르면서 임원선출, 헌장 및 강령제정, 회기(會旗) 선정과 현판식 등을 개최, 모름지기 청년유림으로서 새 역사를 창조하려는 열기가 충만하였다. 특히 도본부의 결성과 지부조직의 확대로 전국규모의 청년사회단체로 발돋움하기 시작했다.

초창기의 주요 사업은 조직규정에 따라 지부조직에 중점을 두고 제1차로 77년 6월에 충청남도 본부를 결성한 것을 시점으로 강릉(지부장: 홍헌표), 남제주(지부장: 오문복), 삼척, 화천(지부장: 이광원) 지부가 결성되어 순조롭게 지부조직 확대가 되어 가던 중 년 6월 이후 회장의 유고로 정기총회를 못하고 있던 중 8월에 비상중앙위원회를 개최하여 정기총회를 갖기로 결의하고 임시의장 서정기, 준비위원 김경수, 김철진, 권오홍이 선임되었다.

그 사이 영월(지부장: 박영춘), 파주적성분회(분회장: 이배춘), 의흥(지부장: 도중웅) 지부가 연이어 결성되었다.

77년 11월 13일 창립1주년기념일을 맞이하여 안명호 전문위원의 「지구의 정축(正軸)문제」란 주제로 강연회가 있었고 경암 조용승 선생이 청년유도회에 『사서집주』 1백 권, 신자전 1백 권을 기증하여 청년유림의 사기를 북돋았다.

3. 제2기 : 앞서가는 靑儒(78. 11~80. 5)

2대에 서정기 회장을 추대하고 주요사업으로 매월 시우회(時雨會)와 매주 토요강좌를 열고 회원간의 자질 향상과 결속을 다졌는데 4차의 시우회를 통해『청년유림의 나아 갈 길』(연사: 유정동),『서구인의 동양학에 대한 관심』(연사: 김현창), 도덕부흥선언문 채택, 발표 등이 있었고, 매주 토요강좌에는 전문위원(송항룡·김용걸·공영립·김인수·성백효·심백강·이성우·이종덕·허호구·김재열·김영복)의 연구주제발표가 계속되어 총 20회에 걸쳐 진행되었다.

한편 지부조직 상황은 포천(지부장: 최종규), 순홍(지부장: 송철익), 홍산(지부장: 임상설), 경상북도본부(본부장: 이동선), 가평(지부장: 신현정), 예산(지부장: 이광복), 안양시(지부장: 권수창) 지부가 차례로 결성되었으며, 79년 6월 외세의 강압과 풍조에 의하여 단절되었던 전통의례중의 하나인 사상견례(士相見禮)를 70여 년 만에 재현하여 민족정기를 계승함으로써 각계의 관심을 모았고, 동년 9월 한국일보강당에서 공부자탄강기념대강연회를 처음으로 열어『공자의 생명관』(연사: 이재서),『공자의 춘추정신』(연사: 유정동)에 대한 기념강연을 통해 위대한 공부자의 숭덕광업(崇德廣業)정신을 천명하여 윤리상실의 시대에 일대 경종을 울렸고, 동년 11월에는 역시 6례 중의 하나인 향음주례를 재현하면서 모현동지회와 서울시노인회를 초청하여 우리전통주례의 참뜻을 새겼으며, KBS-TV의 요청으로 다시 재연하여 40분 간 전국에 방영되었다.

80년 5월 성년의 날에는 역시 우리 전통예법의 하나인 관례를 거행하여 우리 고유의 성년식이 있음을 밝히고 관례의 중요성과 의의를 매스컴을 통해 크게 홍보하였다.

그 외에 특별강연으로『천문학체계와 사상적 의미』(최병철),『상례고(喪禮考)』(조준하),『조선초기의 의리사상』(공영립) 등 교양강좌와 3개월 간 실시된 서예강습(이배원·이효자) 지도로 회원 자질 향상에 기여했다.

4. 제3기: 주목받는 靑儒(80. 5~82. 7)

3대에 신영조 회장을 추대하고, 주요사업으로 수요강좌와 토요강좌를 개설하여 유가경전인 『대학』·『효경』·『소학』을 교재로 회원의 경전해득력과 일반인의 이해를 도모하면서 수요강좌(강사: 조남욱) 10회 토요강좌(서정기·조남욱·성백효·심백강·박용규·김재열·천인석) 17회 모두 27회의 회원학습회를 통해 선비의 행동규범을 익혔다.

주요 행사로는 80년 9월 공부자탄강일기념행사로써 종전의 행사를 확대하여 성균관·성균관대학교 주최 유도회총본부·여성유림회 후원, 한국청년유도회 주관으로 실시하였는데 『현대인과 논어』(연사: 안병욱) 『공부자의 도와 현대문명』(연사: 유승국)의 기념강연으로 선비정신을 고양하였으며 선현의 유묵전과 난전시회를 함께 가졌다.

81년 9월 공부자탄강기념일에는 『선비의 사회적 책임』(연사: 안호상) 『선비의 자세』(연사: 서정기)란 주제로 기념강연이 있었다. 동년 6월에는 MBC-TV의 요청으로 민속촌에서 향음주례를 재현하여 다시 한번 주례의 중요성을 홍보하였으며 안양문화원 주최로 열린 향음주례시연에도 지도감수를 하였다. 이렇게 전통의례시범 및 재현 요청이 각 언론기관과 단체로부터 쇄도하고, 대중매체를 통한 국민의 관심과 주목을 받은 것은 이에 대한 의례의 현대화작업이 긴요함을 절감케 하였다.

82년 5월에는 처음으로 선현유적지순례행사를 화양서원(우암, 송시열 선생 유적지)으로 정하고 회원다수가 참석하여 선인의 유덕을 기렸다.

지부조직상황은 포항장기(지부장: 서상득) 은진(지부장: 송병철) 예산신임(지부장: 이영복) 적성(지부장: 박재관) 평택(지부장: 이대식) 대구시(지부장: 이완재) 영천(지부장: 이희경) 창원(지부장: 박수태) 장흥(지부장: 정길태) 광주(지부장: 이난수) 울산(지부장: 심봉구) 지부가 조직되었다.

5. 제4기: 정진하는 靑儒(82. 7~84. 7)

4대에 김경수 회장을 추대하고, 기본사업으로 82년 7월부터 11월까지 10회에 걸쳐 토요학습회를 열고 회원의 주제발표와 토론시간을 가졌으며, 회원의 매월 삭망, 분향참석을 독려하며, 매월『유림회보』를 발송하기 시작했다.

82년 9월 공부자탄강기념일에는 기념강연『공부자의 도와 현대사회』(연사: 안재준)와 모의 대사례(大射禮), 투호(投壺)대회를 개최하였고, 육일각에 헌궁식을 가졌다.

선현유적지행사로는 1차 도산서원과 하회마을(유성룡유택), 2차 의암 유인석 유적지, 3차 대로사(우암 송시열)를 탐방하였다.

향음주례에 대한 사회의 관심은 계속되어 83년 5월 MBC-TV(레이다Ⅱ)의 요청과 84년 4월 KBS-TV(뉴스파노라마)의 요청으로 녹화 방영되었고 근로청소년회관 주최 주례특강(연사: 서정기)과 백화양조의 요청으로『주례의 변천사』원고 작성도 응했다.

84년 4월에는 청년유림의 숙원사업의 하나인 명륜학당 건립계획을 수립, 1차 교재용으로 사서삼경에서 중요한 글을 발췌하여 펴낸『한배움』책을 2천부 출판하여 회원 및 관계요로, 각급도서관, 전국향교 등에 기증하여 유도를 선양함에 최선을 기하였다.

84년 5월에는「조상의 슬기를 오늘에 새롭게」라는 표어를 걸고「조상의 슬기찾기」운동을 전국적으로 전개하여 가정이나 단체에서 뜻을 모르고 소장하고 있는 액자·족자·병풍 등을 무료로 해설해주기 시작하였으며, 이 운동의 취지에 공감하여 적극 후원을 해준 한국방송공사(KBS)와 서울신문사의 협조로 신문·TV·라디오 등 연 5회에 걸쳐 전국에 홍보되었으며, 직접 해설을 맡아준 해설위원(정원태·이진영·이동길·성백효·박용규·김재열·권오호·심백강·양재열)의 열과 성이 이 사업을 빛내주었다.

지부조직으로는 84년 3월 함안(지부장: 배재열) 완도(지부장: 김생수)가 결성되었으며, 84년 7월에는 역대회장 간담회를 갖고 청년유도회 발전과 진로에 대해서 진지한 논의가 있었다.

6. 제5기: 정진하는 青儒(84. 7~86. 5)

5대에 김경수 회장을 재추대하고 기본사업으로 84년 9월부터 12월까지 연 10회에 걸쳐 목표집회(교재: 한배움, 강사: 노평규, 정필룡, 이문주, 김효식)를 실시하였고, 10월에 「조상의 슬기찾기」 운동에 관한 스퍼트 뉴스가 KBS-1·2·3 TV를 통해 연 4일간 홍보되어 활기를 띠었다.

동년 10월 24일에는 임시총회를 개최하여 정관 제1조, 제4조, 제35조 및 이에 따른 별도 규정에 대한 개수정을 결의함에 따라 유도회 산하 「청년유도회」로 명칭이 바뀌었다.

85년 1월에는 주요사업의 하나인 「알기 쉬운 제례상식」 계몽운동을 실시하였는데 성균관, 유도회총본부 임직원과 청년유도회 여성유도회 회원 그리고 성균관대학교의 협조로 일심단결하여 설날(구정)을 기하여 귀성객 대상으로 연 4일간 주요역전가도에서 연인원 2백 50명이 동원되어 홍보책자 10만 부를 배포하였다.

5월에는 성년의 날을 맞이하여 관례를 거행하고 성년됨의 참뜻을 언론보도기관을 통해 전국에 홍보하였다.

최근에 우리나라 전통예법에 대한 관심이 날로 높아져 육군본부, 연합통신, 한국청년회의소, 미8군 홍보실 등에서 향음주례의 자료와 관례의 자료 등을 요청하여 제공하였고, 명지대 전통문화연구회, 대한노인회 강원도연합회, 국민대 명운다도회 등에서는 자체 행사로 직접 재현하는 열의를 보였다.

지부조직관계는 85년 4월 광주지부 총회에서 신임지부장(이윤규)이
선임되고 5월에는 전라남도본부 정기총회가 개최되어 신임도본부장(정
문기)이 선임되었다. 6월에는 예천(지부장: 여태현) 강화(지부장: 허
은), 7월에 충청북도본부(정광한)가 조직되었고, 9월에는 전라남도본
부 관할지역에 나주(지부장: 정상채) 여수(지부장:오두석) 낙안(지부
장: 송기문) 남평(지부장: 정필환) 능주(지부장: 임홍순) 장성(지부
장: 이진환) 영광(지부장: 정성련) 해남(지부장: 정권훈) 지부가 결
성되었고 앞으로 계속 조직될 전망이다. 10월에 천안(지부장: 이동
국) 지부가 조직되었고, 11월에는 함평(지부장: 서상은) 고흥(지부
장: 유성기) 보성(지부장: 박해철) 화순(지부장: 최준현) 광양(지부
장: 서상해) 곡성(지부장: 설경섭) 신안(지부장: 홍성인) 담양(지부
장: 최낙현) 구례(지부장: 정원진) 옥과(지부장: 권정식) 지부가 조
직되었다.

11월에는 한국교육개발권(KBS-3TV)에서 청소년·일반대상으로
관례를 30분짜리 교육프로그램으로 제작 방영하고자 시범의뢰가 와서
성균관 명륜당 앞에서 녹화했다.

이외에 가평소재 조종암대통행묘 제사에 초청을 받아 회원 다수가
습의에 참석하였으며, 추석에는 회원들이 조촐한 제수를 마련하여 효
창원에 안치된 선열묘소를 참배하고 선인들의 우국충정어린 민족혼을
기렸다.

한편 85년 2월 이래 6개 민족종교청년단체가 공동보조관계를 맺고
있는 한국민족종교청년협의회에 6차에 걸쳐 참석하여 단군성전건립촉
구성명서를 공동으로 발표했다.

86년 1월에는 돌산(지부장: 이의)지부가 조직되었다.

4월에는 성균관 유림회관 대강당에서 『선비의 노래』 발표회를 성대
히 주최했다.

수백 명이 모인 이 날의 이채로운 행사는 성균관과 유도회총본부,

국립국악원 후원과 (주)봉명, (주)도투락, 광고기획한통 협찬으로 우리 민족의 얼이 담긴 선비의 노래를 국악의 고유성과 우수성도 드러내며 전통음악의 맥을 계승해 유도진흥에 새 바람을 일게 하는 기획으로 주목을 끌었다.

유교의 민중화 선언

민중유교는 유교의 민중화를 선언한다. 민중을 주체로 한 일동평등 사회를 추구한다.

인간 통성인 사랑, 정의, 예절, 지혜를 말미암아 모든 인간관계에서 정직, 성실, 공평의 통일적 도덕을 확립하여 두루 조화로운 질서 속에서 다같이 보람있게 사는 화평세계의 건설을 그 이념으로 한다.

민중은 일반 민간인이다. 계급적으로는 서민대중이요, 의식적으로는 양심세력이며 역사적으로는 주체세력으로서 자주민주 민족통일을 갈구하는 집단이다.

오늘날 자유 평등의 인권이 실현된 민주사회의 건설을 전체 민중의 주체적 조직적 단결과 진취적 역동적 투쟁을 통하여 이룩된다. 따라서 민중은 현대 사회 발전의 원동력이다.

만일 '요순'의 제왕유교가 한 사람의 위대한 통솔력에 의존하다가 자주 폭군을 만나 도리어 모진 학대만 받았다면 이제는 마땅히 민주공화의 체제로 전환해야 될 것이다.

만일 '탕무'의 관료유교가 관료주의의 능률에 의존하다가 자주 탐관

오리를 만나 도리어 민권을 빼앗긴 노예로 전락되었다면 이제는 관권 만능을 통제하고 민중자치제도로 전환해야 될 것이다.

만일 '공맹'의 성현 유교가 한 사람의 훌륭한 성현이 나오면 밝은 세상이 열린다는 희망을 믿었다가 오히려 참담한 실망만 안겨주었다면 이제는 영웅이나 구세주가 나오기를 기다릴 것 없이 대동단결하여 진취적으로 현실을 개혁하고 새 역사를 창조해야 될 것이다.

만일 '정주'의 선비유교가 자손의 입신양명을 통하여 일가동포를 구원하리라고 믿었다가 도리어 일족이 멸문하는 화를 당하거나 아니면 개인영달만 꾀하여 수치심만 더했다면 이제는 각각 주체적으로 분발하여 연합조직을 통한 정치세력화를 기해야 될 것이다.

민중유교는 바야흐로 지난날의 파행적 폐단을 척결하고, 일제의 황도유학을 청산하여 인본, 인도, 인문주의의 본래의 의미를 찾아서 종교인의 책무를 새 시대에 완수해야 되는 당위성이 있는 것이다.

유교의 진리는 철저한 과학적 검증을 통한 객관적 합리성과 일상생활 속에서 깨달은 상대적 정당성을 바탕으로 확인한다. 따라서 이미 공인된 진실과 보편적 논리만이 유교인의 진리다.

사실에 대한 편견이나 양심에 대한 위증은 추호도 용납되지 않는다. 그러므로 민중유교인의 엄격성이 바로 여기에 있다고 하겠다.

참다운 민중의 일꾼

이 땅의 민중은 오랜 세월을 속아 살아오면서 한 가지 사실을 깨달았다. 모름지기 참다운 민중의 일꾼은 스스로 나서지 않으니 찾기가 매우 어렵다는 점이다.

잘난 체 거드름을 떨치면서 요란한 목소리로 "고생 끝에 즐거움이 있다. 마음을 비우면 행복하다."고 뜨겁게 동정하기에 한 가닥 희망을 걸어 보면서 그래도 믿고 따랐지만 막상 남겨주고 간 것은 가련한 신세와 원통한 영혼뿐임을 똑똑히 알았다.

몇 사람의 달콤한 성공사례는 올가미의 미끼였고, 막걸릿잔을 들고 맹세한 약속은 함정의 눈가림이었다.

그러나 민중은 현명하다. 한두 번 속지 끝내 속지 않는다. 이제 민중은 스스로 바람직한 일꾼을 식별하는 지혜를 확실히 터득하였다.

오늘날 민중이 열망하는 일꾼은 다섯 가지 조건으로 평가된다. 침착한 태도, 명랑한 성격, 냉철한 사고, 정열적 의지, 자연스러운 기분이 있는 사람을 요구한다.

민중은 잦은 난리에 놀란 가슴이다. 침착한 태도로 일하라!

그동안 참혹한 전쟁 정변이 몇 번이며, 무서운 계엄령 긴급조치와 충격적 포고령이 얼마인가? 눈치 보며 사는 인생, 자다가도 놀란 민중, 이제는 환자를 돌보듯 침착한 태도를 보이라.

민생고에 찌든 삶이다. 명랑한 성격으로 일하라!

죄 없이 죽어간 젊은 넋, 내일을 기약 못할 시국, 이산가족, 가난, 죄악, 질병 등으로 평생 하루의 기쁨도 없이 웃음을 잃은 민중이다. 즐겁고 명랑한 성격을 보여라.

일에 쫓기여 시달린 몸이다. 냉철하게 생각하여 일하라!

조령모개하는 즉흥정치와 시행착오를 거듭한 전시행정으로 밤낮 헛수고만 하면서 허리가 휘였다. 빈틈없이 생각하고 치밀하게 연구하여 항상 민중의 피와 땀을 아끼는 냉철한 사고력을 발휘하라.

역사 앞에 부끄러운 세대다. 정열적 의지로 일하라!

민족의 해방도 조국의 통일도 스스로 이루지 못하면서 당리당략에만 사로잡혀 부질없는 정쟁만 일삼았다.

치욕적 역사와 잡박문화를 일소하고, 해방통일의 위대한 사명을 완수하는 정열적 의지를 보이라.

어색한 몸짓 괴상한 말에 주눅 든 민중이다. 자연스럽고 쉬운 말로 일하라!

자기 업적을 과시하고, 공로를 선전하며, 권력을 장악하고 부귀를 독점하는 데 허탈한 민중은 분노한다.

이제는 민중과 더불어 같이 하면서 자연스럽게 어울려라

민중은 똑똑히 주시한다. 반민중적 사이비 일꾼은 대오각성하여 민중 앞에 뉘우쳐라!

아무데도 하소연 할 데 없는 민중 앞에 든든한 일꾼이여 나오소서!

선비의 姿勢

　人間의 性理를 自覺하고 人生의 道義를 追求하며 예절을 지키는 사
람을 선비라고 한다. 선비는 항상 理性을 가지고 있어야 하며 現實문
제에 透徹하여 最善을 摸索할 수 있는 知能이 있어야 된다. 放心하거
나 動心해서는 선비가 될 수 없고, 愚昧하거나 迷惑하여도 선비는 될
수 없다.

　선비에게는 이와 같이 誠實한 意志와 明哲한 知覺이 있는 까닭에
그 理想이 높고 能力이 많으므로 人類의 先覺者가 되고 國家의 元氣
가 되는 것이다.

　선비의 사회적인 機能은 人體에 있어서 눈과 귀의 役割에 비길 수
있다. 눈과 귀가 없이는 한 몸이 스스로 앞길을 분명하게 살펴 정확하
게 뜻대로 나아갈 수 없는 것처럼 선비가 없이는 人類의 安寧과 國家
의 安全을 保障하기 어려운 것이다. 그러므로 人類의 歷史는 선비의
한 마디 말과 한 가지 行動에 의하여 기쁨과 슬픔이 나누어 졌고, 治
世와 亂世가 갈라졌던 것이다.

　公明하고 氣槪있는 선비가 나오면 사람들이 生氣가 솟아나고 社會

가 活氣에 넘쳐서 거리에 웃음소리가 퍼지며, 禮義를 지키고 廉恥를 아는 선비가 숨어버리면 사람들이 放恣하고 風俗이 亂雜하여 거리에 邪說이 일어나는 것이다.

선비의 社會的인 機能이 이와 같이 重大한 까닭에 東洋의 5000년 政治社會에서는 선비를 기르는 일을 늦추지 아니 하였던 것이다.

선비는 一定한 職業도 없이 讀書修養을 계속하면서 밥 먹고 옷 입으며 집에서 살수 있는데 비록 하는 일도 없이 한갓 밥만 축내고 살면서도 선비가 떳떳할 수 있는 것은 人類의 所望과 國家의 期待가 그에게 있는 까닭이다. 그러므로 선비가 평생을 놀고먹어도 人格을 高邁하게 닦고 道德을 널리 實踐하면 모든 사람이 敬慕하여 좋아하며 죽을 때까지 잊지 못하지만 이와 반대로 어물어물 僥倖이나 바라고 一身의 安逸만을 탐내어 現實에 安協하며 曲學阿世하면 주위 사람들까지도 失望하여 등을 돌리고 만다.

그렇다면 선비의 姿勢가 모름지기 어떠해야 되겠는가? 스스로 선비의 意識을 가지로 다른 사람의 模範이 되도록 學問과 行實을 닦아야 한다. 人類의 最高理想을 敎示하는 學問은 무엇인가? 完全한 人間이 되어 和睦한 家庭에서 살면서 잘 다스려진 나라와 平和로운 世界를 建設하는 것이 마침내 人類의 所望이라면 그것은 聖賢의 學問이다. 또한 人間의 完全한 모습을 보여주는 行實은 무엇인가? 私慾을 버리고 天理의 大公을 自覺하여 어버이에게 孝道하고 나라에 忠誠하며 人類를 사랑하는 것이 모름지기 國家의 期待라면 이것은 中正한 行實이다. 선비가 聖賢의 學問을 배우고 中正한 行實을 갖추기 위해여는 다음의 몇 가지 姿勢가 必要하다.

　첫　째 眞理探求의 讀書生活이 平生繼續될 것.
　둘　째 理想追求의 意志와 努力을 그치지 말 것.
　셋　째 公明正大한 理想으로 是非善惡을 正確히 分別하고 良心과 國法을 끝까지 守護할 것.

넷 째 自己의 分數를 지켜 使命과 責任을 完遂할 것.

다섯째 日常生活이 淸潔·整齊·嚴肅하여 懈惰하지 말 것.

선비는 이와 같은 美德을 모두 갖추어야 하지만 意志의 程度와 能力의 限界가 사람마다 다르므로 선비의 水準에 따라 부득이 鄕士·國士·天下士로 나누어지게 된다.

鄕士란 言行을 삼가고 孝悌를 實踐하여 한 고을에 模範이 되는 선비요, 國士란 名節을 세워 나라를 빛내는 賢人이며, 天下士란 天地의 道德을 밝히고 人道를 높이는 君子이다.

선비의 度量과 規範에서 이와 같은 차이가 있을 뿐만 아니라 또한 그 修養의 力點과 事業의 方法에 따라 그 行動方式이 달라지는데 곧 狷士·狂士·中行之士로 分類된다.

狷士는 선비가 지켜야 할 戒律을 徹底히 지켜 깨끗하지 아니한 일을 절대로 하지 않는 사람이요, 狂士는 뜻이 대단히 높고 말이 시원시원하지만 行動을 세밀하게 단속하지는 못하는 사람이며, 中行之士는 해서는 안 될 것이면 斷乎히 아니하고 해야 될 것이면 決然히 行하는 사람이다.

狷士는 保守主義的인 理想家라고 할 수 있고, 狂士는 進取主義的인 理想家라고 할 수 있으며, 中行之士는 合理主義的인 理想家라고 할 수 있다.

狷士는 理想의 아름다움은 알지만 그것을 이룩하는 能力이 不足하므로 혹시나 墮落할까 두려워 한 것이다. 自己의 人格을 毁損하지 않기 위하여 戒律을 徹底히 지켜 나아가지만 이것이 빗나가면 남을 이기려는 競爭心을 가질 뿐만 아니라 世上까지 白眼視하게 되어 한낱 不平客으로 轉落하게 되고 만다.

狂士는 理想의 아름다움을 보고 자기의 力量을 돌아봄이 없이 果敢하게 投機하는 것이다. 現實을 正確하게 살피지 못하고 意慾이 앞섰기 때문에 虛荒되기 쉬운바 이것이 잘못되면 放蕩하게 될 뿐만 아니라

世人을 어지럽히는 夢想家로 墮落한다.

　그러므로 선비는 理想을 높이 간직하되 物理에 밝고 人心에 通達하
여 天時와 形勢와 能力을 아울러 살펴서 그때에 알맞고 그 자리에서
마땅한 中庸의 길을 實踐하는 中行之士가 되어야 한다.

　中庸의 道가 때와 장소와 能力에 알맞은 時中의 길인 까닭에 中行
之士의 길도 一定하지는 않다.

　때를 만나면 세상에 나와 道德을 세우거나 功績을 세우거나 學說을
세울 수도 있으며, 비록 저와 같은 能力을 갖추었지만 때를 만나지 못
하면 自己修養만을 계속하는 수도 있으며, 벼슬길에 있다가 滿足할 줄
을 알아서 물러나와 한 몸을 온전히 간직 할 수도 있으며, 자기의 能
力이 不足함을 헤아리고 分數지켜서 숨어사는 것으로 편안할 수도 있
으며, 淸廉한 節介를 스스로 간직하여 天下의 일에 干涉하는 것을 깨
끗하게 여기지 아니할 수도 있으니 모름지기 선비는 現在의 自己位置
에서 最善의 理想을 追求하므로서 現實에 適當함을 얻어 中道를 實行
하여야 될 것이다. 그러나 선비의 行實에서 가장 留意할 것은 出處進
退의 大義를 절대로 잊어서는 안 된다.

　선비의 進退에는 光明正大한 名分이 있어야 되고, 困窮하거나 榮達
하거나 선비가 지켜야 할 道義가 있는 것을 銘心하여야 되며 더욱이
가장 警戒할 것은 晩節을 온전히 함이다. 선비로서 名聲이 한때 있었
다고 할지라도 晩年의 老慾이 發動하여 아차 하는 순간에 志操를 바
꾸면 道를 즐겼던 攸好德과 順天命하는 考終命을 함께 喪失할 것이니
이미 선비가 아니었던 것이요. 오직 한 낱의 鄕原이 出世를 위한 機會
를 엿본 것으로 春秋史筆은 直書하였다.

2·8上丁日의 釋奠享祀는 유교의
禮法上 중대한 意味

석전향사(釋奠享祀)는 성균관과 향교(鄕校)에서 공부자(孔夫子)에게 향사를 지내는 유림의 가장 신성한 행사이다. 만세종사(萬世宗師)이신 공부자의 도덕을 기리며 그 학문과 사상을 선양함과 동시에 예법을 엄수하여 마음을 가다듬고 정신을 새롭게 하는 석전의식이야말로 儒林에게 있어서 참으로 감격스러운 행사가 아닐 수 없는 것이다.

그리하여 자고로 성균관과 향교에서는 2월과 8월의 상정일(上丁日)에 석전향사를 봉행하는 전통을 수천 년간 이어 왔으나 금년 봄에는 이것을 폐지하고 기일(忌日)제사로 간략하게 대신하였으니 이것은 비례(非禮)로써 유림의 체모를 잃은 사문대란(斯文大亂)의 처사이고 성인(聖人)에게 대죄(大罪)를 지은 것이다.

이제 성균관장 직무대행체제가 정식출범하면서 가장 먼저 금번 추계 석전향사부터 다시 8월 상정일(上丁日)에 거행하도록 하여 반년 만에 즉각 역사를 복원한 것은 유림의 원기가 살아있다는 증거를 보인 사문의 일대성사이고 우리 유림이 성인에게 죄를 면하는 아주 통쾌한 일이라고 할 것이다.

석전향사를 왜 2·8월 상정일에 거행하는가? 그것은 유교의 예법상 중대한 의미가 있는 것이다. 예법은 유학자에게 최고의 모범행실을 규정한 준거 틀이고, 천지자연의 운행절도에 충실한 문화적 생활규범이다. 이러한 합리주의적 철학사상에 기초하여 주공(周公)이 예법을 제정하였으니 예법은 시일이 가장 귀중한 것이요, 제일(祭日)은 중월(仲月)을 쓰는 것이며, 석전일은 정일(丁日)을 채택하는 것이라고 하였다.

그리하여 주례(周禮)를 존숭한 공부자의 학설에 따라 우리나라도 세종대왕시대에 국법으로 석전일을 춘추2중상정(春秋二仲上丁)으로 확정하였으며 태학지(太學志)에도 석전은 중춘추상순정일(仲春秋上旬丁日)이라고 분명히 밝히고 있어서 우리 유림은 그동안 한 번도 이 날짜를 어긴 일이 없었던 것이다.

봄과 가을은 일기가 화창하고 중월(仲月) 곧 2월과 8월은 기온이 순수하며, 정일(丁日)은 왕성하게 성취하는 뜻이 있으므로 절기로 보거나 뜻으로 보아서 가장 시기적절한 날짜로 천하가 공인하여 지금까지 수천 년의 역사를 이어온 자랑스러운 의례전통인 것이다.

그러므로 이러한 예법정신에 따라서 2·8상정에는 성균관과 향교에서 공자님께 석전을 봉행하고 중정(中丁)과 하정(下丁)에는 서원(書院)과 사우(祠宇)에서 석채(釋菜)례를 거행함으로써 유림이 차례로 참례하는 사회적 관행이 이루어져서 서로 어그러짐이 없었던 것이다.

이 얼마나 장엄하고 엄격하며 자랑스러운 우리나라의 유풍(儒風)인가?

오늘날 편의주의 사조가 만연하여 모든 문제를 임의로 바꾸려는 사람이 있지만 그러나 그것은 단견이고, 예법의 숭고한 가치는 영원불변한 것이므로 그 근본핵심이 되는 강령은 절대로 허물어서는 안 되며, 다만 지엽말단적인 문제는 시의적절하게 개혁할 수 있는 것임을 이번 사건을 통하여 우리는 분명히 깨달아야 할 것이다.

동방예의지국 긍지 사라졌다

1천만 유림은 16일 헌법재판소 전원재판부가 민법 제809조 1항(同 姓同本禁婚·동성동본금혼)에 대해 「인간의 존엄과 행복추구권을 보 장하려는 헌법의 이념과 규정에 반한다」며 입법자가 98년 12월 31일 까지 개정하지 아니하면 91년 1월 1일 그 효력을 상실한다는 헌법불 합치 결정을 내린 데 대하여 퍽 유감으로 생각한다. 뿐만 아니라 동방 예의지국의 마지막 긍지를 상실하는 허탈감과 유구한 역사와 전통에 빛나는 새 나라를 건설한다는 헌법전문의 정신을 망각한 판결에 대하 여 분노를 금할 수 없다.

더욱이 재판부는 결정문에서 '동성동본금혼제의 기초가 된 족벌적 신분계급제도와 남존여비사상이 배척된 요즘 촌수를 계산할 수 없을 만큼 먼 혈족의 혼인마저 금지하는 금혼규제는 개인의 존엄과 양성의 평등에 기초한 혼인과 가족생활의 성립 유지라는 헌법정신에 정면으 로 배치된다'고 밝힌 데 대하여 부당함을 지적하고 싶다. 이는 식민시 대의 지식인들이 자기 나라의 고유문화를 비하하고, 외래사조에 도취 하여 민족의 도덕적 위대성을 외면하면서 현실적 편의주의에 안주했던 잔재가 아직도 남아 있는 것을 보는 것 같아 아연 실색하지 않을 수 없다.

헌재 재판관들은 혈통과 민족을 어떻게 보고 있는가. 촌수를 계산할 수 없으면 곧 남과 똑같고, 같은 동족이 다른 민족과 다름이 없다는 말인가. 그렇다면 왜 성씨라는 것이 필요하며 민족통일을 열망하는 시대적 고민을 안고 있는 것인가.

인간의 존엄성은 사리를 분별하는 능력이 있기 때문에 존엄한 것이지 분별력이 없다면 금수와 다를 것이 무엇인가. 행복추구권은 도덕적이고 윤리적이고 정의로운 행복이어야지 부도덕하고 반윤리적이고 부정불의한 행복권까지 우리 헌법은 보장하고 있단 말인가.

세계 각국은 어느 민족이나 역사를 존중하고 겨레를 사랑하는 문화전통을 자랑하면서 민족이나 가족의 긍지를 갖는 풍속과 관습이 있기 마련이다. 이러한 긍지가 지켜질 때에 자주적 활력이 일어나고 그와 반대일 때에 예속적 자포자기 상태로 빠져서 몰염치한 노예문화로 전락하는 것이다.

우리 민족은 이성혼제도를 정착하기 위하여 모든 사람에게 姓氏를 가지게 하였다. 뿐만 아니라 사모관대와 활옷을 입혀서 결혼식을 거행하게 하며 평등하고 자유롭고 순결한 결혼식을 권장했다. 이것을 족벌적 신분계급제도와 남존여비사상으로 매도한 것은 어불성설일 뿐만 아니라 역사적으로 同姓同本婚은 족벌적 신분계급제도가 있었던 나라에서 행했던 유물이란 사실을 헌재판사들은 진정 몰라서 하는 말인가. 그리고 남녀평등은 당연한 일이지만 同姓同本의 同族은 이미 평등을 넘어서 똑같은 일가친척이 아닌가.

1천만 儒林이 그동안 동성동본혼인을 반대했던 것은 첫째 두 성씨의 결합만이 萬福의 근원이 된다는 경험법칙을 믿었기 때문이다. 둘째, 우리나라의 冠婚喪祭는 병자호란 이후 倭政下에 이르기까지 민족적 긍지를 드높이기 위해 세상이 어지러워도 우리만은 윤리도덕을 지킨다는 자주성 독립성 주체성 존엄성을 발양하기 위한 민족정신이 배어 있었다. 셋째, 동성동본 결혼을 반대하는 것은 권력과 재산 신분을 계속 유지하기 위하여 同姓同本婚을 하여 폐쇄사회를 형성할 위험이 있기 때문이다.

시급한 儒教振興事業

儒教는 시대와 더불어 흥망성쇠를 같이 하기 때문에 어지러운 시대에 우리 儒教만이 발전하기를 기대하기는 어렵지만 그러나 儒道가 일어나야 시대를 구원할 수 있는 것이므로 聖賢은 知時識勢하여 道德을 일으킬 수 있는 기회를 포착해서 적극적인 활동을 전개하는 일을 결코 소홀히 하지 안했던 것이다.

이러한 역사적 시각에서 전국에 뜻있는 유림 1,426명은 바야흐로 20세기 혼란을 마감하고 21세기 도덕문명을 준비하기 위하여 지난 1991년 9월 29일 유교진흥대책위원회(위원장 徐正淇)를 창립하고 유교진흥방안을 다각적으로 연구 토론하여 1년 만에 10대 사업을 개발 확정해서 다음해 9월에 성균관에 건의하여 당시 金敬洙 관장으로부터 그 시행을 약속받고 자진 해산하였으니 10대 사업의 내용은 다음과 같은 것이었다.

① 儒教의 현대화 대중화 과학화사업을 전개하여 한국유교문화를 세계문화의 중심적 위치로 재정립하는 일이니 유교의 현대적 意義를 널리 인식시키기 위하여 학술행사를 심도 있게 기획하고

經典과 禮法을 일반인이 알기 쉽게 만들어 출판 보급하며 情報
化시대에 대비한 활동력을 강화할 것

② 儒敎放送局을 설립하여 儒敎文化를 널리 홍보하는 일이니 전체
유림이 공동참여를 원칙으로 발기위원회를 조직하고 국민주 모
집형식으로 재원을 염출하여 회사 설립 요건을 갖추며 정부와
교섭해서 채널을 확보할 것

③ 孔夫子誕降日을 公休日로 制定해서 萬世宗師이신 孔夫子를 범국민
적으로 기리게 하는 일이니 전국적인 추진 기구를 결성하여 서명
운동, 대정부건의 및 소송절차를 밟아 제정되도록 할 것

④ 성균관기구를 확대 개편하여 유도부흥운동을 적극 전개하는 일
이니 전례위원회, 유교문화연구위원회, 교화위원회를 활성화하고
典儀, 典學, 司儀의 실질임무수행과 활동을 보장하며 향교발전을
위한 대책을 세울 것

⑤ 大成殿과 명륜당을 聖域化하여 首善之地로서의 면모를 일신하는
일이니 상설무료경전교육 체제를 확립하여 모든 교육자가 적극
참여토록 개방하고, 유교전시관을 설치해서 청소년들을 참관토
록 할 것

⑥ 이북소재 鄕校실태조사를 위한 대책을 강구하는 일이니 통일원
의 승인을 받아 남북유교학술대회를 추진할 것

⑦ 道德性 회복과 새 사람 운동을 전개하여 윤리도덕을 밝히는 시
민운동을 주도하는 일이니 禮義廉恥와 선비정신으로 사회정화운
동을 실시할 것

⑧ 유교문화예술활동을 적극 지원하고 시인, 소설가, 서예가, 화가,
국악인, 國弓人 등과 연대하여 전통문화예술을 선양할 일이니
儒林書畫展, 儒林大同音樂會 등을 정기적으로 개최할 것

⑨ 成均館 건립 600주년 기념사업을 추진하여 현대사에서 소외된
학자와 유림을 현창할 것

⑩ 同姓同本 禁婚法을 수호하고, 漢字敎育을 강화하며 儒教敎育院을 大學으로 승격할 것

이러한 대책을 건의한 지 이제 5년이 흘러갔다. 지난 5년 동안 성균관 당국자는 무엇을 했는가 반문하지 않을 수 없다. 앞으로 새로 나올 관장에게 기대가 크다.

新任成均館長에 바란다

서울고등법원 민사 20부의 조정결정에 의하여 분쟁 쌍방간의 합의로 치러진 성균관총회에서 선거를 통해 선출된 최창규(崔昌圭)신임관장이 지난 9일 정식 취임하였다.

이로써 2년간에 걸친 성균관분규가 깨끗이 종식되고 유림본연의 면모로 일신하는 성균관이 되기를 기대하는 바이다.

최창규 신임관장은 유림가의 후예로 학문의 조예가 깊고 도량이 넓어 세인의 존경을 받고 있다. 이제 성균관장이라는 사문종장의 중책을 맡아 그 뜻을 폄에 있어서 탁월한 식견과 강건한 지도력으로 난마처럼 얽힌 난국을 돌파하여 신속하게 성균관을 정상화해서 안으로 유림의 힘을 모으고 밖으로 성현의 사상을 크게 빛내리라고 믿어 의심치 않는다.

그러나 일이란 사소한데서 어그러지고 기회는 한번 지나가면 다시 오기 어려운 것이다.

출발단계에서 치밀하게 살펴야 되며 직책이 높으면 책임도 많고 사업이 거대하면 설계가 정확해야 되는 까닭에 이 시점에서 성공을 바라는 마음으로 몇 가지를 말하지 않을 수 없다.

첫째 신임 성균관장은 시종 일관 공인(公人)의 신분으로 봉직해주기 바란다. 천명(天命)을 따르고 명덕(明德)을 밝힌 공인은 성실정직이 생명이다.

그동안 유도회(儒道會)와 성균관의 분규가 모두 사욕에서 발단한 것임을 직시하고 다시는 전임자들의 오류를 범하지 말아야 할 것이다.

둘째 신임 성균관장은 유교단체장 선거에 엄정중립해주기 바란다. 오늘날 민족종단의 발전은 공명선거에 있고 공명선거는 선거관리의 공정한 운영에 있는 것임에도 그동안 성균관은 추대라는 미명하에 흑막 속에서 단체장 선거를 실시했다.

관장 이하 모든 임직원이 공공연히 자파후보의 선거운동을 자행하여 파벌을 형성해서 유림사회의 분열을 조장했다.

뿐만 아니라 금품향응까지 교사하는 추태를 야기한 실정에 이르렀으니 이것을 근절하는 법적 제도적 장치를 조속히 만들어서 모범적인 선거풍토를 정착해야 유림사회가 정화될 것이다.

셋째 신임 성균관장은 말보다는 실천하는 모범을 보여주기 바란다. 입으로는 도덕을 논하면서 행동으로 소송만 일삼는 이율배반적인 행위로 인하여 성균관의 권위는 여지없이 무너졌고 유림의 체통은 형편없이 떨어져 버렸다.

일단 당선만 되면 선거공약은 실종되어버리고 많은 개혁 작업은 착수만 해놓고 망각 속에 잠재우는 것이 관행이 된지 오래다

유교진흥대책위원회에서 제시한 유교진흥 10대 사업 가운데 지금까지 제대로 추진된 사업이 하나도 없는 것은 뼈아픈 일이다. 끝으로 신임 성균관장은 원기(元氣)를 오로지 발동하여 천하의 선류(善類)를 모아주기 바란다. 선비는 나라의 원기이고 성균관은 수선(首善)의 땅이다. 지극히 크고 지극히 굳센 선비의 기상을 되찾고 공론(公論)의 중심지인 성균관의 위상을 드높여 동성동본금혼법을 비롯한 미풍양속

을 수호해서 역사의 정체성을 뚜렷이 확립하고 새 시대의 도덕문명을
천하에 선포해서 시대적 여망에 부응하기 바란다.

儒林의 현명한 판단을

우리는 3일 사이에 같은 장소에서 개최한 두 개의 성균관총회를 보았다. 지난 10월 17일 총회는 97년 1월 29일 문화체육부에 제출한 재단법인 성균관 정관 개정안이 10월 4일 주무관청의 승인을 얻어서 10월 6일 재답법인 성균관 이사회가 성균관 운영규칙에 의거하여 현집행부인 盧秉德 성균관장 직무대행이 개최한 대회이고, 10월 19일 총회는 그동안 張鉉植 씨 외 2백73명이 신청한 임시총회 소집허가를 서울지방법원 제50민사부가 10월 6일 허가 결정함에 따라 구정관 구직제에 의거하여 장현식 씨 외 2백73명이 개최한 대회였다.

따라서 양쪽 모두 총회를 개최하는 법적인 요건은 구비하였다고 할 것이나 다같이 절차상의 법률적인 하자가 있었으니 현집행부는 17일 총회를 13일에 공고하여 공고기일이 일주일도 못되었기 때문에 법원의 결정을 존중하여 절차상의 하자를 인정하고 유회하였던 것이다. 그러나 장현식 씨 외 2백73명은 19일 총회를 개최하면서 신법이 구법에 우선한다는 원칙을 무시하고 소집주체, 일시, 적용규정, 대의원의 범위, 적법한 후보등록공고 등 절차상 명백히 밝혀야 할 사항이 많은

데도 물리적 힘으로 입을 봉쇄하며 회의를 강행하였으니 비록 총회는 했다고 하지만 문제는 하나도 해결된 것이 없이 오히려 사태수습의 길만 혼미하게 만들어 버렸다.

지금 우리는 분규의 극한 상황에 서있다. 이러한 어려운 상황에서의 총회는 민주적 도덕적 합법적 모든 가능 여건을 충족해서 사태해결의 실마리를 마련하는 슬기를 보였어야 마땅했다. 만일 장현식 씨가 노병덕 성균관장 직무대행처럼 영단을 내려서 19일 총회를 유회결의하고 현집행부와 재단과 상의하여 현행법에 저촉되지 않는 절차와 규정을 적용하여 법원이 결정한 11월 15일 전에 합의된 단일 총회를 개최하도록 하였더라면 성균관의 모든 문제는 유림이 자체적으로 해결하는 위대한 새 출발이 가능했을 것이다.

양측간의 그동안 재판비용이 억대를 넘었다고 한다. 재정적 손실도 손실이려니와 유림이 문제를 배운 바의 예의와 도덕으로 해결하지 못하고 밖으로 법에만 의지한다는 세평을 어떻게 감당하며 성균관의 권위상실과 유림의 체면손상을 어찌 감내할 것인가 통탄스럽기 그지없다.

사필귀정(事必歸正)이고 도덕필승(道德必勝)이다. 이러한 때일수록 유림의 탁월한 지혜와 경륜이 필요하다. 앉아서 사태의 추이만을 관망하는 것은 뜻있는 선비가 취할 태도가 아니다. 법원의 판결에 일희일비하지 말고 문제의 핵심을 살펴서 각자가 자송(自訟)하여 현명하게 판단해서 성균관을 바로 세울 정열적인 연구와 노력이 이제는 일어나야 한다. 그래야만 오늘의 난국을 깨끗이 수습하고 법적인 분쟁을 원천적으로 청산할 수 있다. 이 시점에서 가장 경계해야 할 일은 분쟁에 대한 염증으로 현실을 외면하는 것과 법정 대결을 부추기는 것이다. 이것은 모두 유림이 스스로 문제를 해결하려는 당당한 자세가 아니다. 오직 허심탄회하고 공명정대한 자세로 임하여 사태의 본질을 현명하게 판단해서 적극적으로 해결하려는 성의와 노력이 필요함을 간절히 호소한다.

깨끗한 선거풍토의 정착

오는 6월은 지방자치제 제2기 선거의 날이다. 민주자치의 시대를 맞아 두 번째로 4년 동안 지역주민을 대표해서 지역의 살림을 꾸려나갈 일꾼을 뽑는 4개의 지방선거를 동시에 실시하는바 우리는 지방자치문화의 향상발전을 위해 깨끗한 선거풍토가 조성되기를 기대한다.

지방자치는 민주주의의 근간이고, 공명선거는 민주주의의 기초이다. 우리가 민주주의를 꽃피우기 위해서는 지방자치를 활성화하고 깨끗한 선거문화를 정착시켜야 할진대 지방자치의 경험이 일천(日淺)한 현실에서 이번에 두 번째로 실시하는 지방선거의 의미는 국민의 정부의 앞날을 결정하는 중대한 행사라고 할 것이다.

그동안 우리나라의 선거풍토는 관권과 금권이 판치는 타락상으로 점철(點綴)해왔다. 60년 3·15 부정선거를 규탄하는 4·19혁명이 있었음에도 공명선거를 이룩하지 못했던 것은 정부여당이 관권과 금권을 총동원하여 타락선거를 조장했기 때문이었다. 다행히 지난해 12월 대통령선거 당시 김영삼(金泳三) 정부가 중립을 지킴으로써 우리나라 50년 헌정사상 처음으로 선거에 의한 평화적 정권교체를 실현한 민주

발전의 대역사를 이룩했다. 이제 김대중(金大中) 대통령의 정부도 관권과 금권이 개입하는 타락선거를 엄중히 금지해서 공명선거풍토를 정착시키는 일에 노력해야 한다.

그러나 선거전이 가열되다 보면 정부여당이 비록 선거부정을 엄중히 단속할지라도 간혹 입후보자가 은밀하게 금전을 살포하고 흑색선전과 인신공격으로 표를 모으려는 야비한 작태를 자행하여 선거 분위기를 흐리는 사례가 비일비재한바 이러한 매표(賣票)행위는 신성한 주권을 모독하는 민주의 반역도배로서 비단 양심을 속인 죄인일 뿐만 아니라 또한 국가사회를 어지럽히는 형벌을 면치 못하는 죄악인즉 금번에 입후보한 사람들은 이점을 명심하고 처음부터 끝까지 선거법을 준수하여 정정당당하게 지역발전을 위한 정견, 정책을 가지고 명랑한 선거운동을 전개해서 축제분위기 속에 지역발전의 활기를 창출하는 선거운동으로 일관하기 바란다.

끝으로 우리 유림은 이번 선거에 임하는 국민 여러분에게 호소한다. 민주주의에 있어서 신성한 주권은 투표권의 행사로 지키는 것이다.

따라서 투표에 임하는 유권자는 나라와 지역의 주인으로서 유능한 새 일꾼을 가려서 뽑는다는 주인의식이 투철해야 한다. 또한 선거에 입후보한 후보자들도 인격적인 사상과 신념 및 추진력으로 경쟁에 임하고, 정견과 정책으로 대결해서 올바른 선거풍토 조성에 앞장서야 할 것이다.

儒教新報의 독립 경영

　언론(言論)은 '무관(無冠)의 제왕(帝王)'이라고 한다. 이것은 언론의 비판적 기능과 진실보도의 사명을 다하기 위해서는 어떠한 간섭이나 절제도 받지 않아야만 된다는 뜻이다.

　언론의 성격상 만일 언론이 어느 기관이나 세력자의 수하에 장악되었을 때에는 바로 기관지나 홍보지로 전락하여 그 기관의 업적을 과대포장해서 선전만을 일삼고 특정인물을 미화해서 우상적화하는 작업에만 열중하여 사회 공기(公器)로서의 비판 기능을 상실하고 진실보도를 외면하는 사유물로 전락하고 마는 것이다. 언론이 이 지경에 이른다면 여론(輿論)을 수렴하고 사회정의를 밝힌다는 본래 면목을 이탈하여 독자의 눈과 귀를 가리고 여론을 오도하는 흉물로 타락해서 갖은 비리와 부정을 가리고 시비를 전도하게 되는 죄악까지 범하는 위험천만한 사태에 이르고 만다. 그러기 때문에 언론의 편집권뿐만 아니라 재정까지도 독립 경영하도록 보장해주는 것이 언론육성의 기본인 것이다.

　우리 유교신보는 그동안 성균관 산하에 두었기 때문에 성균관 사건에 휘말려 휴간(休刊)하는 사태가 있었고 또한 편집권의 독립에 상당한 한계가 있었으며 더욱이 안으로 성균관, 유도회, 재단법인 성균관의 행사를 균형 있게 보도하지 못했고 밖으로 전국 유림의 공기(公器)로서의 여론수렴기능이 아주 미미한 현실이었다.

그러나 이제 권위주의시대가 끝나고 민주주의제도를 정착시키는 역사적 현실에서 우리 유교신보도 당연히 독립기구로 발전시켜서 투명한 경영원칙을 확립해야 할 시기가 되었다.

바야흐로 IMF시대에 재벌식 경영구조를 청산하고 새로운 구조조정을 통해 현대적 합리주의 경영방식을 채택하는 데 정부를 비롯해서 각 기업과 단체에서 열중하고 있다. 우리도 시대변화에 부응하여 한 사람이 성균관, 유도회, 재단법인 성균관을 모두 장악하려는 망상을 버리고 각 기관을 독립해서 분업협동(分業協同)하는 민주질서를 하루속히 정착해야 한다.

유교신보는 이미 수천 명의 평생 독자의 성금과 수만 명의 독자성원에 의해 경제적 자립은 어느 정도 확립된 상황이므로 이제 성균관, 유도회, 재단법인 이사회의 세 기관 사이에서 중립(中立)할 수 있는 기관으로 자립시켜야만 편집권까지 독립 할 수 있는 여건을 조성하게 될 것이다. 왕조시대에도 언관(言官)과 사관(史官)은 완전히 독립시켜서 아무도 간섭하지 못하게 제도화 했던 춘추정신(春秋精神)을 본받아 본사(本社)의 독립 경영을 강력히 요구한다.

禮節이란 무엇인가?

一. 禮節의 定義

禮는 人文主義的 知性人의 心理體系이며 人生萬事의 模範的 行動綱領이고 人類의 幸福을 길이 보장하는 원리이다.

① 人格體의 自律的 行動樣式

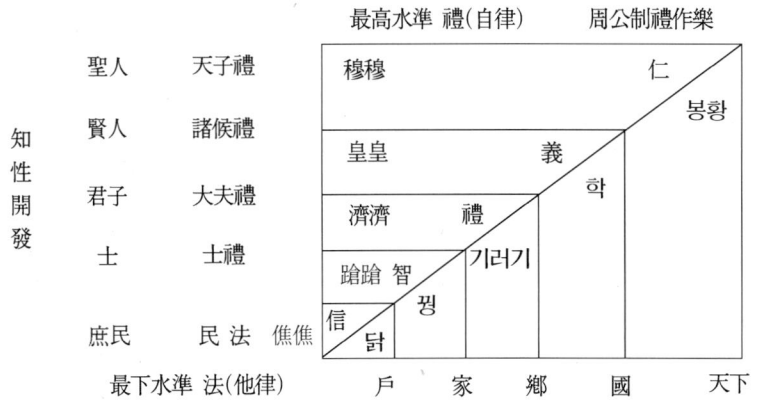

② 人間關係의 秩序와 調和 規範

인간관계	父子 ----- 君臣 ----- 夫婦 ----- 長幼 ----- 朋友 -----	존재원리	本末 ---- 上下 ---- 內外 ---- 前後 ---- 左右 ----	가치창조	小→大 弱→强 輕→重 短→長 少→多
	인간윤리		자연질서		사회화합협력

③ 政治社會의 紀綱(自律自治의 文明社會, 文化制度)

朝, 聘, 軍, 冠, 婚, 喪, 祭, 士相見, 鄕飮酒, 家風, 國風의 美風良俗, 禮義廉恥, 正人心, 興風俗, 法聖賢, 致至治.

④ 敎育文化의 象徵(Symbol)

예의바른 知性人의 學風, 學者의 人格表象
眞善美, 隆師親友

⑤ 理想世界 建設의 憲章

堯舜의 太平聖代, 三代의 文化, 道德文明
天下統一, 協和萬邦, 小康世界, 大同世界

二. 禮節의 社會的 機能

① 人心을 振作하여 自律自治하므로 인간의 존엄성을 발양한다.
 ※ 彼動的 삶에서 能動的 삶의 자세로 대전환
② 人間關係를 結束하여 紐帶를 튼튼히 해서 信賴를 바탕으로 하는 安定社會를 이룩한다.

　　※인간화합 통일교류
③ 삶의 질을 높여 국가 사회의 기강을 확립한다.
　　※禮文化가 발달하면 法文化가 쇠퇴한다. 민사, 형사 사건 감소.
　　美風良俗의 전통수립
④ 一流文化의 道德文明으로 統一世界를 건설한다.

三. 傳統禮節의 哲學的 基礎

① 天地人 三才의 條件을 具備하여 心과 物을 配合하는 것을 원
　　칙으로 한다.

　　　時爲大 (時日) 違則非禮 --- 時間 (自然) 언제
　　　順次之 (正統) 違則無禮 --- 空間 (社會) 어디서
　　　體次之 (主體) 違則悖禮 --- 人間 (人間) 누가
　　　宜次之 (儀式) 違則虛禮 --- 精神 (歷史) 무엇을
　　　稱次之 (器物) 違則失禮 --- 物質 (現實) 어떻게
　　　子曰 文質彬彬 然後君子
　　※제시간에 제자리에서 본인이 정성과 물질을 다하는 것

② 禮節의 必要充分條件

　　　ㄱ. 時中思想 時 (天)
　　　ㄴ. 正位思想 空 (地)　}　天地人三才之道
　　　ㄷ. 主體思想 人 (人)

　　　ㄹ. 儀式節次 質 (心)　}　精神과 物質具備
　　　ㅁ. 物質度數 文 (物)

③ 合理主義 精神이 기본임

    ㄱ. 自然科學的 合理主義: 天理, 物理, 事理 (眞)

    ㄴ. 人文科學的 合理主義: 性理, 心理, 情理 (善)

    ㄷ. 社會科學的 合理主義: 倫理, 道理, 義理 (美)

④ 現實主義 思想을 가미함

    ㄱ. 人間의 精神的 肉體的 狀態에 따라,

    ㄴ. 物質의 有無事情에 따라, 不以死傷生

    ㄷ. 稱家之有無

四. 禮節의 方位 및 基本原理

① 河圖 秩序體系

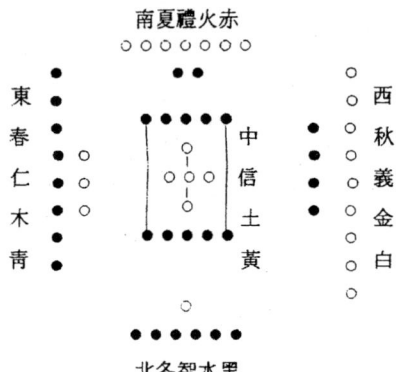

② 洛書 和合體系

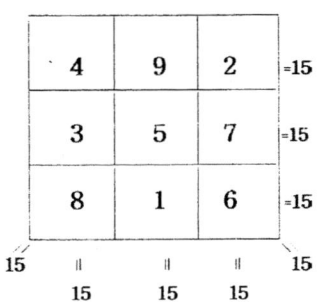

③ 齒, 爵, 德을 最高基準으로 삼는다.

孟子曰 朝廷莫如爵
　　　鄕黨莫如齒
　　　輔世長民莫如德

④ 禮의 文章度數는 萬物의 貴한 것으로 基準을 삼는다.

以多爲貴 昭穆, 祭器, 葬日, 座席
以少爲貴 天子의 祭天, 아랫사람이 바치는 膳物, 祭祀床
以大爲貴 宮室, 器皿, 棺槨, 丘封
以小爲貴 盞爵
以高爲貴 堂臺, 門樓
以低爲貴 祭壇
以文爲貴 衣裳冠冕
以質爲貴 大圭, 大羹, 白碑
대개 노력으로 하는 것은 盛大할수록 귀하고
마음으로 하는 것은 검소할수록 귀하다.
　　禮極則反本

禮의 기본정신(基本精神)과
사람의 몸가짐

　우리가 서있는 이 세상은 흐르는 세월 속에 일체 삼라만상이 변하여 가는데 사람도 그 가운데서 자연사물과 더불어 함께 살아간다.

　현상만물의 유기적인 구조의 커다란 틀 속에서 이리 저리 얽힌 관계를 하나도 손상함이 없이 둥글둥글 충실하게 조화하려면 부득이 중용(中庸)의 원리에 근거한 어떤 만남의 기준이 있지 않으면 안 된다.

　사람의 일상생활이 사람을 상대하고 사물과 부닥치는 연속이라면 그 생활의 전 과정에서 가장 공명하고 선덕이 넘치는 합리적 규범을 세워 같이 사는 사람들의 행동표준이 되게 하여 마음 놓고 살아 갈수 있게 하는 것이 예(禮)를 제정한 본의이다.

　때와 장소에 따라 자기 능력에 알맞은 행동강령이 누구에게나 필요한 까닭에 예로부터 천자(天子)에게는 천자의 능력에 알맞은 천자의 예법이 있었고, 군자(君子)에게는 군자의 인격에 알맞은 군자의 예법이 있고, 선비에게는 선비의 처지에 알맞은 선비의 예법이 있을 뿐만 아니라, 가정에는 가례(家禮)가 있으며, 나라에는 국조례의(國朝禮儀)가 있으며, 천하에는 천하의 예(禮)가 있어 언제 어디서나 각각 자기의 분수에 알맞은 예법을 지키게 함으로서 빈부·귀천·노소·현우의 차별 없이 모든 사람으로 하여금 스스로 편안한 마음으로 떳떳하게 살아가도록 하였다. 예(禮)에 서민대중의 예식이 없는 것은 성인(聖人)이 그 예법을 제정하는 의미가 달리 있기 때문이다. 사람의 지능과 취미는 각각 달라서 그 뜻을 세움에 높고 낮음이 있을 뿐더러 또한 참으로 그 정성과 재력(財力)의 차이가 있는 까닭에 성왕(聖王)은 법으로 사람이 타락할 수 있는 최저의 한계를 설정하여 그 이하로 전락하는 것을 형벌로 제재하도록 하였고, 이어서 예(禮)로는 인간이 도달할 수 있는 최고의 경지를 밝혀 그 이상으로 향상할 것을 교육으로 권장하고자 하였다. 따라서 법은 서민대중의 생활상을 기초로 하여 제정한 국민의 법 한 가지 뿐으로서 신분의 고하를 막론하고 다같이 다스리며 예(禮)는 조금씩 그 기준을 높여서 제정하여 누구나 쉽게 향상 발전할 수 있는 길을 터놓았다.

서민대중은 선비를 희망하도록 하여 선비의 예법을 쓰도록 하였으니 누구나 결혼식 날에 사모관대와 족두리 장삼을 입게 하는 것이나 제사 때에 도포나 제복을 입게 하는 것이나 장례 때에 상복과 상여를 쓰는 것이 바로 그것이다. 또한 선비는 가급적 어진 이를 희망하게 하고, 어진 이는 성인을 희망하고, 성인은 하늘을 희망하여 모든 사람으로 하여금 날로 향상 발전케 하였으니 곧 『예기(禮記)』에 말하기를 "법(法)은 대부(大夫)를 높이지 않고, 예(禮)는 서민(庶民)을 낮추니 아니 한다." "법불상대부(法不上大夫)요 예불하서인(禮不下庶人)이라"는 예법정신(禮法精神)이 그 바탕에 깔려 있는 것이다.

사람은 만물이 영장이요, 자기의 밝은 마음에 따라 능동적으로 살아가는 지각을 모두 갖춘 고귀한 존재이다. 한 포기의 풀 나무도 철따라 꽃피고 열매 맺으며, 한 마리의 짐승 곤충도 털 갈고 집 지으나니 하물며 사람이 날로 함께 모여 삶에 물 뿌리고 쓸며 대답하고 말하며, 나아가고 물러오는 범절이 없으리오! 『시경(詩經)』에 이르기를 "쥐를 보니 네 다리 있네. 사람이요 예절 없으랴. 사람이 예법 없으면 어찌 빨리 죽지 않으리!", 『상서유체(相鼠有體)하니 인이무례(人而無禮)아 인이무례(人而無禮)니 호불천사(胡不遄死)오』 용풍(鄘風) 사람으로서 친척과 남을 구별할 줄 모르거나, 뚜렷한 일과 아리송한 일을 판단하지 못하거나, 같은 것과 다른 것을 분별하지 못하거나, 옳은 것과 그른 것을 가리지 못한다면 이것은 벌써 사람의 양심이 뒤집어 진 것이니 어떻게 사람 노릇을 할 수 있겠는가?

만물에는 뿌리와 가지가 있고 일에는 앞과 뒤가 있는 바, 그 뿌리를 엉성하게 심어두고 그 가지가 잘 자라는 것이 없으며, 그 두텁게 할 데다 야박하게 하고, 그 얄팍하게 할 데다 두텁게 하는 이가 있지 아니 하나니, 뿌리를 북돋우어야 가지가 번성한 것은 자연의 법칙이요, 우리 집 어른을 존경하여서 남의 집 노인까지도 존경심이 미쳐가는 것은 사람의 마음이다.

사랑하고 공경하는 마음은 감출 수 없어 얼굴에 피어나고 손발에 나타나며 가슴과 등에 흘러넘쳐서 비록 말이 없다고 하여도 누구나 뚜렷이 느낄 수 있는 것인데 바로 이 사랑하고 공경하는 마음이 예절의 실마리이다.

뜨겁게 사랑하면 천하도 나누고, 미지근하게 사랑하면 호주머니의 돈도 셈하며, 지극히 공경하면 저절로 무릎이 굽혀지고 조금 공경하면 눈으로 절한다. 사랑하는 마음에 깊고 얕음 있으며 공경하는 마음에 높고 낮음 있으니 예절의 의식에 높이고, 비기고, 낮춤의 절도가 나누어지게 된다.

인간성분의 공통성 위에 인사예절의 평등원리가 있는 것이요, 자기 직분의 특수성 앞에 자기도리의 자유원리가 있다. 아버지는 아버지다워야 하고, 아들은 아들다워야 하며, 윗사람은 윗사람다워야 하고 아랫사람은 아랫사람다워야 하며, 지아비는 지아비다워야 하고 부인은 부인다워야 하는 까닭뿐만 아니라, 관례(冠禮)는 성인(成人)으로서의 책무를 자각함이 소중하고, 혼례는 순결하게 화합하는 것이 소중하고, 상례는 죽은 이를 슬프게 보내는 것이 소중하고, 제례는 귀신을 받드는 정성이 소중하고, 상견례(相見禮)는 믿음으로 벗을 사귀는 뜻이 소중하고, 향음주례(鄕飮酒禮)는 노인을 봉양하는 존경심이 소중하니 그 예법도수를 뒤섞어 한 가지로 할 수가 없는 것이다.

예절에 있어서 그 제도절차의 엄숙성은 바야흐로 예법정신으로부터 비롯하는바 예법을 지키려는 의식이 없이 예절을 입에 올리는 것은 마치 혼인할 의사도 없이 연애하는 것과 다름이 없는 짓이다.

공자는 예법에 밝아서 노(魯)나라 태묘(太廟)의 집례로 참여 하였을 때에 온갖 일을 모두 물어서 하는지라 옆에 사람이 그것을 비방하였는바 공자는 그 말을 듣고 말씀하시기를 '이렇게 묻는 것이 예절이니라'라고 하였다.

예법 절차를 물어 보는 것은 오히려 예법정신의 지극한 발로요 외경정신(畏敬精神)이 넘쳐흐름이다. 오늘날 사람들이 간혹 예식을 거행하고자 하면서도 스스로 알지 못하면 그만두기를 서슴지 않은 것은 바로 예법정신(禮法精神)이 사라진 소치이다.

그러나 타율적으로 따라서 사는 인생을 청산하고 자기정신으로 주체를 확립하여 높은 문화세계를 창조하면서 두루 균평한 가운데 안정을 이룩하려면 반듯이 예법절도의 엄숙성을 인식하지 않으면 안 될 것이다.

자공이 물어 말하기를 "가난해도 아첨하지 아니하고, 부자가 되어도 교만하지 아니하면 어떠합니까? 공자가 말씀하시기를 괜찮지만, 가난해도 즐겁고, 부자가 되어 예법을 좋아함만 같지 못하다.",『자공문왈(子貢問曰) 빈이무첨(貧而無諂)하며 부이무교(富而無驕)하면 즉하여(則何如)이니고 자왈가야(子曰可也)나 미약빈이락(未若貧而樂)하고 부이호례자야(富而好禮者也)니라.』 사람이 자기 스스로 성실한 인생을 살아감에 인격이 그 가운데 형성되는 것이요 어떤 물질적 조건 위해서만 사람의 가치를 발휘하는 것이 아니다. 그러므로 예식을 거행함에 노력으로 도울 수도 있고, 재화(財貨)로 도울 수도 있고, 지식으로 도울 수도 있는 것이니 각각 자기의 형편과 능력대로 성의를 다할 수 있도록 예법에 규정되어 있는 것이다.

예(禮)의 기본정신은 성실과 공경의 자기정신이요, 그의 실천주체는 현재 여기의 자기분수이며, 그의 제도절차는 공명 정직의 명확한 절도이며, 그의 실용결과는 질서와 조화의 화락한 안정이니 일상생활 속에서의 이와 같은 행동예절은 곧 자기수양임과 동시에 사람을 대접하고 사물을 처리함에 생기발랄한 율동을 더한바 작게는 절도 있는 동작으로부터 크게는 고원한 인격을 완성(完成)하게 되는 것이며, 특별히 큰 일을 만난 경우에 거행하는 의식은 자기의 도리를 엄숙히 수행함과 동시에 하늘을 감동 시키고, 귀신을 감격케 함에 성실공명한 지각을 눈뜨게 하는바 가까이는 가정의 행복으로부터 멀리는 천하를 화평케 하는 것이다.

인격을 높이는 것이 여러 가지 이지만 가장 높은 인격은 예악(禮樂)으로 닦은 덕육(德育)에서 이루어지고 효도를 하는 방법이 여러 가지 이지만 가장 훌륭한 효도는 예법으로 섬기고 예법으로 장사지내고, 예법으로 제사지내는 것이며, 정치를 하는 제도가 여러 가지 이지만 가장 안전한 정치는 인정(仁政)을 시행하는 예치(禮治)보다 급한 것이 없으니 예의를 모르면 군자가 손발을 움직일 수 없는 것이며 만일 예법에 밝으면 하늘을 받들고 천하를 다스리는 일인들 무슨 어려움이 있으리요!

성실성과 공경심이 없는 허례(虛禮)는 한갓 재앙만 불러 오고, 자기 분수를 저버린 무례는 한갓 웃음거리만 되며, 공명정직하지 못한 비례는 한갓 부끄러움만 더하고, 물질의 조화를 찾지 못한 결례(缺禮)는 오히려 뒷걱정이 남는 것이다. 그러므로 『주역(周易)』에 말하기를 "겸손하게 예절을 지키는 사람은 자리가 높을수록 더욱 빛나고, 비록 신

분이 비천하여도 오히려 업신여길 수 없나니 군자의 끝냄이니라.",
『겸(謙)은 존이광(尊而光)하고 비이불가유(卑而不可踰)니 군자지종야
(君子之終也)니라』(겸괘단전)라고 하였으니 대개 도덕(道德)과 공명
(功名)과 학식(學識)을 내세우지 않고 겸허하게 한 몸의 온갖 정성과
지혜를 다 바쳐 사업전반을 아릿다이 성취하는 사람이야 말로 곧 예
절정신의 화신이라고 할 것이니 인류는 또한 최고의 예절로 그를 존
경하게 될 것이다.

國祖 檀君像을 훼손하지 말라

  시경(詩經)에 이런 노래가 있다. "너의 조상이 이에 그 덕을 닦은 것을 생각하지 않으리오. 길이 천명에 짝하여 스스로 많은 복을 추구할지니라(無念爾祖가 聿修厥德이리오. 永言配命하야 自求多福이니라)" 라고 하였으며 또 효자는 감추지 아니 하여 길이 그 무리에게 감화를 주도다 (孝子不匱하니 永錫爾類로다)라고 하였다. 이것은 후손이라면 마땅히 조상을 빛낼 것을 생각하여 어진 인간성을 기르고, 널리 화합하여 살면서 아름다운 문화사회를 건설하여 인류의 행복을 길이 보장해야 하는 바 이러한 행복추구의 노력은 효자의 감화력으로부터 출발하는 것임을 밝힌 시구이다.

  대개 사람이 천부적인 인격을 닦아 착하게 살면 일신의 5복을 받고 부모에게 효도하면 한 가정의 100복을 받고 먼 시조까지 잘 받들면 천하의 만복(萬福)을 받는 것이니 5복을 받는 것보다는 백복을 받는 것이 좋고 백복을 받는 것보다는 만복을 받는 것이 소망스러운 것인 즉 나라의 시조인 단군을 잊지 않고 받들어 빛내는 것은 참으로 훌륭한 일이요 또한 다른 사람에게 효심(孝心)을 일으켜서 조상을 숭배하게 하는 것은 거룩한 사업이라고 할 것이다.

일찍이 공자(孔子)는 처음 인간의 형상인 용(俑)을 만들어 순장(殉葬)한 사람은 그 후손이 없을 것이라고 하였으니 인간을 허수아비로 모독하여 인간의 존엄성을 파괴하는 행위를 규탄함이요 정자(程子)는 절에서 비를 피하면서 제자들이 불상(佛像)을 등지고 앉지 못하게 하였으니 형상까지도 무시하지 말도록 가르친 교훈이 있다.

이런 까닭에 사람의 초상화나 동상, 석상, 목상 같은 것도 매우 소중하게 모시어 함부로 훼손하거나 모독하는 것을 엄금하게 되었으니 그 이유는 인간은 천지간에 만물이 많지만 오직 사람이 가장 신령하기 때문에 비록 그림으로 그렸거나 조각을 하여 만들었을 지라도 함부로 대할 수 없는 대상이기 때문이다.

하물며 국조 단군은 이 나라의 시조로써 이 땅에 홍익인간 접화군생 이화세계의 개국이념을 정립한 거룩한 성군으로 5천년 동안 받들어 왔거늘 감히 그 초상을 훼손하며 그 이름을 욕되게 한다는 것은 차마 있을 수 없는 일이다.

사람은 누구나 행복을 추구하기 위하여 노력한다. 그러나 자기 의 행복을 추구하기 위하여 남의 행복추구를 방해하면 안 된다. 왜냐하면 세상은 한 사람의 세상이 아니고 천하 사람의 세상이기 때문이다. 따라서 개인이나 집단의 행복 추구 노력은 항상 남의 행복을 존중하고 다른 집단의 행복을 침해하지 않도록 배려를 잊어서는 안 되는 것이다.

근래의 신문보도를 보면 한문화운동연합이 지난 98년말부터 각급 학교와 공원, 공공장소에 단군상(檀君像)을 기증하여 지금까지 369기를 세웠는데 이를 반대한 기독교대책위원회가 그 순수성을 의심하여 철거를 주장한다고 한다.

그동안에도 이미 10여 차례의 단군상을 훼손한 보도가 있었으나 우발적인 소행이라고 생각하여 사직당국의 조치에 맡겼지만 이번에는 한국기독교총연합회가 중심이 된 대책위원회에서 공공장소에 설치된 단군상 철거 촉구 결의대회를 주최하였다고 하니 민족의 갈등이 국조 단군의 존엄성을 훼손하는 데 이른 현실이 부끄럽기 짝이 없다.

옛말에 자손이 못나면 치욕이 조상에게 미친다고 하더니 과연이로다. 국토를 남북으로 갈라 6·25전란을 일으키고 또 동서로 쪼개어 지역감정을 부추기어 국토를 요절냈는데 이제는 그것도 모자라 나라의 시조를 놓고 분열대립한단 말인가? 참으로 기가 막혀서 하늘을 우러러 볼 수 없다.

사람은 누구나 조상이 있으므로 조상을 빛내는 것은 자손의 도리이기 때문에 조상을 빛내는 일은 권장할 일이지 결코 막을 일이 아니며 사람은 누구나 자유롭게 신앙을 가질 수 있으므로 성실하게 신앙생활을 하는 것을 존중할 일이지 추호도 비난할 일이 아니다. 그리하여 조상숭배와 신앙생활은 각각 별개의 문제로 하등의 마찰이나 갈등이 일어나지 않도록 서로 이해하고 협조하면서 조상의 복도 타고 신앙의 복도 받아 원만하게 지금까지 살아 왔거늘 어찌하여 이런 일이 생겼는가?

그것은 첫째로 조상의 의미를 바르게 이해하지 못하였기 때문이고 둘째는 인간의 존엄성을 망각하였기 때문이며 셋째로 자손의 도리를 깨닫지 못하였기 때문이라고 할 것이다.

우리는 이미 단군을 오랫동안 나라의 시조로 받들어 오면서 국가가 위험에 봉착할 때에 그를 높이 받들고 대동화합해서 분발 노력함으로써 여러 번 국난을 극복했던 역사를 가지고 있다.

탄강일경축잔치 유감

옛날에는 생일잔치를 하는 예법은 없고 돌아간 날에 기일제사(忌日祭祀)를 지내는 예법이 있었는데 오늘날에는 생일잔치를 하는 사람이 차츰 많아지고 기일제사를 지내는 집안이 점점 적어지는 세태이다.

생일잔치가 미래를 축복하는 자리라면 기일제사는 과거를 추모하는 시간이라고 할진데 돌아가신 부모의 제사는 지내지 않고 산사람의 생일잔치만 한다면 이것은 지나온 과거의 역사는 망각하면서 미래의 행운만을 바라는 얄팍한 심사가 아닐 수 없다.

가지와 잎이 무성하려면 뿌리가 튼튼해야 되고, 물이 멀리 흘러가려면 원천이 깊어야 하듯이 자손이 길이 번창하기를 소망하는 사람은 당연히 먼저 부모조상의 훌륭한 얼과 넋을 뚜렷이 이어받아야 하는 것이다.

그러므로 옛날 성현(聖賢)들은 자손의 앞날을 축복하기에 앞서 조상의 아름다운 덕을 추념하는 일에 더욱 정성을 쏟았으니 어버이의 임종(臨終)에 반드시 신중하게 대처하여 온 가족이 모인 가운데 안방에서 운명하도록 자리를 지키고 초상에 슬퍼하며 예법에 따라 엄숙하게 장례식을 거행하여 3년의 복을 마치고도 돌아가신 기일(忌日)이 돌아오면 해마다 제사를 지냈는데 비록 그 대수(代數)가 지나더라도 또한 시사(時祀)를 지내서 자신의 뿌리를 잊지 않았던 것이다.

오늘날은 늙은 부모의 병이 위독하면 병원으로 옮겨 중환자실에서 홀로 운명하게 하여 자손이 임종도 못하고 병원의 영안실에서 장례식을 거행하여 장지로 직행한 다음 곧 탈복하여 3년의 복을 입지도 않을뿐더러 기제사(忌祭祀)까지 폐지하는 각박한 인정세태임에도 유독 생일잔치만은 성행하고 심지어 환갑이나 칠순이 되면 큰 음식점에서 호사스런 잔치를 열어 만수무강(萬壽無疆)을 축원하는 하객을 받으니 축사(祝辭)와 축가(祝歌)가 자못 화려하다.

그러나 살아서의 생일은 유한하고 죽어서의 제사는 무궁하며 살아서의 축사나 축가는 막연한 허사(虛辭)이고 죽어서의 만사(輓詞)나 제문(祭文)은 절실한 진정(眞情)이니 대저 제사를 폐지하고 생일을 찾는 것보다는 차라리 생일을 찾지 않고 제사를 지내는 것이 훨씬 낫지 않겠는가? 하물며 상례(喪禮)와 제례(祭禮)는 문화적인 예법이고 돌잔치나 생일잔치 수연(壽筵)은 세속적인 관습인즉 세속적 가치를 추구하는 것보다는 문화적 가치를 지키는 것이 더욱 좋지 않겠는가?

이러한 까닭으로 옛날에는 비록 임금의 탄강일(誕降日)이라고 하여도 별다른 축하연회가 없었거늘 당나라 현종(玄宗) 때에 아첨하는 신하들이 청하여 천추절(千秋節 뒤에 千長節로 고침)을 처음 만들어서 천하에 2일간의 휴가를 주고 현종의 생일을 경축하였는바 이러한 경축행사로 인하여 사회기풍이 부박해지는 많은 폐단이 속출하였기 때문에 대종(代宗)과 덕종(德宗) 시대에는 천추절을 폐지했는데 문종(文宗) 때에 다시 궁중에서 연회만 개최하여 임금이 관료들의 하례를 받았던 것이다.

이것이 선례가 되어 후세에 전제주의 국가에서는 임금의 탄강일을 성절(聖節)로 정하고 설 및 동지(冬至)와 더불어 3대 명절로 정착시켰다.

  우리나라도 고려 성종(成宗) 원년에 왕의 생일을 천춘절(千春節: 다음해에 천추절로 바꿈)로 정했고, 조선왕조에서는 왕의 생일은 성절(聖節), 왕세자의 생일은 천추절로 정하여 연회나 하례식은 없고 간소한 의식행사만 가졌던 것이다.

  오늘날은 군주제도가 모두 사라져서 성절이나 천추절은 거의 찾아볼 수 없지만 아직도 국가의 공식명절로 정하여 지도자의 생일에 거국적인 기념행사를 하고 있고, 또한 특정종교의 교주가 탄생한 날까지 국가공휴일로 제정하여 대대적으로 경축행사를 하면서 재물을 낭비하고 세상을 소동케 하니 비단 민주평등시대에 사회적 모순일 뿐만 아니라, 또한 현대문명국가에서 시대적 역행이 아닐 수 없다.

  인간의 가치는 태어난 날의 사주팔자(四柱八字)에 있는 것이 아니라 일생을 통하여 얼마나 씩씩하고 장엄하고 거룩하게 살았느냐에 있는 것이므로 모름지기 탄생일의 의미보다는 사망일의 가치가 더욱 중대함을 깨달아서 생일의 의미를 지나치게 확대해서는 안 된다.

  그러므로 옛날 어진 사람은 천하 만민의 탄생은 축복하지 않음이 없으면서도 자기의 생일은 밝히지 안했고, 옛날의 신성한 임금은 천하만국을 안락태평하게 경영하여 모든 사람으로 하여금 인생의 행복을 구가하게 했지만 자기의 생일을 명절로 만들지 않았으니 현대인이 거울로 삼아야 할 것이다.

현재에 성실하라

사람은 누구나 보람 있는 일을 할 때에는 신바람이 나고 살맛이 나는데 참으로 보람이 있는 일을 찾기는 매우 힘들어서 늘 근심을 하거나 환상에 현혹되어 꿈속을 헤매거나 또는 두려움의 공포에 떨게 된다. 공자는 일찍이 이와 같은 인류의 고민을 지극히 평범한 생활 속에서 쉽게 즐거울 수 있는 진리를 가르쳐 주었다.

태어났으니까 사는 사람, 먹기 위하여 사는 사람, 놀기 위하여 사는 사람은 이미 만물의 영장으로서 인간의 존엄성을 상실한 삶이요. 「마땅히 사람은 왜 사는가? 마침내 살아서 무엇을 할 것인가?」라는 문제를 부지런히 배우고 사유하여 스스로 명확한 해답을 얻어야 된다고 가르쳤다.

사랑은 생명의 힘이니 사랑하는 사람은 오래 살고, 지혜는 사물에 밝으니 지혜있는 사람은 살길을 찾고, 용기는 정확한 신념이니 용기있는 사람은 이룩하지 못하는 일이 없는 까닭에 누구나 사랑과 지혜와 용기를 갈고 닦으면 자연히 하루하루를 아껴가면서 열심히 사는 길이 있다고 하면서 사람의 공부가 여기에 이르면 즐거워서 근심을 잊고 장차 늙는 줄도 모른다고 하였다.

맹자는 공자의 이와 같은 인생의 길을 더욱 구체적으로 밝혔는데 사람이 사는 까닭은 가까이는 부모 형제 처자의 뜻이요 멀리는 조상과 인류와 하느님의 뜻이므로 부모와 형제가 모두 살아있는 것이 천하에서 제일 즐거운 일이며 사람이 사는 방법은 정직하게 사는 것이니 하늘을 처다보고 땅을 굽어보아도 부끄러움이 없는 것이 둘째로 즐거운 일이며, 사람이 살아서 하는 일은 사람을 구제하는 일이어야 가장 보람이 있는 까닭에 인재를 교육하는 것이 셋째로 즐거운 일이라고 하였다.

삶의 뜻은 깊을수록 좋고, 삶의 길은 쉬울수록 좋으며, 삶의 보람은 클수록 좋으니 자기의 부모처자 형제와 먼저 사랑하라고 하므로 그 사랑이 한없이 깊을 수 있고, 자기의 양심에 정직하게 살라고 하니 그 방법이 매우 쉽고 간단하며, 자기의 주위에 어려운 사람으로부터 구제하고 마침내 국가민족과 세계인류까지 모두 구제하여 평화로운 대동세계를 이상으로 하였으니 그 보람이 끝없이 클 수 있다.

평범한 진리는 어지러운 사회 속에서 잊어지기 쉽다. 그러나 너무 높고 멀어서 실천하기 어려운 설법은 대중을 더욱 불안하고 초조하게 만든다. 가정의 화목 속에서 삶의 뜨거운 의욕을 돋우고, 직장의 정직한 책임완수 속에서 양심의 떳떳함을 얻으며, 나라와 민족 앞에 의무를 다함으로써 흐뭇한 보람을 간직하는 평범한 진리는 빈부, 귀천, 현우, 노소를 막론하고 현재 위치에서 즉시 신바람이 날수 있는 신묘법문이다.

조상에게 제사를 지내면서 무한한 생명력을 이어받고, 혼인에 배우자를 다른 성씨에서 구하여 널리 생활의 영역을 넓히며, 어린이를 학교에 보내어 학예를 익히게 한 다음에 국가사회에 유용한 일을 하도록 하는 유교의 정신은 우리의 생활관습으로 현실화되고 있으나 그 바른 의미를 생각하지 않고 오히려 현실을 부정하면서 불평하다가 자포자기하고 공밥만 먹는 이가 있으니 안타까운 일이다.

統一로 가는 우리의 課題

　2000년 6월 13일부터 15일까지 3일간 평양에서 열린 남북정상회담은 열강들의 覇權戰略 구도 아래에서 55년간 한반도를 뒤덮고 있던 냉전기류를 일순간에 몰아내고 평화통일의 이정표를 자체적으로 세움으로써 우리 민족의 자주 역량을 만천하에 과시하는 놀라운 성과를 이룩했다.

　두 정상이 처음 만나서 남북의 적대관계를 청산하고 자주적 평화통일을 위한 5개항의 합의를 극적으로 이루어낼 수 있었던 것은 물론 화해와 협력의 시대로 가는 국제정세의 변화에 따른 것이기도 하지만 그러나 두 정상의 두터운 도덕적 신뢰가 있었기에 가능했다고 할 것이다.

　김대중 대통령은 이 땅에 민주주의를 꽃피우기 위하여 세 번의 죽을 고비를 넘기면서도 지조를 굽히지 않았고 대통령으로 취임한 이래 대북 햇볕정책을 일관되게 펴면서 老軀를 이끌고 평양까지 가는 수고를 아끼지 않은 애국자요 김정일 국방위원장은 이미 그 아버지의 喪에 4年服을 입은 출천의 효자로서 老 대통령을 맞이하는 범절이 출중한 지도자임을 확인시킨 까닭에 국내외로부터 전폭적인 지지를 얻게 되었고 또한 그 5개항의 합의문이 원만히 실천되리라는 것을 믿어 의심치 않게 된 것이다.

이번에 이룩한 성과로 우리가 통일사업을 추진하는 주역으로 등장했다. 우리의 운명을 우리 손으로 개척할 수 있는 엄숙한 역사적 현실이 열린 것이다. 우리는 이제 신성한 통일국가를 건설하기 위한 구체적이고 실질적인 작업에서 모든 문제를 스스로 해결하지 않으면 안 된다.

서로를 인정하여 더욱 공경하고 사양하면서 공통의 통일철학을 세우고 신성한 통일국가관을 정립하지 않으면 또 다시 지난날처럼 지리멸렬한 상태로 전락할 위험이 없지 않기 때문에 이제는 민족웅비의 원대한 이상을 가지고 출발함으로써 역사에 책임을 지는 자세가 필요하다.

첫째, 바람직한 통일국가는 神聖하고 영광스러운 역사를 창조하는 작업이므로 민족의 이름으로 성취해야 한다.

국토와 인민과 정부는 전체 국민의 것이지 어느 한 사람의 소유물이 아니다. 따라서 통일성업에 나선 남북정상은 가장 신성한 민족적 사명감을 가지고 솔선수범하여 털끝만치도 개인적인 공명심이나 정치적 야욕이 없이 푸른 하늘에 태양처럼 선명한 자세를 견지하기 바란다.

둘째, 신성한 통일국가는 역사의 정통성을 확립해야 된다. 5천년 역사의 빛나는 전통을 계승하여 길이 자손에게 자랑스러운 조국을 물려주기 위해서는 민족을 비하하고 역사를 모독하는 풍조를 근절하고 弘益人間, 接化群生, 理化世界의 개국이념을 높이 받들어야 한다.

셋째, 신성한 통일국가는 주체성을 확립해야 된다. 적극적으로 지혜를 모아 내부의 모순을 자체적으로 해결하는 능력을 갖추어야 하며 국제모순도 능동적으로 조정하는 힘을 길러 다시는 국제 정세의 소용돌이에 휘말리어 외세에 종속하는 비극이 없도록 강구해야 한다.

넷째, 신성한 통일국가는 道德性을 가져야 된다. 사회에 기강을 세우고 인심을 순화하여 아름다운 윤리와 도덕을 일으켜서 세계 제일의 도덕 국가로 부상해서 새 시대의 인류문화 발전에 기여하는 작업을 해야 한다.

우리는 그동안 국토의 분단으로 입은 상처가 너무나 크기 때문에 그 폐해를 이루 다 말할 수 없는 현실이다. 이제 통일로 가는 길에는 당장 전쟁을 막고 경제를 살리고 이산가족이 만나고 문화 교류를 하는 것도 시급하지만 나아가 지구상에서 마지막으로 냉전의 유물을 청산하여 통일국가를 건설해서 세계 제일의 모범국가로 등장하는 시대적 과제도 절박한 것이다.

그러므로 이제는 지난날의 역사적 교훈을 잊지 말고 철저한 합리주의와 중용사상에 기초하여 대통일의 질서를 세우고 대화합의 길을 찾는 노력과 의지로 일관해야 된다. 국제적 분쟁을 해소하고 정치의 혼란을 바로잡는 방법으로 공자는 명실상부해야 되는 正名思想을 갈파하였고, 맹자는 大經大法으로 돌아가는 反經論을 주창하였으니 이제 남북의 정치 지도자들은 이점에 유의하여 앞으로 정치, 경제, 국방, 외교, 교육, 문화 등의 전반에 걸쳐 합일점을 모색하는 과정에서 지켜야 될 덕목으로 삼아야 할 것이다.

공자가 말하기를 "능히 예의로 사양하면 나라를 위함에 무슨 문제가 있으며, 참으로 그 몸가짐을 바르게 하면 정치를 함에 무슨 문제가 있으랴."고 하였으니 끝까지 예의를 지키고 몸가짐을 바르게 지켜야 될 것이다.

일이란 시작이 좋아야 끝이 좋은 법이다. 일을 착수함에 목표가 원대하지 않으면 기대가 적고 기대가 적으면 신명이 나지 않는 것이다.

우리에게는 위대한 太極一統의 우주관이 있고 人極道統의 인생관이 있으며 皇極大統의 정치관이 있으므로 이제 민족의 목표와 역사의 대전제를 명확히 밝혀서 약동하는 민족의 힘을 분출할 때가 되었다.

平和統一의 새 바람

　우리는 지금 민족사의 전환기에 처하여 민족의 운명을 스스로 개척하고 있다. 실로 오랫동안 외세에 의존하여 민족의 문제를 해결하는 안일한 자세에서 분연히 일어나 7천만 민족이 자체적으로 단결하여 민족웅비의 길을 여는 장엄한 새 역사를 창조하고 있다.

　6·15 남북공동선언으로 세계 속에 우리의 민족자주 역량을 과시하여 평화통일의 주역으로 부상하였고, 이어 이산가족을 교환 방문함으로써 통일의 당위성을 국제사회에 설득하였으며 또 남북이 동시에 京義線 철도 연결사업을 착공함으로써 우리 겨레가 유라시아 대륙으로 뻗어가는 철의 실크로드를 열어 국제평화에 기여하려는 의지를 보였다.

　그리고 장관급 회담을 거듭 개최하여 經協과 사회문화교류를 활성화하기 위하여 투자 및 2중과세방지 등을 위한 제도적 장치 마련에 합의하였으며 남북적십자회담과 남북국방장관회담이 열렸고 북한의 예술단이 서울에서 공연하였으며 언론사 사장단이 방북하고 백두산과 한라산의 교차관광단을 교환하였으며 시드니 올림픽에서 남북 선수가 동시에 입장함으로써 시대착오적인 아집으로 극한 대결을 능사로 삼았던 풍조를 일소하고 민족화합의 새로운 지평을 열었다.

불과 4개월 동안의 이룩한 이 모든 남북관계의 진전은 남북이 다같이 6·15 남북공동선언의 정신에 따라 합의사항을 적극적으로 실천하겠다는 확고한 의지를 보인 것이고 민족자체의 축적된 통일역량을 확인시킨 것이며 화해와 협력의 시대조류에 따른 주변국의 이해를 얻었음을 증명한 것이다.

이렇게 통일의 주체로 확고하게 자리 잡은 우리에게는 역사와 민족 앞에 확실히 책임을 지는 시대정신이 필요하다. 민족 전체의 공감대를 형성한 시대정신이 있어야 만난을 극복하고 위대한 역사를 창조할 수 있기 때문이다.

그럼에도 일부에서는 "속도가 지나치게 빠르다."거나 "일방적으로 주기만 하는 것 아니냐"는 등의 우려의 목소리가 있고 또 한편에서는 "남북관계가 정상화되었는데 왜 냉전시대의 유물을 법적으로 폐기하지 않는가"라거나 "앞으로의 남북관계가 협력의 확대와 심화로 이루어질지, 아니면 국내외적 변수에 의해서 반전될지도 명확하지 않다."라고 걱정하고 있다.

민주사회에서 국가의 막중대사를 놓고 자유롭게 의견을 주장하는 것은 자연스러운 현상이고 이러한 논의들을 수렴하여 정책에 반영하는 것도 또한 정부의 중요한 역할이라고 할 것이다. 그러나 자주적 새 시대를 개척하는 전환기에 처한 민족에게 가장 중요한 것은 합리적으로 문제를 풀어서 성공할 수 있는 방법을 모색하는 일이지 마치 남의 일처럼 "빠르다", "늦다" 하면서 비판만 하는 것은 옳지 못한 것이다.

자주적으로 통일을 이룩하기 위해서는 민족 내부의 단결된 힘만이 성공의 열쇠이다. 바람직한 통일국가를 건설하는 것은 오로지 우리의 지혜와 사랑과 용기에 달려있는 것이다. 우리의 통일은 외부로부터 무상으로 받을 선물이 아니고 우리 스스로 땀을 흘려 이룩해서 오히려 우리가 세계에 주어야 할 평화의 선물임을 깨달아야 한다.

대체로 강대국의 지배 아래 살아온 약소국가는 거의 운명론에 안주하거나 교활한 실리주의의 노예로 전락하여 만사에 관망하는 태도로 일관하기 쉽다. 그러나 천하국가를 독립 경영하는 국민은 시대를 창조하여 책임지고 용기있게 도전하고 모험적으로 영광의 역사를 창조한다.

앞으로 우리나라가 통일을 성취하면 국제적으로 결코 약소국이 아니다. 독일은 통일한 지 10년에 벌써 유럽의 중심 국으로 자리 잡고 있다. 우리도 남북이 통일하면 세계 10대 강국이 될 수 있는 민족역량을 가지고 있으므로 우리가 하기에 따라서는 동방의 이상 국가를 건설하여 세계문화의 중심으로 부상할 수 있는 것이다. 이와 같이 원대한 민족의 목표를 목전에 두고 가장 경계할 일은 민족분열이 아닐 수 없다.

지난 20세기의 민족비극은 모두 민족분열에서 기인했으니 제국주의의 침략에 반외세 자주독립을 추구했던 儒林과 東學이 연대투쟁하지 못했고 개화, 개방을 추구했던 친정파, 친로파, 친일파가 분열했기 때문에 비단 외세를 몰아내지 못했을 뿐만 아니라 또한 개화도 성공하지 못하여 마침내 비참한 운명으로 전락했던 지난 역사를 거울로 삼아 7천만이 대동단결하여 서로 합심협력하는 새 바람을 일으켜서 민족의 역량을 극대화하여 가장 바람직한 통일국가를 만드는 길로 매진해야 한다.

도덕성 회복과 국난 극복

지난 3개 월동안 국민의 정부가 추진한 재벌개혁, 정부개혁, 금융개혁의 여파로 하루 평균 1백여 개 기업이 도산하고 1만여 명의 실업자가 발생하고 있다.

환율과 물가가 상승하고, 부동산과 주식의 경기가 하락하는 현실에서 민생경제가 파탄지경에 이르러 실업자가 거리를 방황하는 심각성은 6·25이후 최대의 민족적 수난임을 실감하고도 남는다.

이러한 경제적 혼란으로 정신문화까지 황폐하게 되어서 자살자가 속출하고 강도와 절도가 급증하며 살인과 방화가 접종하니 사회가 불안하고 인심이 흉흉하여 아침에 저녁을 근심하는 어지러운 세태가 되어가고 있다.

사태가 이 지경에 이르렀음에도 정부와 여당은 국민을 계도하는 위기극복의 철학을 제시하지 못하고, 국회는 국난 극복의 대책을 논의하지 않으니 우리 국민이 장차 어떻게 살아가야 할지 방향을 잡지 못하는 암담한 나날을 보내고 있다.

金大中 대통령의 신정부가 들어선지 3개월이 되었음에도 국가 위기

를 극복하기 위한 약동하는 활력을 창출하지 못한 이유는 역사적 경험의 중요성을 망각하고 한갓 서구적 가치의 이식에만 몰두하는 인상을 너무 지나치게 보였기 때문이다.

IMF의 요구사항을 받아들이면서도 그것을 수용하는 자세는 응당 민족문화의 주체성을 확립해서 능동적으로 변용하는 지혜와 노력이 있어야 했다.

나라가 어지러우면 충신(忠臣)을 생각하고 집안이 가난하면 현처(賢妻)를 생각한다고 하였다. 왜 그런가? 자고로 충효(忠孝)의 도덕이 아니면 국가의 위기를 구원하는 길이 없기 때문이다.

진충보국(盡忠報國)하는 공무원이 없이 어떻게 어지러운 나라를 재건하며 어질게 내조(內助)하는 아내가 없이 어떻게 가난한 집안을 다시 일으키겠는가?

그러므로 우리나라는 역사적으로 국가가 어려운 시기에 봉착하면 조야(朝野)가 힘을 합쳐 충성심과 효도심을 크게 고취하여 구국의 철학으로 삼아서 충효절의(忠孝節義)를 생명처럼 소중하게 받들어서 비록 전란 속에서도 국가를 철통같이 지키고 가정을 반석위에 세워서 자손만대에 길이 보존하여 왔던 것이다.

충효의 도덕은 상도(常道)와 권도(權道)가 있어서 평화 시의 행동강령과 비상시국의 행동윤리가 다르므로 위기대처능력이 매우 탁월하여 전 국민 전 가족의 총력을 일시에 집중하는 초인적 힘을 도출해서 위기를 신속히 그리고 완전히 수습하는 장렬한 투혼이 있다.

그러므로 어떠한 위난 앞에서도 주저하거나 회피하는 법이 없는 무적(無敵)의 용기가 있다.

까닭에 우리 민족에게 있어서 충효도덕만 다시 되살린다면 IMF의 위기와 도전에 결코 실망하거나 좌절하지 않을 것이며 집에 들어가지 못하여 길거리에서 방황하는 사람이 없을 것이다. 이러한 즉 민족의 정신문화를 버리고 어디에서 국가재건의 처방을 구할 것인가?

공자(孔子)가 말하기를 "적은 것을 근심하지 말고 고르지 못한 것을 근심하며, 가난한 것을 근심하지 말고 편안치 못함을 근심하라"고 하였는데 충효 도덕이 없는 우리의 현실은 적기도 전에 고르지 못하고, 가난하기도 전에 불안하니 이것이 무엇 때문인가? 한심하다.

IMF시대를 사는 철학

　97년 10월부터 불거지기 시작한 우리나라 外換고갈은 급기야 IMF (국제통화기금)의 國際金融을 지원받아 단기외채를 중장기외채로 전환함으로써 겨우 국가부도는 모면하였으나 앞으로 천오백억 불의 외채를 상환해야 되는 부담을 생각할 때 이것은 6·25 이후 최대의 민족적 수난이라고 말하지 않을 수 없을 것이다.

　이러한 국가경제파탄의 위기에 처하여 우리는 朝野가 힘을 합쳐서 다양한 타개책을 모색하고 있는바 金大中 大統領당선자와 정부에서는 IMF의 요구조건을 수용하면서 경제체질개선에 총력을 기울이고 있고, 국민은 金모으기운동과 저축중대운동을 적극적으로 전개하고 있다. 국가경제위기의 심각성을 깨닫는 순간 발등의 불을 끄기 위하여 임시방편적인 조치는 그런대로 가닥을 잡아서 풀어가고 있기 때문에 대체적으로 긍정적인 평가를 받고 있지만 정작 IMF寒波를 국민이 온몸으로 실감할 시점은 지금부터 시작한다고 보아야 할 것이다.

　환율 인상에 따른 물가고와 失業率증가에 의한 사회불안 및 외채상환으로 인한 경기침체 등의 민생압박은 우리의 앞에 놓인 시련의 바다이고 넘어야 할 산이다.

이와 같이 험난한 길을 슬기롭게 헤쳐가기 위해서는 강인한 정신적 지주가 되는 사회哲學을 확립하는 것이 시급한 과제라고 하겠다. 벌써 생활고를 비관하거나, 失職을 두려워하거나, 도산을 괴로워하여 자살한 사람이 속출하고, 강도와 절도가 급격히 증가하며, 인심이 난폭하여 살인과 방화가 늘어가고 있는데 이것은 모두 불안과 공포와 절망에서 오는 사회병리현상이다.

일단 사회가 병들면 국가사회의 위기를 극복할 수 있는 길은 멀어지기 마련이니 마치 원기를 잃어버린 환자를 치료하기 힘든 이치와 같은 것이다. 그러므로 오늘날 우리가 당면의 경제위기를 슬기롭게 극복하는 길은 무엇보다도 먼저 IMF시대를 사는 건전한 삶의 철학을 정립하는 일이 아닐 수 없는 것이다.

어떠한 상황에서도 흔들림이 없는 지혜와 사랑과 용기를 가지고 성실 정직 근면하게 일관하는 인생철학이 있고, 국가의 위기에 적극 나서서 盡忠報國하는 정신이 있으며, 가정의 어려움에 온 가족이 화합하여 돕고 사는 情義가 있다면 정부의 경제희생정책이 순조롭게 성공할 것이요, 민심이 소동하여 불안과 절망과 공포 속에 빠져서 좌절하고, 국가의 위기를 외면하여 도피하며, 가정의 어려움에 온 가족이 사방으로 흩어져버린다면 정부의 경제희생정책도 빛을 잃어 와해하게 될 것이 명약관화한 일이다.

이렇게 볼 때에 현재 우리에게 가장 소중한 사회철학은 忠孝思想이라고 주장하지 않을 수 없다. 충효사상은 우리 민족의 주체사상으로써 허다한 국난을 극복했던 역사와 전통을 가지고 있었으므로 오늘날의 국가 위기를 극복하고 사회불안을 제거하는 철학으로 이보다 더 좋은 철학은 없는 것이다. 진리는 항상 가까운데 있는 법이다. 신정부는 忠孝思想만이 국난을 극복하는 힘의 원천임을 재인식하고 충효교육에 관심을 기울이기 바란다.

화해와 협력의 시대를 열자

　우리 국민은 제15대 대통령으로 새정치국민회의와 자민련의 연합 후보인 김대중 씨를 선택했다. 이것은 우리나라 50년 헌정사상 처음으로 선거에 의한 평화적 정권교체를 실현한 민주주의의 승리이고 정치발전의 위업이다.

　이로써 우리나라는 아시아에서 뿐만 아니라 세계적으로도 국민의 힘에 의해 민주주의를 실현해서 집권당의 권력유지를 종식시켰다는 긍지를 가지게 되었다.

　더욱이 오랜 기간 동안 지역 갈등으로 얼룩지고 권위주의 정권하에서 탄압받았던 재야의 반체제 인사가 대선에서 승리함으로써 바야흐로 화해와 협력의 21세기로 진입하는 시점에 지역감정을 해소하고 체제논쟁을 불식하여 국민화합의 기틀을 다졌으니 이번 선거의 큰 성과라고 아니 할 수 없을 것이다.

　김대중 대통령 당선자도 IMF의 한파를 국민의 총력으로 극복하기 위해 이미 거국내각을 구성하겠다고 약속하였다. 이제는 정치불안정으로 국론을 분열하고 국력을 낭비하는 낡은 시대를 청산하여 화해하고 협력하는 새로운 기풍을 일으켜야 하는 변화의 시점에 이른 것이다.

「주역(周易)」의 진리는 때를 따라 변화하는 수시변역(隨時變易)이다. 극한 대립상태에서 아집과 독선으로 밀어 붙였던 권위주의 시대는 이미 끝났다. 바야흐로 서로 존중하고 양보해서 화합하고 협조하는 민주주의 시대가 도래하였을 뿐만 아니라 IMF와의 협약에 의해 우리나라의 경제구조가 세계자본주의 경제구조로 편입되어가는 문턱에 서 있는 순간이다.

지난날에는 통했던 낡은 권위주의적 사고로는 우리의 현실 문제를 조금도 해결할 수 없을 뿐만 아니라 오히려 불신과 혼란만을 증폭하여 사태를 악화시켜서 멸망을 재촉하는 위험 속으로 전락하게 되어 있다.

철인(哲人)은 때를 알고 형세를 인식하여 미리미리 조절하고 뜻있는 선비는 사태를 직시하여 즉각 대처하는 것이다. 왜냐하면 능동적인 변화는 주어진 기회를 잘 활용하여 성공하기가 쉽지만 피동적인 변화는 마침내 시간을 낭비해서 낙오하기 쉽기 때문이다.

우리가 외환위기로 처한 오늘의 절박한 경제파탄의 현상도 그 원인을 분석하면 바로 정부와 금융, 그리고 재벌들이 지난 10년간의 경제체질과 구조개편의 기회를 안일하게 허비한 소치인즉 이제 더 이상 버틸 힘도 시간도 없다는 냉엄한 현실을 받아들이고 나라의 경제를 살리는 대국적 시각에서 겸허하게 화해하고 협조하는 자세로 나가야 할 것이다.

지난 세기 말의 개항(開港)과 개화(開化)가 피동적인 것이었기에 당했던 국치(國恥)를 생각한다면 오늘날 우리 국민이 취할 태도는 분명하다. 그때는 국력이 너무도 미약하여 자력혁신의 길이 좁았지만 이제는 우리나라의 국력이 세계 11위권에 진입한 막강한 경제력을 가지고 있다. 오직 인기에 연연하지 않고 국가민족의 영원한 발전을 추구하는 탁월한 정치지도력을 중심으로 전 국민이 총화 단결하여 변화의 시대를 선도하여 나간다면 우리의 전도는 양양하여 세계적인 경제모범 국으로 환골탈태할 날이 멀지 않을 것이다.

경제위기를 극복하는 길

　오늘날 우리나라가 처한 경제위기를 극복하기 위해서는 문제의 핵심을 거시적으로 보아야만 정확한 해법을 찾아서 슬기롭게 위기를 극복할 수 있을 것이다.

　왜냐하면 지금의 우리 경제위기는 오직 경제정책의 미비나 재벌경영의 부실에서만 파생한 것이 아니라 정경유착과 부정부패 그리고 역사의식도 주체성도 없는 출세주의와 윤리도덕을 망각한 사치와 방종풍조가 한데 어울려서 빚어낸 총체적 위기로 나타난 현상이기 때문이다.

　그러므로 금번의 경제위기를 IMF에서 지적한 재벌경영의 투명성확보와 금융개혁 등의 경제 분야에만 한정해서 사태를 해결하려는 소극적 미봉책으로 일관한다면 결단코 문제를 근본적으로 해결할 수 없다는 사실을 깨달아야 한다. 빚을 얻어서 빚을 갚는 처지에 놓인 사람이 아무리 경리에 밝고 회계에 능통하다고 하여도 그것만으로 원리금을 청산할 수 없는 것처럼 금번 국가경제위기를 단순히 경제적 측면에서만 해법을 찾으려고 하는 것은 문제의 심각성을 파악하지 못한 단견이라고 아니할 수 없다.

물론 IMF와 약속한 사항도 차질없이 실천하여 국제적 신인도를 다시 높여야 하지만 그보다도 먼저 착수해야 할 일은 과거의 낡은 관행을 철저히 타파하고 부정적 폐단을 깨끗이 제거하는 작업이다.

그런 의미에서 우리는 즉각 정치개혁을 단행할 것을 촉구한다. 정당을 민주적으로 개편하고 돈 안 쓰는 선거문화를 정착하여 정치의 기강을 세워서 국리민복을 위하여 헌신 봉사하는 정치발전이 조속히 실현되어야만 위기에 처한 국가운명을 희생할 수 있을 것이다.

다음으로 우리는 교육개혁을 촉구한다.

도덕교육을 중시하여 인간성을 함양해서 인간을 존중할 줄 알게 하고, 국사교육을 강화하여 민족의 주체정신을 확립해서 세계화시대에 사상적 방랑자가 되지 않게 해야 할 것이다.

끝으로 우리는 문화를 진흥하고 풍속을 개량할 것을 촉구한다. 동방예의지국의 고급문화인 의례 제도 문체 등을 적극적으로 개발보급해서 문화민족의 취향을 드높이고 외래저질문화의 확산을 방지하는 한편 전래의 후덕한 미풍양속을 일으켜 성실 정직 근면한 생활태도를 익혀서 사치와 방종의 시류를 근절시켜야 한다.

이러한 근본적인 처방이 없이는 미래를 조금도 낙관할 수 없고 비록 일시적으로 한고비를 넘겼다고 하더라도 언제 또다시 이러한 위기가 닥칠지 예측할 수 없을 것이다.

그러므로 공자(孔子)는 인민이 부유하면 도덕교육을 시켜야 된다고 하였고 맹자(孟子)는 의식이 풍족하면 효도하고 충성하는 윤리교육을 하여야 된다고 역설하였으니 아무리 국가가 경제적으로 풍족하다고 하여도 그 정치와 교육과 풍속이 문란하고 퇴폐하다면 그 멸망을 서서 볼 수 있기 때문인즉 김대중(金大中) 대통령 당선자와 현 정부 당국자는 이 점을 유의하기 바란다.

公明選擧와 종교인 역할

　선거의 생명은 公明性에 있고, 민주정치의 발전은 공명선거로부터 출발한다. 어두웠던 지난날의 독재정권을 청산하고 민주자치의 시대를 열려고 하는 이 중대한 시기에 실시하는 14대 총선은 바야흐로 2천년대 우리 민족의 운명을 결정할 수 있는 매우 중요한 역사적 의미를 가진다.

　따라서 이번에 실시하는 총선거의 초점은 자연히 선거풍토의 개선으로 모아지고 있는바 지난날 독재체제하에서 하나의 요식행위로 치러졌던 타락상을 깨끗이 불식하고 신성한 주권을 바르게 행사하는 공명한 선거문화의 창조에 기대를 거는 사람이 그 어느 때보다도 많아지고 있다.

　이것은 대단히 오랫동안 갈망했던 민족의 숙원이다. 자유당 이승만 정권이 자행한 3·15부정선거에 항거하여 4·19혁명을 이룩한 지도 벌써 30여년이 흘렀다. 그토록 전 국민이 열망했던 공명선거를 아직까지 정착시키지 못한 것은 물론 군사독재의 장기집권에서 연유한 것이지만 그러한 독재체제를 타파하고 부정선거를 종식시키지 못한 궁극적 책임은 또한 국민 전체에게 돌아가지 않을 수 없는 것이다.

이제 새로운 선거문화를 창조하기 위한 유권자의 자각은 지난날의 잘못을 속죄하는 의미를 담아야 하며 또한 이번에 입후보한 사람과 각 정당도 깊은 각성이 있어야 할 것이며, 정부 역시 민족의 앞날을 진심으로 걱정하는 일대 결의를 보여야 한다.

이번 총선에 있어서 한 가지 고무적인 현상은 각 종교지도자를 중심으로 광범위하게 공명선거실천시민운동협의회가 발족되어 전국방방곡곡에서 선거참여를 독려하고 금품향응을 거부토록 계몽함과 동시에 선거부정을 고발하여 깨끗한 선거풍토조성에 앞장서고 있다는 점이다.

이러한 민간인의 자발적인 공명선거운동은 독재체제하에서 일찍이 볼 수 없었던 일로 3·1운동 이후 종교와 사상을 초월해서 민족의 활로를 앞장서서 개척하려는 숭고한 종교정신으로 이해해야 될 것이다.

그러나 이와 같이 밝은 빛이 있는가 하면 아직도 일부 종교지도자들은 구시대의 낡은 관행에서 해탈하지 못하고 정치인의 지지를 호소하는 어두운 그림자를 보는 것은 지극히 한심스럽고 안타까운 일이 아닐 수 없다.

모름지기 종교인은 어떠한 경우에도 순결한 종교적 신념을 저버려서는 안 되고, 그 나라 그 사회의 빛이 되어야 하는 엄숙한 사명을 스스로 완수해야 할진대 혼탁한 세속적 물결에 함께 휩싸이는 추태를 보여서는 안 될 것이다.

한마디로 이번 총선거에서 종교인이 해야만 되는 사명은 공명선거의 모범을 보이는 것이다. 공명선거의 올바른 길은 무엇인가? 그것은 선거운동의 질적 향상과 유권자가 후보자를 선택하는 차원 높은 안목을 가지게 하는 것이다.

선거운동이 저질이면 유권자의 안목을 흐려버리고 유권자의 안목이 낮으면 선거운동이 저질로 흐리게 마련이다. 이러한 악순환을 이제는 되풀이해서는 안 된다.

올림픽을 성공적으로 치룬 민족으로서 그리고 조국통일의 역사적 순간을 내다보는 국민으로서 입후보자는 국민을 더 이상 얕보지 말고 차원 높은 선거운동을 전개해야 되며, 국민도 나라를 위하는 높은 안목으로 훌륭한 사람에게 투표하는 획기적인 계기를 이번에는 꼭 실현해야 되는 것이다.

대체적으로 그동안 전개했던 저질선거운동은 지역감정이나, 씨족관념이나, 종교의식에 호소하면서 학연과 인맥을 동원하고 끝내 돈으로 선심을 써서 표를 긁어모으는 부정술수의 타락상이었다.

이러한 선거는 필연적으로 질시와 증오와 반목을 경쟁적으로 증폭시켜서 마침내 선거가 국가사회를 파탄으로 몰아가는 금기물로 전락하는 공포의 산물이 되고 말았다.

이것이 어찌 선거의 본령이겠는가? 선거란 나라를 경영하는 국민의 대변자를 선출하는 과정이다. 거기에는 믿음이 기초가 되어야 하고 사랑과 정의가 넘쳐야 하며 양보와 협조가 있는 대동화합의 광장이 되어야 한다.

그러므로 선거운동도 애국심과 국가를 경영하는 탁월한 능력 및 정강정책 그리고 인격적 책임감으로 민심을 얻는 정정당당한 방법으로 전개하여서 새로운 바람을 일으켜야 할 것이요, 일반 유권자도 진정어린 자손들에게 떳떳하게 살고 또 그들에게 아름다운 새 세상을 열어주고자 한다면 더 이상 눈앞의 작은 이익에 유혹당하지 말고 결연한 자세로 선거에 임하여 어질고 유능한 일꾼을 사심없이 선택하는 슬기를 보여야 한다.

결국 깨끗한 선거운동은 현명한 유권자를 만들고, 현명한 유권자는 훌륭한 대변자를 골라 뽑는다.

오늘날 유수한 한국의 종교인들이 공명선거실천시민운동협의회를 중심으로 힘을 뭉쳐서 선거풍토개선에 앞장서고 있으니 이것이 하나의 계기가 되어 비록 일시에 성공은 거두지 못한다고 하더라도 우선 종교인이 타락선거의 악순환의 고리를 푸는 실마리를 만들어 훌륭한 선거운동과 현명한 유권자의 선택을 유도하여 장차 공명선거를 꽃피울 수 있다는 희망과 신념을 가지게 하는 공로가 없지 않을 것이다.

구태의연한 낡은 생각을 끝내 버리지 못하면 역사의 흐름에 낙오하기 마련이다. 시대가 바뀌면 새로운 의식으로 전환하여 새로운 사업을 전개하는 것이 인류역사 발전의 정책임을 이번에는 명심해야 한다.

大選에 임하는 종교인姿勢

바야흐로 우리 사회는 지난 백년의 암흑시대를 청산하고 화해와 협력의 21세기를 열기 위하여 각계각층에서 새 바람이 일고 있다. 낡은 구습을 타파하고 새로운 활기를 되찾아 약동하는 새 시대를 각 분야에서 설계하고 있는 것이다.

그러한 노력의 일환으로 권위주의시대의 저질타락선거풍토를 바로잡기 위하여 지난 봄 총선에서는 공명선거실천시민운동협의회를 결성하여 시민이 자율적으로 공명선거캠페인을 전개했던 것이다.

공명한 선거문화의 정착은 이번 14대 대선에 있어서 커다란 숙원이요 당면의 과제이다. 그동안 관권과 금권으로 점철된 부정선거와 지역감정과 문벌싸움으로 얼룩진 저질선거는 도저히 용인할 수 없는 것이었다. 따라서 금번 대선을 통하여 추악한 지난날의 선거관념을 불식하고 새로운 깨끗한 선거문화를 정착시키려는 민주시민의식이 점차 고조되어가고 있는 현실이다.

이와 같이 역사적인 시기에 일부 종교인들이 국민적 열망을 몰각하고 종단과 종파를 팔아 집단적으로 특정 후보자를 지지 혹은 반대하는 현상은 선거타락을 조장할 뿐만 아니라 종교타락을 가속한다는 점에서 매우 불행한 일이 아닐 수 없다.

정치와 종교는 그 사회적 역할이 다르므로 엄격히 분리하는 것이 현대국가의 원칙이다. 정치권력에 이용당한 종교는 타락하기 마련이고 종단이나 종파에 의지하는 정치는 편협하기 마련이다. 타락한 종교와 편협한 정권의 야합은 결국 불행의 씨앗이 되어 우리의 미래를 더욱 암담하게 만들 뿐이다.

우리는 1960년 4·19를 기억하고 있다. 백만 학도가 자유당의 3·15 부정선거에 항의하여 총궐기하여 이승만 독재의 총칼에 맞선 그날에 그 많은 종교인은 어디에 있었는가? 그 이후 30여년이 흘렀지만 아직도 이 땅에 공명선거를 정착하지 못하고 혼돈과 표류만을 거듭하고 있는 이유는 무엇인가.

종교인의 사명은 그 누구의 사명보다도 중대하고 신성하다. 진리를 수호하고 정의를 사수하는 종교인의 사명은 사회의 밝은 빛이 되고 만인의 귀감이 되는 것이다.

민주주의국가가 종교의 자유를 보장했다면 종교는 민주주의 정책에 앞장서야 했다. 공명선거는 민주주의의 기초이고 국민은 투표를 통해서 주권을 행사한다. 그렇다면 종교인의 선거에 임한 자세는 이미 뚜렷하다.

종교인의 존재는 공명선거정책으로 나타내야 하는 것이다. 특정 후보자를 당선시키는 일은 정당의 역할이다. 그동안 종교인들이 근본적인 문제는 간과하고 특정 후보자의 지지 혹은 반대에만 매달림으로서 우리 사회가 문제를 근본적으로 해결하지 못하여 혼란과 갈등만을 거듭하는 늪으로 빠져버린 것이다.

근본 문제를 망각하고 지엽말단적인 현상에만 집착하는 종교지도자가 권력에 아첨하고, 그 권력의 품안에서 교세를 확장하여 번영을 꾀하는 교단이 존재하는 한 정치도 종교도 희망이 있을 수 없다.

　종교에 있어서 편견을 가진 정치지도자가 어찌 합리적으로 중용을 지켜 대동화합하는 경륜을 펼 수 있을 것이며 정치에 있어서 야심을 가진 종교지도자가 어떻게 순결한 신앙심으로 진정한 종교정신을 발휘하겠는가!

　이제는 위대한 정치가가 선출되기를 기대하는 마음으로 또한 위대한 종교인이 나오기를 소망하는 시점에 도달했다. 모든 종교인은 이번 대통령선거에 있어서 훌륭한 대통령을 선출하는 데만 열중할 것이 아니라 훌륭한 종교지도자를 만드는 데도 힘써야 하겠다.

　정치는 현실이고 종교는 이상이라면 종교가 먼저 순수해져야 정치가 깨끗해질 것이다. 그동안 우리 사회는 정치가 앞장서고 종교가 그 뒤를 따른 결과 정교유착이라는 불명예를 뒤집어썼을 뿐만 아니라 많은 사람들을 실망시켰던 것이다.

　이러한 두려운 시각에서 유교, 불교, 기독교, 천도교, 원불교 등 여러 종교의 지도자 61명이 12월 1일에 성명서를 발표하여 종교인의 선거에서의 중립을 호소했고 같은 날 천주교 주교단도 담화문을 발표하여 종교인의 정치의식에 대한 냉철한 반성을 촉구했다.

　도하신문은 이러한 종교계의 대선중립선언을 크게 보도하면서 환영의 뜻을 보였다. 정말 오랜만에 들은 신선한 목소리였다. 뒤늦게나마 이러한 새 물결이 일어난 종교계가 자체정화의 기치를 들고 사회개혁에 나섰다는 징표이다.

　사리사욕을 극복한 도덕심은 스스로 강건하고 부정부패를 척결한 정의감은 언제나 상쾌하다. 말로만 외치는 공허한 메아리가 아니라 진심으로 실천하는 사랑과 정의를 증명해야겠다. 강직하고 청렴한 종교인의 영역을 개척하여 모든 사람에게 정치적 중립성을 보여 주어야 하겠다.

　그러므로 이제부터는 모든 종교인이 새로운 시대의 변화에 동참하여 높은 긍지를 가지고 본래의 위상을 되찾아야 한다. 관권선거의 압력을 받는다면 결연히 배척해야 되고 금권선거의 유혹을 당하면 단호히 거절해야 한다.

초연한 성직생활 속에서도 선거부정을 보면 고발해야 되고 저질타락선거를 보면 엄중히 경고해야 한다. 그래야지 세속과 타협하지 않고 불의를 묵인하지 않는 정의의 사도가 될 수 있을 것이다.

일찍이 공자는 정의를 보고도 실천하지 않는 것은 용기가 없는 것이라고 질타하면서 인류국가사회에 유익한 일은 스승에게도 양보하지 말고 즉각 실천하라고 하였다. 이제 와서 공명선거정착이라는 이 막중한 일을 다시 누구에게 양보하려고 팔짱을 끼며 눈을 감고 앉았는가?

지방자치시대 자력으로 개척

1960년 4·19학생혁명의 자주·민주·통일이념에 의하여 우리나라는 완전한 지방자치시대를 자력으로 개척했으나 다음해 5·16군사쿠데타로 저지된 이후 실로 한 세대가 흘러서야 95년 6월에 본격적인 지방지치시대를 열기 위한 선거 일자를 정해놓고 있다.

민주주의는 원래 국민의 참정권을 기본으로 하므로 주민의 자발적이고도 적극적인 참여를 전제로 하는 지방자치는 필수조건이다. 그러나 우리나라는 30여 년 동안 소위 능률과 실질을 숭상하며 기능주의와 물신주의를 장려한 결과 중앙집권적 획일주의사회로 편입되고 말았다.

그리하여 30년간의 권위주의사회에서 자라온 사람들은 정치적 무관심과 사회적 무책임 그리고 개인주의의 무사안일에 빠져서 결국 부정부패가 만연하고 사건사고가 겹치는 혼란사회로 전락했다.

바야흐로 이러한 한국병을 뿌리 뽑고 희망의 신한국을 건설하기 위하여 선거법을 개정해서 내년 6월에 지방단체장까지 주민이 직접 선출하여 명실상부한 지방자치시대를 열려고 준비하는 것은 참으로 역사적인 과업이라고 아니 할 수 없다.

이 시대 우리 사회에 팽배하고 있는 피동적이고 소극적인 냉소적 삶의 태도를 불식하고 능동적이고 적극적인 공동체적 삶의 기풍을 진작하기 위해서는 완전한 지방자치를 실시해서 자주민주주의제도를 정착시키는 길밖에 없다.

그런 의미에서 내년 6월의 지방자치단체장 및 의원의 선거는 우리에게 매우 감격적이고 중차대한 성사로써 우리나라의 정치문화를 변혁하는 획기적인 발전을 기약하고 있다.

그러나 제도만의 개혁으로 민주주의가 당장 꽃피지 않는다는 사실을 우리는 여러 번 경험했다. 국민일반의 민주적인 장점을 살릴 수 없기 때문에 오히려 지방자치제도가 혼란만 가중할 염려도 또한 있는 것이다.

더욱이 오래도록 우리에 갇혀서 살던 짐승은 방생하여도 자립능력이 없어서 다시 기어들어오는 어처구니없는 일도 벌어지는 까닭에 제도적으로 지방자치를 실시했다고 해서 갈등과 모순이 즉각 해결 될 것이라고 생각해서는 안 된다.

따라서 지방자치시대의 국민윤리는 대단히 중요한 계몽과제이고 지방자치제도를 꽃피우는 핵심적 중추동력이다. 고금에 아름다운 정치제도가 있어도 어지러운 나라가 있었지만은 훌륭한 사회윤리가 있는데도 어지러운 나라는 없었다. 왜냐하면 제도는 형식이고 윤리는 내용이기 때문에 형식은 삶의 양을 규정하고 내용은 삶의 질을 결정한다. 따라서 정치제도가 삶의 양을 넓혔을지라도 사회윤리가 삶의 질을 높이지 않으면 밖으로 세상이 아무리 바뀌어도 안으로 보람을 전혀 느끼지 못하는 허무감에 빠져서 일할 맛이 나지 않으므로 국가사회를 변혁하는 일에 떨쳐 일어날 힘이 생기지 않은 것이다.

사람은 공덕심과 공동체의식이 철저할 때에 국가사회를 위하여 헌신노력할 수 있는 힘이 용솟음치는 것이다. 우리나라의 옛날 선비들이 오로지 충효의 윤리에 철저했기 때문에 임금 사랑하기를 아버지 사랑하 듯이 하였고 나라 걱정하기를 집 걱정하듯이 하여 청렴결백을 숭상하 여 외적의 침입에 의병을 일으켜 끝까지 싸울 수 있었던 것이다.

중봉(重峰) 조헌 선생은 임진왜란에 의병항쟁하였고, 사계(沙溪) 김 장생 선생은 예법을 밝혀 청렴결백을 숭상했고, 우암(尤庵) 송시열 선 생은 병자호란에 오랑캐 청나라를 정벌하여 복수설치를 도모했다. 이 러한 애국심과 의리사상은 우리나라 전통윤리사상의 극치로써 천하에 자랑인 것이다.

이 땅에는 다행히 이러한 동방예의민족의 깊은 뿌리가 있으므로 스 스로 사랑과 정의 그리고 예절과 지식을 갈고 닦아서 효도하고 우애 하고 충성하고 신의를 지키는 윤리를 실천하면 금방 현대세계에서 가 장 아름다운 미풍양속을 다시 일으킬 수 있는 것이다. 이런 가능성 때 문에 오늘날 세계의 학자들이 한국사회윤리의 변화를 주목하고 있는 바 우리는 전통윤리를 현대화해서 21세기에 세계인류를 지도할 수 있 는 세계문명을 창출해야 하는 사명이 있는 것이다.

우리는 그동안 산업화와 민주화를 추구하면서 고유한 윤리도덕을 망각했다. 그러나 이제는 현실적으로 도덕의 위기에 봉착하였으므로 윤리도덕의 부흥에 심혈을 기우려야 할 때가 도래하였고, 개방화 세계 화의 과정에서 우리의 고유문화를 기초로 국제화를 추구하지 않으면 국제적 미아로 전락할 위기에 처해있다.

윤리도덕이 무너져버린 사회현실을 바로잡기 위해서도, 국제화시대 에 일류국가로 부상하여 민족정기를 세계에 선양하기 위해서도 또한 앞으로 완전한 지방자치문화를 성공하기 위해서도 윤리의 부흥은 필 수적 과제이다.

앞으로 과학화 시대에 민주시민의 삶의 질을 고도로 높일 수 있는 국민윤리는 합리주의와 중용사상 그리고 대동정신으로 요약할 수 있 다. 오늘날 과학은 극도로 발달하여 비과학적인 사상이나 불합리한 논리는 더 이상 발붙일 수 없게 되었다. 따라서 자연의 천리(天理), 물리(物理), 사리(事理)와 같은 자연과학적인 합리주의에 밝고, 인간의 성리(性理), 심리(心理), 정리(情理)와 같은 인문과학적 합리주의에 주체하여 사회과학적 합리주의에 투철한 윤리, 도리, 의리를 확립하는 사상과 논리가 국민윤리의 근본지표가 되어야 한다. 그래야만 자연의 진리와 인간의 선덕(善德) 및 사회의 미풍(美風)을 모두 구비하여 삶의 질을 고도로 높이고 개인적으로나 전체적으로나 인생의 보람을 구가할 수 있는 것이다.

오늘날 사람들은 사물에 이치가 있다는 자연과학은 알면서도 인간의 고귀한 인의예지(仁義禮智)의 본성은 망각하고 또한 인간에게 양심(良心)이 있는 것은 알면서도 사회에 3강5륜(三綱五倫)의 규범이 있는 것은 외면하니 물량적인 풍요 속에서 저질인간으로 타락하게 되는 장본이라고 하겠다.

그리고 민주시민윤리로써 소중한 것은 중용(中庸)사상이다. 중용은 일상생활에서 화합과 통일을 도모하는 밝고 성실한 지혜이다. 스스로 공명정대한 인문주의적 지성에 기초하여 일체의 분열과 대립과 모순을 자체적으로 전부 포용하여 대화합을 창출하는 실천적 역량이 지방자치시대에 절대 필요하고, 끝으로 국제화시대에 화해와 협력을 추구하는 대동(大同)정신은 인류의 공존공영을 확신하는 민주시민의 품격이다.

표절(剽竊)을 이 땅에서 추방하자

　유림의 학풍은 명예를 존중하고 예의염치를 숭상하여 정직한 기풍을 생명처럼 소중히 여겼다. 자고로 유학자는 학문의 연원(淵源)과 언행출처(言行出處)의 사실을 명확히 밝혀서 한 점의 의혹도 없는 것을 떳떳한 긍지로 삼았으니 지푸라기 하나라도 무단히 남의 것을 취하지 않았던 것이다.

　그러므로 표절(剽竊)이란 아예 상상할 수도 없는 것이고, 단지 학문사상의 연원을 분명히 밝히지 않은 것만으로도 오히려 부정직한 행위로 지목하여 성토의 대상이었던 것이다.

　『예기(禮記)』에 이런 말이 있다. '자하(子夏)'가 그 아들이 죽으니 시력(視力)을 잃었거늘 증자(曾子)가 가서 조문하여 말하기를 "나는 들건대 붕우(朋友)가 시력을 잃으면 조문하여 곡(哭)한다고 하였다" 하고는 곡을 하니 자하도 또한 곡을 하며 말하기를 "하늘이여, 나는 죄가 없도다"라고 하므로 증자가 분노하여 말하기를 "상(商: 자하의 이름)아, 네가 어찌 죄가 없느냐, 나와 네가 수사(洙泗)의 사이에서 부자(夫子: 孔子)를 스승으로 섬겼나니 물러와 서하(西河)의 땅에서

늙어가거늘 서하의 사람들로 하여금 너를 부자에게 비견(比肩)하도록
했으니 너의 죄가 하나이고, 너의 어버이를 잃음에는 사람들로 하여금
성문(聲聞)이 있지 않게 하였으니 너의 죄가 둘이요, 너의 아들을 잃
었는데 너의 시력을 잃었으니 너의 죄가 셋이다. 그러면서도 너는 죄
가 없다고 말하느냐"하니 자하가 그 지팡이를 던지고 절하며 말하기
를 "나의 허물이로다. 나의 허물이로다. 내가 붕우와 이별하여 떨어져
산지가 오래되었노라"라고 하였다(『예기』 檀弓上).

이것은 자하가 공자로부터 학문을 배우고 사상을 전수했으면서도
공자를 추존(推尊)하여 그 사상내용의 근원내력을 뚜렷이 천명하지
않고 자기의 학문공적만을 세상에 전파했기 때문에 서하 땅의 사람들
이 자하의 학문적 업적을 공자와 견주어 비슷하다고 생각하게 되었으
니 이것은 학자로서 정직하지 못한 행위인즉 붕우가 엄중히 질책해야
될 사항이라는 점을 훈계한 내용이다.

오늘날 유풍(儒風)이 떨치지 못하여 학계(學界)가 혼탁하니 학문사
상의 연원도 밝히지 않고, 언행출처의 행적을 감추면서 학자로 행세한
사람이 있고 심지어 파렴치하게도 표절까지 하여 법적인 처벌을 받은
사람도 있는 모양이다.

96년 10월 28일 동아일보가 보도한 표절특집기사를 보면 표절이
만연하고 있는 우리 학계의 심각한 현상을 고발하였다. 양면에 걸쳐
가득히 실린 내용을 요약하면 남의 시나 문장을 따다가 자기의 것으
로 발표하는 행위를 표절이라고 하는데 이것은 이미 학자의 양심을
파는 가장 사악한 범죄행위로 규정하여 동서양을 막론하고 형법으로
다스리는 범죄행위라는 것이다.

비단 남의 시나 문장을 따다가 자기의 것으로 발표하는 행위뿐만이
아니라 다른 사람의 사상이나 생각을 가져다가 자기의 주장이나 의견
처럼 발표하거나 남의 학설이나 글귀를 모아 말을 바꾸고 문장을 짜
깁기하여 발표했어도 그 인용의 출처나 참고의 문헌을 밝히지 않으면

표절의 범죄를 면할 수 없다는 것이다.

다른 사람이 각고의 노력 끝에 이룩한 학문연구업적을 슬그머니 베껴서 이익을 도모하고 명예를 추구하는 것은 학자로서 가장 비양심적인 범죄행위임에도 우리 학계에서는 질책하고 비난하기는커녕 도리어 교수들이 서로 봐주기 위하여 쉬쉬하면서 감싸고 감추기에 바쁘다는 것이다.

아무리 사회가 부패했기로 학계가 이 지경이 되었단 말인가? 개탄을 넘어서 분노를 금할 수 없다. 명색이 진리를 탐구하고 학술을 연마한다는 사람들까지 거짓을 치장하고 죄악을 포장하는 사회풍조라면 이미 사제(師弟)의 도리도 붕우(朋友)의 윤리도 사라져 버린 것이다. 사제간의 도리는 진리를 탐구하는 것이 첫째 의무이고, 붕우의 윤리는 착한 길로 나아가도록 충고하는 것이 제일의 책무이다. 따라서 표절을 눈감아주는 사람들은 이미 사제관계가 해체되고 붕우관계가 끊어진 반인륜적, 반사회적집단에 지나지 않은 사이비 학자의 비굴이라고 할 것이다.

혼자서 은밀하게 남의 글을 훔쳐 명예를 치장하고 양심을 팔아 이익을 챙기는 행위도 가증스럽거늘 좌우의 사람들이 그것을 눈감아 주고 덮어주면서 뻔뻔스럽게 작당하여 학해(學海)를 횡행하는 것은 결국 학문세계의 윤리질서를 어지럽히고 진리탐구의 신성한 기풍을 타락시키는 가장 추악한 학문모독일진대 정학(正學)을 수호하는 사명을 가진 유림은 이것을 추방하는 일에 앞장서야 할 것이다. 천고에 정직한 학풍을 지켜온 유림이 학풍을 바로 세우지 않으면 그 누가 이 혼탁한 풍조를 정화하겠는가?

祖國統一問題와 儒林의 姿勢

1. 儒敎의 民族統一思想

儒敎의 인간관계는 정상적인 혈연관계에서 출발한다. 따라서 父子의 親密한 情緖的 安定을 기초로 하여 兄弟가 友愛하고 一家和睦하는 것이 儒敎人의 제1차적 職分이다. 그래서 有子는 孝悌를 인간됨의 근본(爲仁之本)이라고 까지 말하였다.

儒道의 高遠한 理想은 四海同胞를 널리 仁愛하여 大同共榮의 世界를 건설하는 데 있으면서도 그러한 길을 개척하는 방법은 먼저 가까운 주변에 있는 사람들과 정상적인 인간관계를 수립하여 本末 上下 內外 前後 左右를 두터운 人情으로 사랑하고 바른 義理로 사귀면서 이러한 관계를 점점 널리 擴大하여 마침내 六合의 世界와 八紘의 宇宙에 까지 擴充하는 것이다.

그러므로 堯는 萬邦이 협력하여 和親케 함에 있어서 먼저 百姓을 평화롭게 往來하게 하였고 또한 그 보다도 먼저 九族이 親睦하여 살도록 하는 방안을 講究하였다. 『大學』에서도 修身, 齊家, 治國, 平天下

를 차례로 말하여 겨레의 정상적인 혈연관계의 유지가 바로 人格의 表
象임과 동시에 國家安定과 世界平和의 基礎임을 밝히고 있는 것이다.

　일찍이 孔子는 말하기를 "吾道는 一以貫之(論語·里仁)"라고 하였고
曾子는 이것을 忠恕라고 해석하였으며 『中庸』에서는 忠恕가 中庸의
道에 가깝다고 하였다. 결국 진심으로 容恕하여 統一的 人間關係를 유
지하는 것이 儒道의 本質임을 알 수 있는 것이다. 더욱이 中庸의 道는
不偏不倚하고 過不及이 없는 中和의 자세로서 사물의 양쪽 끝을 잡아
서 백성에게 그 中心으로 統一하도록 쓰는 것이라고 하였다.

　孟子는 仁者無敵論을 제시하여 人和가 天時나 地利보다도 소중한
가치임을 밝히고 마침내 人間愛를 해치는 것은 盜賊이요, 人間關係를
해치는 것은 殘虐이라고 하여 殘賊之人은 人類의 公敵으로 규정하였
다.(孟子·梁惠王下) 儒敎가 추구하는 至善의 政治가 한 사람도 疏外
됨이 없는 (無一物不得其所) 大同調和를 그 最高의 理念으로 함에 있
어서 春秋大義는 天下大道에 의한 統一 즉 大一統思想이 그 核心인
것이다. 따라서 春秋는 覇權國家의 分裂主義를 嚴重히 批判하여 破邪
顯正의 大義를 밝혔으니 儒學은 결국 民族統一社會를 기초로 하여 國
家의 安定과 世界의 平和를 保障하는 것이다.

2. 民族分裂의 歷史的 現實

　우리 민족은 抗日鬪爭과정에서 統一的 力量을 이끌어내지 못한 상태로
乙酉光復을 맞이하였는데 美·蘇의 聯合軍은 이미 日帝가 무조건 항복하
였음에도 불구하고 우리나라에 南北으로 進駐하여 38선을 그어서 國土
를 分斷하였다. 美·蘇는 우리 민족과 아무런 합의도 없이 각각 일방적
으로 軍政을 선포하고 敗戰國家보다도 못하게 취급하였으니 심지어 自立
能力이 없다고 하여 信託統治案까지 恣意的으로 결정하였던 것이다.

이어 美國의 獨占資本主義와 蘇聯의 國際共産主義가 對立하는 冷戰
구조 속에서 남쪽에는 자유민주주의를 표방하는 李承晩 정권이 탄생
하고 북쪽에는 인민민주주의를 표방하는 金日成 정권이 탄생하였다.
이것은 國土의 分斷이 國家의 分割을 초래하는 지극히 심각한 현상이
었던 것이다. 金九를 비롯한 民族陣營에서는 이와 같은 民族의 危機를
克服하고자 北南政權의 合作을 주장하였지만 오히려 分斷勢力에 의하
여 金九는 暗殺을 당하였고, 남쪽의 北進統一勢力과 북쪽의 南半部解
放勢力이 정면충돌하여 6·25動亂을 일으켜 무한 殺戮戰을 전개함에
이르러서는 남북의 民族이 완전히 分裂하여 敵對的 관계로 돌변하게
되었던 것이다.

國土分斷이 國家分割에 멈추지 않고 民族分裂에 까지 이르러서 그
思想과 體制 및 文化와 風俗까지 달리 함에는 民族矛盾의 심각성이
극도에 도달하였다. 뿐만 아니라 6·25動亂을 통하여 美·中·蘇의
武力參戰介入으로 南北의 정권이 外勢에 依存하여 從屬化가 深化됨으
로써 民族問題가 國際問題와 錯綜하여 버렸다. 우리민족에게 있어서
지난 30년의 세월은 완전히 停止狀態에 있으면서 오로지 生存함에서
그 의미를 찾을 수밖에 없었다.

休戰線은 이 세상에서 가장 무서운 武器로 막아 놓았고 남북의 백
만 대군과 美軍이 守備하고 있으면서 남북정부는 매년 막대한 군사비
를 지출하여 國力을 집중하고 있는 것이다. 더욱이 이로 인하여 남북
의 정권은 강력한 정부를 추구한다는 명목으로 軍事獨裁政權을 출현
시켜서 民權을 무한히 탄압하고, 통일문제를 政權安保의 수단으로 악
용하여 統一論議조차 獨占掌握함으로써 우리 민족의 自主 民主 平和
統一의 길을 하나의 환상의 迷夢으로 돌려버리게 하였다.

현재 남·북정권이 제안한 평화통일방안은 盧泰愚 정권의 한민족공
동체통일방안과 金日成 정권의 고려민주연방공화국안이 있으며 또한
金大中의 공화국연방안과 文益煥의 연방제3단계통일안이 있고, 근년

에 美·蘇冷戰구조가 해체되는 國際的 和解雰圍氣와 獨逸의 統一熱氣
에 鼓舞되어 남북정권은 총리회담을 실현하고 체육·음악·종교인의
交流가 시작하였으며 한국은 이미 소련을 비롯하여 東歐諸國과 修交
하였고, 북한은 日本과 會談을 추진함으로써 그 어느 때보다도 희망적
인 상황에 놓여있다고 할 것이다.

3. 祖國統一課業과 儒林의 使命

儒敎는 19C 말과 20C 초엽에 밀려왔던 帝國主義의 侵略을 슬기롭
게 대처하지 못함으로서 支離滅裂한 상태로 전락하였다가 남북의 思
想論爭에서 완전히 疏外되므로써 歷史의 主導權을 끝내 喪失하고 말
았다. 결국 儒敎의 衰退는 儒林의 沒落으로 이어져서 憂國愛族의 어떠
한 足跡도 이 시대에 찾아보기 어려운 현상이다. 이것은 물론 우리 儒
敎 뿐만 아니라 지극히 制限的 狀況으로 인하여 모든 종교가 다 같은
공통적인 현상이었다. 그렇지만 儒敎人의 沈默은 너무나 失望스러운
것이었고 또한 부끄러운 일이었다.

儒道는 濟世救民의 道德으로서 天下의 大義를 밝히고 國家危機에
節義를 지키는 것을 으뜸으로 가르친다. 그러므로 금세기 초엽만 해도
抗日運動의 主役은 대부분 儒林이었다. 崔益鉉 柳麟錫 李麟榮, 許蔿,
金東植의 抗日獨立戰爭과 朴殷植 金昌淑 趙素昂 등의 抗日獨立運動은
모두 위대한 道德의 상징이었고, 빛나는 儒林의 良心이었다. 그러나
6·25動亂 이후에는 祖國統一方案을 제시하는 선비가 없고, 國難克服
의 主體勢力으로 自任하여 民族統一의 推動力을 振作하는 巨儒가 있
지 아니 하였다.

아마도 朝鮮王朝가 滅亡하면서 儒道가 衰退하고, 민족이 分裂하면서
儒林이 滅絶하였다면 결국 儒道의 復興은 國家의 自主統一에서 기약

할 수 있는 것이며 儒林의 蘇生은 民族의 和合統一에서 가능할 수 있
는 것이라고 하겠다. 그러므로 우리는 시급히 儒道精神을 밝혀서 統一
理念을 創出하여 民族에게 希望을 제시하고 民族의 親和力을 復元하
는 主體勢力으로 용감하게 일어서서 새 역사 창조의 강력한 推動力으
로 떨치고 일어서야 된다.

오늘날은 국민이 나라의 주인이고, 유림은 사회의 先覺者이다. 이제
와서 國家의 運命을 外面하고 民族의 不幸을 坐視하면서 儒敎가 저절
로 復興하기를 기다린다면 이것은 정말 固陋한 儒生의 自己欺瞞에 지
나지 못할 것이다. 우리는 大悟覺醒하고 聖賢이 가르친 大中至正의 도
를 높이 받들고 大同和平世界를 건설하기 위하여 먼저 祖國統一에 대
한 儒林의 使命을 훌륭하게 完遂해야 할 것이다.

이제 世界는 21C를 향하여 새로운 발전을 추구하고 있다. 우리 儒
林도 變革의 機會를 맞이하여 能動的으로 祖國統一의 聖業에 참여하
여 儒道復興의 契機를 創出해야 된다. 分斷으로 인한 지난 46년간의
人的 物的 損失은 우리에게 있어서 너무도 엄청난 것이었다. 뿐만 아
니라 外勢介入으로 인한 新植民地化로 民族精神이 무너지고, 軍事文化
의 팽배로 道德文化가 쇠퇴하고, 人權이 무제한 탄압됨으로서 정치범
을 量産하여 마침내 가치관의 혼돈을 가져와서 하나의 사회적 병리현
상이 일어났고, 非理와 不正의 만연으로 貧益貧 富益富의 경제적 不均
衡은 이미 심각한 상태에 이르렀는바 이와 같은 일체의 不幸한 결과
를 초래하는 惡의 根源은 결국 祖國分斷에서 派生한 결과라고 할 것
이다.

이 時代 儒道의 光明은 진정 民族統一의 길을 밝히는 데 있고, 儒林
의 責任은 스스로 앞장서서 祖國統一運動을 平和的으로 展開하는 데
있는 것이 明確하다. 한국 儒林의 流風을 계승하여 祖國統一課業을 先
導할 使命을 인식하자.

사월혁명

　사월혁명의 본질이 제국주의의 굴레를 벗어던지고, 독재 권력의 족
쇄를 풀며, 조국분단의 장벽을 헐어버리는 것이므로 그 기본정신은 자
유, 평등, 정의를 실현하여 자주, 민주, 통일의 민족적 과업을 이룩하
는 것이었다.
　1960. 4. 19에 일어났던 학생, 시민, 민중의 연합 혁명은 조국의
현대화, 민주화, 민중화의 기치 아래 온 겨레가 한 덩어리로 뭉쳐서
새 나라를 건설하려는 열화 같은 의지를 분출한 것이다.
　동학전쟁이 인습도덕을 타파하는 갑오경장을 얻어내고, 3·1운동이
일제의 식민통치를 부정하는 임시정부를 이끌어 냈듯이 사월혁명은
분단된 종속국가의 독재를 타도하고, 자주적 평화통일의 장을 열었다.
동학의 반봉건 전쟁과 산림학자양반의 항일독립전쟁과 3·1운동의 항
일투쟁과 사월혁명의 반독재의거가 모두 위기에 처한 국가를 스스로
건져내는 민족정기의 맥을 이은 것이다.
　이것은 바야흐로 이 땅에 민주주의를 토착화 시키는 위업인즉 그
밑바닥에는 한결같이 반외세 자주화 물결이 용암처럼 흐르고, 민중의

권력에의 의지가 노도처럼 용솟음쳤던 것이다.

사월혁명의 주체적 성격이 민족적 양심과 진보적 역사의식을 바탕하여 전체민중의 새로운 힘으로 민주국가의 체제를 확립하고, 산업을 현대화하며, 민족문화를 재창조하는 시대적 과업을 뚜렷이 하였던 까닭에 국가민족의 유구한 발전을 위하여 기어이 실현되어야만 하는 위대한 가치를 스스로 간직하고 있으므로, 자주 민주 통일의 사월혁명이 넘은 연속적 생명력을 가진다.

자주는 민족의 살길을 스스로 개척함이다. 일제식민통치의 민족생존권 박탈로 도탄에 빠진 삶이 을유광복 이후 국토분단과 6·25동족상잔으로 남은 생명과 재산을 거듭 잃게 되어 민생경제가 파탄에 이르러서 불안과 절망과 공포 속에 떨었다.

사월혁명은 이와 같이 암담한 비극적 운명을 타개하고, 민족의 활로를 스스로 개척하기 위하여, 몸을 날려 분연히 일어나서 정상모리배를 타도하고, 조국의 현대화를 추진함으로써 겨레의 진취적 패기를 되살렸던 것이다.

자력갱생의 억센 의지를 가다듬어 국토를 재건하고, 과학기술을 촉진하여 산업을 일으켜서 스스로 가난을 극복하며, 후진성을 탈피하는 것이 제일과제였다. 그러므로 새 나라 건설의 튼튼한 기초를 확립함에 국민의 생존권 보장을 가장 우선적 과제로 삼아 자립경제 공평분배를 원칙으로 하여 매판독점재벌을 규제하고, 부정부패를 척결함과 동시에 균형있는 산업정책 개발촉진과 직업안정 및 노동3권의 보장을 기함으로써 경제적 자주역량을 축적하여 민족웅비의 힘찬 터전을 마련하려는 의식이 충일하였다.

참으로 도탄에 허덕이는 민중의 생활고가 아직도 해결되지 않았고, 자립경제의 토대가 마련되지 못한 상태에서 사월혁명이념은 결코 역사적 사실로 넘길 수 없는 것이다.

민주는 나라의 살림을 스스로 경영하는 것이다. 이승만 독재는 부일

세력과 결합하여 미국의 힘을 등에 업고 남한만의 단독정부를 세워서 북진통일을 호언장담 하다가 6·25의 비극을 민중에게만 떠넘기고, 삼천리강토를 아비규환 속으로 몰아넣고도 한마디의 뉘우침이 없이 비열하게 우의·마의까지 조작하여 장기집권의 독재영화를 탐하여 급기야 무법천지의 3·15부정선거를 자행하였다.

부정부패한 독재 권력은 거침없이 신성한 국민의 자유를 탄압하고, 낡은 권위주의는 어처구니없이 인간의 고유한 평등권을 압살하여 사회정의를 여지없이 허물어버린 까닭에 급기야 암흑사회를 연출하였다.

사월혁명은 이와 같이 진실을 가장한 위선적 애국애족을 분쇄하고 정권욕에 눈이 어두워 부정불의를 서슴없이 저지른 사이비 정객에게 철퇴를 내려 추방한 전체 민중의 단결된 정치적 힘의 분출이었다.

민주국가에 있어서 주권은 국민에게 있고, 정치인은 민중의 일꾼일 따름이다. 그러므로 민중의 권력에의 의지는 곧 민주주의의 실천과정이다. 따라서 관권이 민권 위에 군림하여 헐벗고 굶주린 막일꾼보다 잘 입는 것은 민중의 도적이며, 일제시대의 친일잔당을 규합하여 양심세력을 짓밟아 탄압하는 것은 민족의 반역이다.

사월혁명은 이와 같은 자유당의 악세력을 타도하고, 소외계층과 피압박 대중이 직접 앞에 나서서 정치에 참여하여 나라를 경영하는 것을 제2의 과제로 하였다. 그러므로 자유, 평등, 정의의 기강을 확립하고, 민중의 정치적 의사가 충분히 반영될 수 있는 내각책임제와 지방자치제도를 골자로 하는 헌법개정을 통하여 새로운 민주정부를 수립하였다.

이것은 비단 이 땅에 민주주의의 뿌리를 확고하게 내리는 성사일 뿐만 아니라, 또한 우리의 문화전통과 민주역량을 세계만방에 과시한 4천만의 자랑이었다.

우리가 민중세력만으로 자기권리를 쟁취하여 행동으로 지키는 정치역량은 국가발전의 무궁한 저력이 아닐 수 없는 바, 이로써 나라의 체제와 기강이 서고, 정책개발의 지혜를 모아 단결된 힘으로 국가목표를 달성 할 수 있는 길이 활짝 열린 것이다.

그러므로 독재 권력이 민중을 기만하고, 관권이 민권 위에 군림하여 호령하는 작태가 그치지 아니한 현실에서 사월혁명이념은 절대로 역사적 유물로 왜곡 축소될 수 없다.

통일은 분단의 상처를 슬기롭게 극복하여 나라를 통일하는 것이다. 기성세대는 을유광복 후 새 나라 창업기에 미·소에 의한 남북분단의 불행을 극복하지 못하였을 뿐만 아니라, 도리어 미·소양군의 분단구조에 편승하여 맹목적으로 권력 장악에만 혈안이었고, 이어 6·25의 비참한 동족상잔을 겪고 나서도, 자기반성은커녕 더욱 증오심만 불태워 경쟁적으로 전력증강에 몰두하였다.

남북의 겨레는 왜 이렇게 싸워야 되는지, 무엇 때문에 죽어야 되는지 이유도 까닭도 모른 채 독재 권력의 채찍에 몰리어 다니면서 개·돼지처럼 충성심만 강요당했다.

사월혁명은 무참히 짓밟힌 민족의 상처를 뼈아프게 깨달아 뉘우치고, 반외세 민족자주평화통일을 궁극적 과제로 하였다. 한겨레는 더이상 제국주의의 세력 다툼에 꼭두각시놀이를 거부하고, 민족역사발전의 장애물을 배척하면서 민족자존의 주체적 역할을 담당코자 힘차게 일어난 것이다.

그러므로 구세대의 사대적 기질을 규탄하여 배격하고, 반민족적 분열주의자를 성토하여 새로운 민족진영의 대오를 정비하면서 민족동질문화를 바탕으로 남북의 평화적 교류의 방법을 모색하였다.

학생은 즉시 민족통일학생연맹을 전국적으로 결성하여 빈곤과 패배의식으로부터 해방, 외세의 배척, 보수반동의 배격을 주장하면서 민족공동체 의식을 일깨웠던 것이다.

평화협정을 채결하지 아니하는 미국은 더 이상 해방의 은인이 아니라 지배자이며, 국군의 작전통제권을 되돌려주지 아니하는 연합군은 이제 형제가 아니라 상전임을 분명히 지적하고, "이 땅이 뉘 땅인데 오도 가도 못하는가?"를 소리높이 외쳤다.

그러므로 외국군이 휴전선을 가로막아 서있고, 이산가족이 하나로 합치지 못하는 상황에서 사월혁명이념은 만고에 역사적 기념물로 물러 설 수 없다.

5·16군사 쿠데타에 의한 반동으로 비록 지난 29년간 무참히 저지를 당했지만 우리들 삶의 밑바닥에 면면히 흘러 연속적으로 분출한 젊은 패기는 기어코 사월혁명을 성공하여 나라를 빛낼 것이다.

조국통일로 사월혁명 완수하자

연합연속혁명

백만 학도가 1960년 4월 19일 일제히 궐기하여 자유당 이승만독재를 타도했던 사월혁명은 시민과 민중이 합세한 연합혁명이었고, 1961년 5월 16일 일단의 군장교들이 주도한 쿠데타에 의해 좌절될 때까지 허정 임시과도내각과 민주당 장면정권에게 끊임없이 혁명의 완수를 주장한 연속혁명이다.

사월혁명의 본래적 의미와 성격은 박정희 군사독재 18년과 전두환 군사독재 8년의 폭압으로 인하여 거의 퇴색되고 매몰당하여 이제는 그 이념과 정신까지 왜곡되어 있는 현실이다.

그러므로 사월혁명의 이념을 올바르게 정립하려면 먼저 이승만 독재의 권력창출과정과 체제유지배경을 규명하는 작업이 앞서야 할 것이며, 또한 근대민족수난기에 있어서 한겨레의 역사정신을 탐구해야 될 것이다.

사월혁명은 우리 역사상 처음으로 독재와 싸워 국민주권의 민주주

의체제를 찾았었고, 그 결과 우리 민중은 인간의 자유 평등 해방의 기
쁨을 맛보았으며 민족의 자주 민주 통일의 책무를 주체적으로 추진하
는 역사적 계기를 마련하였다는 점에서 단순한 의거의 성격에 머물지
않고 우리의 역사를 바꾸어 새 시대를 창조하는 혁명의 성격을 가진다.

독재 권력의 민족파멸

이승만 정권의 창출 과정은 우리 민족에게 있어 매우 한심한 것이
었다. 1945년 8월 15일 일본이 태평양전쟁에서 무조건 항복을 하였
음에도 불구하고 미·소의 연합군은 이 땅에 남북으로 진주하여 38선
을 긋고 국토를 분단하였다.

이들은 우리 민족과 아무런 합의도 없이 일방적으로 각각 남북에
군정을 선포하고 패전 국가만도 못한 취급을 하면서 자의적으로 신탁
통치안까지 발표하는 상황을 만들었다.

건국초기의 이러한 어려운 역경에 처하여 무책임하게도 남쪽에서는
미국의 자본주의에 편승한 이승만 정권이 탄생하였고, 북쪽에서는 소
련이 국제공산주의에 편승한 김일성 정권이 탄생하였다. 이것은 단순
한 국토분단을 기화로 국가분열을 초래하도록 만든 아주 유치한 모험
이 아닐 수 없는 것이었다.

따라서 김구를 비롯한 민족진영에서는 이러한 민족의 불행을 극복
하고자 단정수립을 반대함과 동시에 이어 남북정파의 합작을 주장하
면서 "38선 때문에 우리에게는 통일과 독립이 없고 자주와 민주도 없
다. 어찌 그뿐이랴 대중의 기아가 있고 동족의 상잔까지 있게 되는 것
이다"(1948년 김구 주석 남북동포에 격)라고 강력히 통일의 중요성을
갈파하였던 것이다.

그러나 이승만 정권은 민족의 통일염원을 철저히 외면하고 북진통

일을 외치면서 북쪽의 남반부해방세력과 정면충돌하였다. 그로 인하여 6·25동란 3년간 무참한 살육전을 전개하여 끝내 남북동포가 완전히 분열하는 적대적 관계로 돌변하게 되었던 것이다.

국토분단이 국가분할에 그치지 않고 민족분열에까지 이르러 사상과 체제 문화까지 모두 달리 함으로써 민족내부의 모순이 국도에 달하여 상호 증오할 뿐만 아니라 이에 미·영·중·소의 무력참전개입의 결과로 남북의 정권은 외세에 의존하여 종속화가 더욱 심화됨으로써 마침내 민족문제가 국제문제에 종착하게 되었다.

이승만 독재는 민족의 운명을 이처럼 암담한 비극적 질곡으로 몰아놓고도 반성은커녕 도리어 부정선거를 자행하여 장기집권을 획책하였던 것이다.

사월혁명은 이러한 한계상황에 놓여있는 민족의 운명을 타개하기 위하여 힘차게 궐기한 민족정신의 정화요 자유 민주 통일의지의 분출이다. 민족이 독재 권력유지의 방편이 되어 한없이 파멸되고 있는 끔찍한 현실을 직시하고 일제히 봉기하여 포악한 독재정권을 타도한 것은 결국 민족파멸에 대한 엄중한 역사의 심판이었다.

민족통일운동

4·19의 직접동기가 자유당의 3·15부정선거에 의한 장기집권야욕을 분쇄함에 있었고, 또한 촉발의 계기가 4월 11일 마산부두에서 떠오른 김주열 열사의 참시와 4월 18일 고대생이 정치깡패들에 의한 피습사건을 보고 분기탱천하여 열화같이 일어났기 때문에 지극히 순수하고 자연스러운 민심의 표출이었다.

따라서 사월혁명의 이념과 정신은 혁명과업을 추진하여 가면서 점점 뚜렷이 구체화 하였다. 물론 4·19의 여러 가지 구호와 노래에는 통일을 소원하는 내용이 없었던 것은 아니지만 긴급한 선거무효와 독재타도의 선행조건주장에 가려 잠재하였다가 점점 중요한 과제로 부상하였다.

각 대학의 학생들은 4·19직후 조직적으로 혁명과업에 착수하여 여러 가지 사회개혁운동을 전개하였다. 국민계몽운동, 새 생활운동, 노동자 농민권익옹호운동, 외제상품배격운동, 그리고 민족통일운동을 본격적으로 추진하였을 뿐만 아니라 한·미경제협정반대투쟁, 반공법과 데모규제법 등 2대 악법 반대투쟁에 나섰고 또한 민족화합의 통일기반을 조성하기 위하여 남북학생회담을 준비하였다.

1960년 11월 1일에는 서울대민족통일 연맹발기인대회가 열리어 "우리는 민족의식과 민족적 양심에 입각하여 민족통일로 매진한다"는 발기취지문을 발표하였고 1961년 4월 4일에는 대한민국학생자치연합회를 결성하고 "자유 정의 진리의 이념하에 자주 민주 통일을 이룩할 터전을 닦기로 결의한다"는 결의문을 발표하였다.

이어 고대학생일동은 4·18 1주년 시국선언문에서 "혁명의 구호처럼 민주주의가 온전히 소생하였는가, 부패가 근절 되었는가, 통일의 서광이 보이는가"라고 질타하고 다시 앞장서 싸우자고 호소하였다. 그리고 5월 5일에는 민족통일전국학생연맹이 "역사는 이미 민족의 적을 버린 지 오래다 이제 남은 것은 결정적 최종의 타격으로서 통일의 쟁취를 완결시키는 그것이다"는 공동선언문을 발표하고 남북학생회담을 제의하였다.

이러한 일련의 뚜렷한 사실들은 사월혁명의 궁극적 목표가 어디에 있었는가를 정확히 설명하는 분명한 징표이다.

불멸의 역사정신

독재 권력의 민족파멸을 심판하고 민족통일을 그 궁극적 목표로 하면서 새 시대의 민족번영을 이상으로 하였던 사월혁명은 우리민족사에 있어서 갑오농민해방의 정신과 산림학자양반의 항일독립전쟁과 3·1자주독립정신을 정통으로 계승하여 처음으로 성공한 장엄한 역사이었다.

이것은 새로운 세계사적 흐름에 발맞추어 자주 민주 통일국가를 건설하는 힘을 스스로 창출해낸 것으로서 불멸의 역사정신을 가진다. 따라서 사월혁명과업의 완수는 금세기에 있어 우리 민족의 마지막 숙제이며 지난 백 년의 불행을 깨끗이 청산하고 21세기의 번영을 약속할 수 있는 가장 확실한 담보이다.

만일 이 시대에 살면서 역사에 한 점의 부끄러움도 없고자 한다면 그것은 바로 사월혁명과업을 훌륭히 완수하는 일이다.

그러므로 1987년 6월 항쟁에서 이룩한 민주화쟁취의 성과를 바탕으로 학생과 재야 그리고 민중세력은 강력한 통일운동을 전개하고 있는 바 이것은 바로 사월혁명의 연장이고 민족정신의 마지막 결정이다.

현 노태우정권은 이러한 숭고한 통일운동을 탄압으로 일관하지 말고 민족적 양심으로 겸허히 수용하여 민족활로의 역사적 계기를 만드는 데 주저하지 않는 것이 진정 군사문화를 깨끗이 청산하는 것임을 명심해야 될 것이다.

4월혁명과 학생들의 역할

1. 4월혁명 당시 학생의 역할

사월혁명은 시종 학생들이 주동하고 민중과 시민이 합세한 연합연속혁명이다. 그것은 중·고등학생이 시발하여 대학생으로 이어졌고 지방에서 발화하여 서울에서 폭발했다.

혁명은 혼란시대를 청산하고 영광시대를 창조하는 역사적 과업이다. 따라서 어둠을 뚫고 개벽하는 새 세상이나 천명(天命)을 바꾸어 세운 새 나라는 모두 혁명을 통하여 탄생한다.

최근 백 년의 혼란은 오욕으로 점철된 민족비극의 시기였다. 개항을 통한 제국주의 열강의 침략에 난파당한 조선왕조, 일제 40년의 식민지로 전락, 미·소의 주둔군에 의한 38선 국토분단, 남·북이 각기 단독정부수립, 6·25동족상잔, 그리고 휴전선을 사이에 두고 무한대결하는 냉전구조는 우리가 도저히 감당할 수 없는 민족수난이었다.

그리하여 우리 민족을 끝없는 도전에 줄기차게 대항하면서 모순을 극복코자 노력하였다. 개화파의 갑신정변, 동학의 갑오농민전쟁, 13도

민군의 항일독립전쟁, 해외에서의 독립투쟁이 있었다.

태평양전쟁에서 일제의 패망으로 맞은 을유광복은 우리에게 커다란 기쁨이요 희망이었지만 미·소의 군정이 찬물을 끼얹어버렸고 통일조국의 새 나라를 건설해야 하는 역사적 사명을 망각한 이승만과 김일성 독재는 6. 25를 통한 미·소냉전체제에 편승하여 정권연장에만 몰두했다.

소망의 시대를 절망의 구렁텅이로 밀어 넣은 어처구니없는 현실에 분노한 학생들은 단호히 세대상속을 거부했다.

학생은 차세대를 이끌어갈 주역으로서 이제는 새 세상을 열고 새 나라를 건설할 역군은 오로지 자기들뿐임을 인식하고 기성세대와의 단절을 주장했다. 그것은 식민지교육을 배척한 것이고 외세에 종속된 문화를 탈피한 것으로 민족의 운명을 스스로 개조하려는 투철한 역사의식이었다.

2. 백만 학도의 총궐기

사월혁명은 1960년 4월 19일 대학생과 중·고교생 그리고 국민학생까지 봉기한 백만 학도가 전국적으로 총궐기하여 일거에 이승만 독재정권을 타도하고 민족의 자주, 민주, 통일과 민중의 자유, 평등, 해방을 담보하는 혁명 제1과업을 일단 성공했다.

일시에 백만 학도가 총궐기한 것은 5천년 민족정기의 분출이었다. 그것은 민족적 양심의 발로였기에 지극히 고귀하고 순수해서 매우 자연스러운 단결력에 기초했다. 기획이 없어도 저절로 일치했고 권유하지 않아도 모두 호응했다. 바로 민심이요 천심이었다.

당시 이승만 독재의 자유당정권은 4사5입개헌으로 종신집권의 길을 만들고 3·15부정선거를 획책했다. 그들은 대대적으로 관권을 동원하여 여론을 조작하고 3인조, 5인조의 공개투표를 자행했다.

2월 28일 대구의 고교생들이 "횃불을 밝혀라 동방의 아들아"를 외치며 시위했다. 이어 3월에도 간헐적으로 서울, 대전, 수원, 부산 등지에서 "민주주의를 살리자"라며 시위를 했다. 3월 15일에는 마산에서 부정선거에 항의하는 군중시위가 일어났고 4월 11일 마산에서 김주열 학생의 참시가 발견되자 성난 군중이 격렬히 시위했다. 18일에는 고려대학생이 "기성세대는 자성하라"고 시위했는데 정치깡패들에게 무차별 구타당했다.

드디어 19일 백만 학도는 아침에 등교하자마자 수업을 거부하고 운동장에 집결하여 "독재정권 타도하자"는 결의문을 낭독하고 일제히 교문을 박차고 시위에 돌입했다. 경찰의 무차별 난사에 거리를 피로 물들이면서 독재정권의 심장부에 돌진하여 자유당본부와 서울신문사를 불 지르고 종일 항쟁했다. 그리하여 25일 "학생의 피에 보답하라"는 교수시위를 견인하여 26일 이승만 독재정권을 타도했다.

3. 학생운동의 방향

사월혁명은 백만 학도가 일치단결한 힘의 결정이다. 금세기에 있어서 한국의 학생에게는 세계에서 최초로 학생혁명을 성취했던 명예와 그 과업을 아직까지 완수하지 못한 짐을 아울러 가지고 있다.

사월혁명을 암장하고 출현했던 지난 30년 군사독재를 깨끗이 청산하고 문민정부의 정통성과 주체성을 확립하는 길은 사월혁명을 계승하여 완수하는 길 뿐이다.

4·19이후 학생들은 즉각 자주·민주·통일운동을 전개했다. 60년대 반외세 자주화운동, 70년대 반독재 민주화운동, 80년대 광주항쟁을 기점으로 하는 변혁운동, 90년대 민중정부수립운동으로 줄기차게 사월혁명의 맥을 이어왔다.

　현 김영삼 정권은 군사독재의 연장선상에서 옷을 갈아입고 문민정부를 자칭하지만 신한국의 좌표가 사월혁명의 원상과 일치하지 않은 이상 본질적 모순의 해결은 난망이다.

　결국 학생의 염원은 아직도 이루지 못했기 때문에 앞으로 학생운동의 방향은 여전히 "사월혁명의 완수는 우리 손으로"라는 과제로 귀착되는 것이다.

열사정신 계승하여 새 역사
창조에 한걸음

　스산한 가을 된서리를 비웃고 아름다운 꽃을 피우는 국화의 고고한 자태는 아름답다. 엄혹한 겨울 얼어붙은 땅을 깨고 그윽한 향기를 진동하는 매화의 기품은 고결하다. 왜 그런가? 모진풍상에 꺾이지 않은 굳은 절개는 장엄한 정신이고, 냉혹한 현실과 싸워 이기는 것은 장렬한 기개이기 때문이다.

　우리 성대민주열사는 민족자주 민주 통일의 화신이요, 민중자유 평등 해방의 횃불이다. 성균관대학교 민주학생운동사에 찬연히 빛나는 4월혁명을 비롯하여 민족통일운동, 한일협정반대투쟁, 유신반대운동, 군사독재타도민주화투쟁, 노동해방운동, 민중정부수립운동을 계속하여 오면서 부정과 불의와 결연히 싸우다가 장렬하게 몸을 바친 열사의 숭고한 정신과 장엄한 기개는 아름답고 고결했다.

　이것은 지고지순한 진리를 밝혀 반외세 민족자주통일을 쟁취하려는 민족의 얼이었고, 정의는 반드시 승리한다는 철칙을 확인하려는 성균지성의 신념이었기에 민족성대의 자랑스러운 학풍을 떨치고, 새 시대의 밝은 희망을 되찾게 하는 감격이었다.

우리 성균인은 이를 기념하여 1990년 성대 큰 마당에 성균관대학교 민주열사상을 우뚝 세웠으니 4월혁명열사 김재환·이정인, 민주열사 박성대·백한열·이윤성·김귀정·최동, 노동열사 정상윤, 여덟 동문의 이름을 뚜렷이 새겼다.

바야흐로 성균학도는 열사의 업적을 재인식하고, 열사정신을 계승하여 민족자주 민주 통일의 사명과 민중자유 평등 해방의 과업을 완성해서 성균관의 위대한 전통을 더욱 빛내야 할 시점에 있다.

아직도 유신잔당과 군사독재세력이 각계각층에 포진하여 보안법을 폐지하지 않고, 남북교류협력을 위한 기본합의서를 잠재우고 있을 뿐만 아니라 12·12는 군사반란임을 인정하고도 불기소하고, 5·18은 "성공한 쿠데타는 기소할 수 없다"고 강변하고 있으니 이것은 그동안 줄기차게 투쟁하였던 학생운동에 대한 정면도전이고, 몸을 바쳐 싸웠던 열사정신을 완전히 모독한 것이다. 우리 성균학도는 이러한 현실에 대하여 심각하게 고민하고 결연하게 대처해야 할 것이다.

새 싹이 나왔다고 반드시 꽃을 피우는 것은 아니며 꽃이 피었다고 반드시 열매를 맺는 것은 아니므로 시작이 가열찼어도 끝을 완결하지 못하면 아쉬움만 더하는 것이다. 열사들의 위대한 사업을 조속히 완수하여 자주 민주 통일의 새 역사를 창조해서 나라의 정통성과 주체성을 확립하는 것이 바로 열사를 기리는 진정한 길이라고 할진대 역사와 전통에 빛나는 성균학도의 책임이 무겁고 갈 길이 멀다고 할 것이다.

남북당국으로 하여금 남북기본합의서를 즉각 실천하고 대화, 교류의 창구를 개방하며, 42년 동안 지속된 휴전상태를 종결하고 평화협정을 체결하도록 촉구하는 선도적 노력이 시급하고, 국가보안법을 비롯한 제악법을 철폐하고, 양심수를 석방하며 이승만, 박정희 되살리기 망동을 중지시키는 대책이 절실하며, 12·12군사반란자와 5·18학살자를 엄중 처단하여 과거를 깨끗이 청산하는 일대 운동을 전개하는 일이 우선 급선무가 아니겠는가?

4월혁명과 역사바로세우기

　자고로 난세를 청산하고 정통성과 주체성을 회복하는 역사바로잡기
의 시대적 의미는 첫째 인간성을 회복하고 도덕심을 발양하여 예의염
치를 알게 하는 것이며, 둘째 사회정의를 구현하고 과학적인 합리주의
사상을 일으키는 것이며, 셋째 공명정대한 정치사회를 실현하여 공론
을 모아 자주적 창조적으로 국가를 경영하는 체제를 갖추는 것이며,
넷째 건전한 풍속문화를 재건하여 새로운 삶의 풍속을 증진하는 데
있는 것이다.

　이러한 논거에 기초하여 금번 4월 11일의 총선결과로 평가하면 문
민정부의 역사바로잡기는 거의 실패로 돌아갔다고 해도 과언이 아닐
것이다. 투표율은 역대 선거사상 가장 낮아서 국민의 정치에 관한 무
관심은 더욱 높아졌고, 권력 측근의 부정축재 사건 등으로 정부의 개
혁의지에 대한 국민의 의심은 증폭되었으며, 선거유세장과 신문방송에
군사독재의 악령을 미화하는 목소리가 실로 없지 않았으며 또한 비과
학적이고 불합리한 대북대응 논리에 모든 정치인이 완전히 함몰하는 촌
극을 연출하였으며 파렴치한 군사독재의 잔당들이 전혀 '개전의 정'도

없이 당파를 결성하여 뻔뻔하게 의회로 진입하는 현실에서 문민정부가 추진한 역사바로잡기의 허구성이 낱낱이 확인되었다고 할 것이다.

김영삼 정부는 잘못된 정부를 바로잡기 위하여 지난해 5·18특별법을 제정해서 12·12군사반란과 5·17내란범죄를 법적으로 처단하는 조치를 취하여 바야흐로 전두환과 노태우 두 군사독재와 그 일당을 구속 송치 재판 중에 있는데도 어찌하여 역사바로잡기의 시대적 의미를 전혀 찾아볼 수 없는 것일까?

그것은 분명 5·16군사반란자를 법적으로 단죄하지 않기 때문이다. 5·17군사반란은 실로 5·16군사반란의 연장이므로 5·16헌정파괴범죄를 법적으로 처단해야만 과거군사반란으로 얼룩진 잘못된 역사를 근본적으로 바로 잡을 수 있다는 명확한 사실을 외면하면서 지금까지 5·16군사반란자를 조사도 하지 않고, 5·18특별법의 적용시기를 12·12와 5·17로 한정하니 그것은 진정 뿌리를 뽑지 않고 가지만 치는 모양 가꾸기의 일시적, 부분적 청산작업임을 스스로 입증한 결과 사회에는 아무런 새 바람도 일어나지 않고, 도리어 유신잔당들만 면죄부를 얻은양 기고만장하여 대로를 횡행하면서 국민을 현혹하고 민족을 오도하는 한심한 세상으로 전락한 것이다. 이것은 역사바로세우기가 사람들로 하여금 예의염치를 알게 하는 것이 아니라 더욱 후안무치하게 만들고, 과학적인 합리주의사상을 개발하는 것이 아니라 즉흥적 감정으로 적대심만 증폭시키고 화합통일의 질서를 추구하는 행동규범을 확립하는 것이 아니라 배타적인 지역 당파주의를 더욱 강화시키고, 건전한 전통예법과 풍속을 육성 보급하는 것이 아니라 저질 외래문화를 더욱 확산시키는 위험한 상황에 봉착했음을 뜻한다. 무릇 역사를 바로잡는 데는 일정한 조건이 충족되어야 한다. 왜냐하면 역사를 바로잡기 위해서는 먼저 역사를 심판하는 도덕적 기준이 있어야 하기 때문이다. 역사를 심판하는 도덕적 기준이 없거나 비록 있다고 하여도 비과학적이고 편벽된 논리에 의존한다면 그러한 역사바로잡기는 성공

하기 어렵다. 따라서 역사바로잡기가 성공하기 위해서는 반드시 역사
발전을 담보하는 화합통일의 도덕과 선과 악을 명쾌하게 분별하는 분
명한 가치관 및 자주적 창조적 실천력을 겸비한 용감한 추진력이 있
어야 한다. 그럼에도 불구하고 김영삼 대통령은 4월혁명의 다시 평가
하고 4·19묘지를 성역화하면서도 자주·민주·통일의 4월혁명의 이
념을 구현하는 적극적 노력을 결여했을 뿐만 아니라 또한 4월혁명을
유린했던 5·16군사반란자를 법적으로 단죄하지 않음으로써 스스로
역사바로잡기의 한계를 드러냈으니 이로 말미암아 역사발전을 약속하
는 화합통일의 도덕적 기반을 상실하였고, 또한 선과 악을 분별하는
새로운 역사관 정립에 실패한 것이다. 이러한 결과 그동안 문민정부가
추진하는 역사바로잡기의 들뜬 의욕에도 불구하고 우리 사회의 고상
한 도덕적 품성이나 장엄한 역사 정신이나 진취적인 사회 기풍은 조
금도 발양하지 못하고 전 사회를 침잠의 늪으로 빠지게 하고 말았다.

우리가 경계하는 것은 잘못된 역사를 바로잡으려다가 참 역사를 왜
곡하는 것이며, 우리가 두려워하는 것은 악이 아니라 악이 선으로 가
장하는 것이다.

역사바로잡기가 철저하지 못할 때에 그것은 도리어 사람들로 하여
금 과거를 잘못 해석하게 하고 현재를 오판하게 하며 미래에 대한 희
망이 없게 하는 허무한 역사로 왜곡되어 급기야 나라의 빛을 잃게 하
는 것이다.

4월혁명은 이 시대 가장 빛나는 민족정기로써 진리와 허위, 선과
악을 확연히 분리하여 허위와 악의 죄상을 심판해서 진리와 선 앞에 굴
복시키는 도덕적 기반이므로 나라의 기강을 확립하기 위해서는 4·19
를 유린한 5·16군사반란을 법적으로 처단하는 수밖에 없다.

감개하여 일어나 탄식하고

파릇파릇 보리 싹이 움돋아나는 4월이 되면 바람도 없고 깃발도 나부끼지 않지만 감개하여 일어나 탄식한다.

도연명의 「귀거래사」를 읽어보고, 문천상의 「정기가」를 읽어보다가, 『시경』의 「비풍」 장과 「하천」 장을 읽는다. 나라도 걱정이고, 도덕도 걱정이고, 민중의 삶도 걱정이다. 답답한 시대를 걱정하노니 자다가도 일어나 탄식한 세월이 어언 35년이다.

민족과 민중을 위하여 나라와 도덕을 바로 세우려고 1960년 4월 19일 학생과 시민과 민중이 총궐기하여 싸웠던 4월혁명은 이 시대의 문제를 자체적으로 해결하고 영광의 민족역사를 창조하려는 민족혼의 발로였고 전 국민의 의지였다. 그러나 참담하게도 다음해 5. 16군사쿠데타를 일으킨 박정희 일당의 군사독재에 의하여 이 장엄한 혁명과업이 저지당하여 의거로 왜곡 격하됨으로써 이후 박정희 독재 18년, 전두환 독재 7년, 노태우 독재 5년으로 이어진 절망의 세월은 참으로 소름끼치는 암흑시대이었다.

이제 군사 독재의 잔당과 야합하여 출발한 김영삼 문민정권이 외형

적으로 4월혁명을 복권하여 역사 속으로 밀어 넣으면서 4·19묘지를
성역화하고 김종필을 여당에서 방출하면서도 막상 자주, 민주, 통일의
4월혁명이념을 구현하려는 의지를 보이지 않고, 4월혁명 과업을 완수
하려는 의욕을 전혀 찾아볼 수 없으니 그동안의 반독재투쟁을 생각할
때, 정말 기막힌 일이다.

내용이 없는 호사가 어찌 혁명열사의 영령을 편안케 할 것이며, 단
죄없는 방출이 어찌 민족정기를 일어나게 하겠는가? 비록 행복은 없
어도 진실은 빛날 수 있지만 보람이 없으면 허무감만 더하는 것이다.
민족과 민중이 행복해야만 혁명열사가 지하에서 행복할 것이며 나라
와 역사가 보람이 있어야만 양심세력이 투쟁한 보람을 찾을 것이다.

따라서 4·19세대의 탄식은 묘지가 초라해서가 아니며 또한 인생이
불행해서도 아니다. 그것은 역사의 영광을 지키지 못한 죄책감과 혁명
과업을 아직도 완수하지 못한 자괴감이 자나 깨나 가슴속에 복바쳐서
탄식하는 것이고, 또 하나는 땅이 부끄러워 얼굴을 돌릴 데가 없는 까
닭에 탄식하는 것이다.

그러나 밤낮으로의 탄식이 어찌 면죄부가 될 것인가? 허물을 알았
으면 고쳐야 하고, 부끄러움을 알았으면 용기를 내야 한다. 허물은 무
엇인가? 아마도 적극적으로 화합단결을 못하는 방관주의와 실망하여
자포자기하는 허무주의와 일신의 행복을 추구하는 세속주의에 함몰되
는 것이고, 부끄러움은 무엇인가? 아마도 처음과 끝이 한결 같고, 겉
과 속이 똑같은 성실성이 부족하고 지혜가 부족하여 시간이 흐를수록
마음이 약해진 것이리라.

혁명이란 본래 정의감과 사명의식으로 진취하여 화합단결하면 반드
시 성공하는 것이고, 의심하고 실망하고 사욕을 가지면 실패하는 법이
다. 만일 4월혁명 과업을 완수하기 위하여 진정 사심없이 줄기차게
노력했다면 지난 35년 동안에 어찌 외세를 극복하지 못하고, 민주화
를 이룩하지 못하며, 통일을 하지 못하였겠는가? 생각이 여기에 미치

면 땀이 절로 난다.

그러므로 역사와 민족 앞에 떳떳하고 후세 자손에게 할 말이 있는 이 시대의 가장 큰 과제는 4월혁명 과업의 완수가 아니겠는가? 멀리 고려가 강화도에서 전개했던 항몽투쟁역사와 조선조 사림이 병자호란 이후에 청나라를 정벌하여 복수설치해서 나라의 주체성을 찾으려는 배청사상과 가까이 갑오농민전쟁의 척양정신과 구한말 13만 민군이 항일독립전쟁을 3년간 전개했던 의병정신과 기미 3.1운동의 반일 독립정신을 확고하게 계승하여 나라의 정통 주체성을 확립함으로써 김자점의 친청파, 이완용의 친일파들이 더럽힌 치욕적인 역사를 깨끗이 단절하고 당면한 강대국의 외세를 극복하는 것이 바로 4월혁명의 과업이고, 독재 정치로 민권을 박탈하고 관료의 부정부패가 만연하여, 부정선거로 장기집권을 획책한 이승만 독재를 타도하고 민주주의를 쟁취한 4월혁명은 이 땅에 민주정부를 수립하는 것을 그 과업으로 한다.

그리고 해방의 광장에서 미·소의 국토분할 주둔을 기화로 민족을 정치와 사상적으로 분열케 하여 끝내 군사 대결구도를 조성하고 6·25 동족상잔의 비극을 겪게 한 이승만 독재의 북진통일론과 김일성 독재의 남반부 해방론 등, 미·소의 냉전 이데올로기를 극복하고 평화통일을 주장한 4월혁명 과업은 바야흐로 북·미회담이 진행되는 과정에 처하여 조국을 평화적으로 통일해야 하는 절박한 과업이다.

이와 같이 중대한 역사적 당면과제를 앞에 놓고 4월혁명을 역사의 뒷장으로 넘겨야 하는가? 혁명은 과업의 완수로 심판하지 시간의 흐름으로 심판하는 것이 아니다. 지금은 4월혁명 과업을 완수하는 절호의 기회이지 절대로 4월혁명을 잊어야 할 때가 아니다. 하늘이 준 기회를 이용하지 않으면 도리어 재앙이 따르고 민중의 소망을 외면하면 필경 앙화가 생기는 것이다. 그러므로 의리가 없는 군사독재는 혼란만 파생하고 도덕이 없는 문민독재는 재앙만 속출하는 것임을 「춘추」는 엄중히 경고했다.

우리에게 있어서 자주·민주·통일을 이룩하는 절호의 기회는 이미 와 있고, 민중의 소망도 그 어느 때보다도 드높다. 이러한 때에 만일 도덕과 의리를 망각하고 작은 성공에 만족하여 큰 과업을 포기하고 안일과 사치와 방종에 안주한다면 머지않아 예상치 못한 근심과 걱정 이 없지 않을 것인 즉 이래서 감개하여 일어나 탄식한다.

끝으로 가장 한심한 것은 4·19주역임을 망각하고 일신의 영달을 위하여 지조를 초개처럼 버리고 군사독재의 시종으로 복무하던 파렴 치한이 이제 지난날의 좋지 못한 행적을 감추고 다시 지사연하며 모 임을 만들어 홀연히 낮도깨비처럼 세상에 출몰하니 그 능란한 시치미 에 한편 놀랍거니와 반성하고 자제할 줄 모르는 경망스러움에 분노하 여 일어나 탄식한다.

풍류와 술잔에도 禮道가 있다

문: 한국청년유도회는 언제 그 창립을……

답: 정확히 지난 76년 11월 13일입니다.

문: 창립의 목적이 있었을 텐데 특별한 이유라도 있었는지요?

답: 물론이죠. 큰 이유에요. 지난날 우리의 전통은 퍽 화려했고 아름다웠는데 이것이 최근에는 너무 서구화된 나머지 자취조차 발견하기가 힘들어져 갑니다. 그래서 이를 바로잡자 하는 게 출범 동기였습니다. 아무래도 옛 전통의 회복을 위해서는 유교(儒敎)를 통한 방법 이외에는 별다른 효험이 없다는 것을 믿기 때문이었죠.

문: 徐正淇 회장이 직접 하셨나요?

답: 물론 나도 창립을 이끈 주역의 한 사람입니다만 성균관의 朴性洙 관장님과 李炳主 이사장님 같은 분들이 힘쓴 결과입니다. 유교 발전을 위해서는 젊은이들이 앞장서야 된다는 취지에서였지요.

문: 이번에 청년유도회에서 향음주례(鄕飮酒禮)를 시범재현하는 의식을 거행했습니다만 우선 그 유래부터 설명을 좀 해주시죠.

답: 향음주례의 유래에 앞서 먼저 술의 간단한 역사부터 말씀드릴 필요가 있을 것 같습니다. 동양에서는 약 4천년 전 禹임금 때 신하인 儀狄이라는 사람이 처음 발견해냈던 것으로 전해져 옵니다. 그러나 이 술을 마셔 본 우(禹)임금은 그것을 너무 즐기다가는 가사(假死) 상태에 빠진 나머지 부모를 안 섬기기 쉽고, 직무에 태만해지기 쉬우며 따라서 국가안위가 위태롭다, 하여 그 후 일체 술을 금지시켰습니다.

　　그리고 술을 발명해낸 儀狄을 멀리 유배를 보냈고요. 그러다가 夏나라 중엽부터 그때까지 현주(玄酒)로 통하는 물로써 제사를 지내던 것을, 진짜 술로 제사를 지내기 시작했던 것입니다. 그러나 반드시 제사 때만 통용했던 것인데 말엽에는 정치귀족들도 이를 애음(愛飮)했고 더욱 끝 왕인 桀임금의 경우 술을 너무 마신 나머지 나라를 잃고 말았다는 고사(故事)가 전해져 옵니다. 그 후 殷나라를 거쳐 周나라 武王때 술은 하늘이 내는 음식인데 정중하고 귀하게 알아야 한다 하여 이 향음주례라고 하는 예법을 만들었던 것입니다.

문: 결국 『禮記』에 따른 士儒들의 음주예절로서의 鄕飮酒禮는 훗날 이 땅에서도 舊韓末까지 전국 360여개의 향교에서 1년에 한번씩 봉행하는 의식의 하나가 됐다는 부연 설명이다.

답: 이유는 두 가집니다. 하나는 선비의 바른 예절을 알고 실천한다는 유교인의 입장에서이고, 다른 하나는 요즈음의 음주법이 너무 타락한 나머지 우리의 미풍양속이 크게 위협받아 이를 바로 잡아야겠다는 국가·사회적인 측면에 섭니다.

　　그러면서 그는 韓末 大儒學者인 省齋 柳重敎가 남긴 禮에 관한 遺言내용을 일러준다. 그 내용은 이렇다.

답: 바야흐로 모든 나라들이 선비의 관(단발령)을 찢어버린 야만인들이 우리나라를 더럽힌 이 시대에 이 예법을 분묘나 흙덩이

속에 묻히지 않게 하여 우리나라가 독립되는 날 천하에 이를 알려 문명함을 밝히라. 비록 외국은 무기로써 자랑하지만, 우리 나라는 예법으로써 자랑토록 하라

문: 구체적으로 음주예법에 따른 의의랄지, 요의(要義)를 일반적 통념의 유교의 예와 함께 설명해 주시죠.

답: 선비에게 귀중한 것은 오직 예라고 孔子께서는 말씀하셨는데, 그는 예가 아니면 보지도 말고, 듣지도 말며, 말하지도 말며, 움직이지도 말라 했습니다. 여기서 孔子가 가장 중시한 것이 절하는 것으로 이는 지극한 존경과 감사를 나타내는 표현방법 이기 때문이죠. 先儒들은 "예란 절하는 것으로 시작해서 절하는 것으로 끝나는 것인데, 사람이 부모를 뵈일 때나 신에게 제례를 지낼 때, 그리고 빈객을 접대할 때는 반드시 절을 해야 하며, 무단히 왔다 갔다 한다면 예가 어디 있을 것인가고 반문하고 그러므로 사람이 절할 줄을 모르면 나머지는 보지 않아도 알 수 있는 것이다"고 했습니다.

다시 말해 예가 무너지는 것은 절하지 않음으로부터 시작된 다는 것이죠. 사람이 모여 앉는 데도 가령 南北向일 때는 西南쪽을, 東西向일 때는 南쪽을 위를 삼아 윗사람을 앉게 해야 한 다고 설파한 孔子는 또 주인과 손님이 절을 할 때는 벼슬이나 학식에 관계없이 공경하는 사람이 먼저 절을 하고 서로 공경할 때는 함께 절을 해야 한다고 교훈하고 있습니다. 이와 같은 맥락에서 보면 향음주례의 본뜻도 쉽게 이해가 갈 줄 압니다. 이를테면 이 주례(酒禮) 가운데 술잔 하나로 모든 사람이 차례로 술을 먹게 하는 것은 총화(總和)를 뜻하는 것이라든가, 술을 자기가 먼저 먹고 남에게 권하는 것은 술은 취하는 음식이기 때문으로 남에게만 권하는 것은 벌주(罰酒)에 지나지 않기 때문입니다. 또 술자리에서 어른이 일어나 나가면 모두가 따라서

돌아가는 것이 예법인바, 이는 지루하고 난잡함을 방지하기 위해섭니다.

요컨대 향음주례란 선비에게는 어른을 공경하고 노인을 봉양하는 의리가 있음을 밝히고, 음식은 정결하게 갖추고 감사하게 먹어야 하는 참뜻을 깨우치는 예절이라 하겠습니다. (徐회장은 덧붙여 '술이란 신에게 제례지낼 때 반드시 갖추어야 하는 숭고한 음식이요, 노약한자의 혈기를 돋우는 데 없을 수 없는 귀중한 약물로서 함부로 해서는 안 된다'는 예법을 전제, '그럼에도 불구하고 사람들이 한낱 환락의 도구나 객기(客氣)의 원료로 오용해서 질펀히 마시고, 또 광태를 부린다'고 못마땅해 하기도.

문: 중국의 경우 주례(酒禮)의 흐름이 어떻게 됐는지 궁금합니다만

답: 明나라가 淸나라에 의해 멸망됐을 때 이미 중국에서는 그 예법이 없어졌습니다. 아시다시피 淸나라는 야만국이었으니까요. 그것이 지금으로부터 약 3백 년 전이니까 우리가 그만큼은 그들에 비해 문화국민인 셈이죠.

문: 徐회장께서 당초 유교사상에 심취하게 된 동기가 있었을 텐데……

답: 원래 내가 成大 동양철학과 출신입니다. 물론 고등학교에 다닐 때만 해도 가정제사 정도를 빼놓고는 유학을 전혀 이해하질 못했습니다. 대학에 입학해서야 비로소 유학을 공부하게 됐는데 학문을 닦는 동안 우주론이나 인생론에서 다른 학문에 비해 월등히 높다는 사실을 깨달았던 것이죠. 그래서 지난 20년간을 이 분야에 몸담아 오게 됐고, 또 앞으로도 계속해서 평생사업으로 지속해 나갈 작정입니다.

문: 徐회장 같이 뜻있는 분들이 열심히 유교재건을 위해 힘쓰고 있는 줄 압니다만, 아직 우리 사회에서는 전래의 유교사상이 그리 큰 비중을 차지하지 못하고 있습니다. 그 이유가 어디에 있다고 생각되시는지…….

답: 가장 큰 원인은 부끄러운 얘깁니다만, 사회로부터 흠모와 존경을 받을 만한 유학자가 없다는 사실입니다. 대중들이 책이나 기타 문헌만을 가지고 유교에 심취하길 바라는 것은 거의 불가능한 일인데, 그러기에 그만한 비중의 유학자가 절실한 것이지요. 또 한 가지는 기존 유학인들이 너무 노화돼 있는 것도 문제입니다.

문: 유교사상의 극대화를 이룰 어떤 묘책은 없을까요. 그리고 유교사상의 현재화(顯在化)가 가질 당위성을 좀 말씀해 주시지요.

답: 부끄러운 예깁니다만, 지금의 상황에서 특별한 묘책을 제시할 입장도, 또 그럴 만한 내용을 갖고 있지도 못하다는 게 솔직한 고백입니다. 아까도 말씀드렸습니다만, 지금까지 일부 유학자들의 지속적 노력이 따랐긴 했어도 대중 속에 크게 주목할 만한 일은 못 해온 것이 현실입니다. 그 점 유학을 하는 한 사람의 입장에서 심히 가슴 답답하게 생각합니다만, 물론 유학이 우리 사회에 뿌리를 다시 내려야 할 당위성은 대단히 큰 것이죠. 우리처럼 국토가 작고, 인구가 적은 나머지 인접한 중국이나 일본, 소련 등과의 관계에서 정치적 영향을 크게 받는 상황에서는 유교사상의 정립이 시급한 일이 아닐 수 없습니다. 다시 말해 나라의 흥망성쇠가 외세에 의해 좌우되는 소국의 서러움 속에 살아온 우리나라의 처지에서는 물론 세계성을 띠면서도 민족정신이 깃든 독자적 사상정립이 시급히 요망된다, 그 말입니다.

즉, 세계와 조화해 가면서도 우리를 지킬 수 있는 사상이 필요한 것이죠. 그것이 뭐냐, 이미 조선왕조 선비들에 의해 그 정신이 나타났던 유교정신입니다. 이것의 부흥 없이는 우리 사회의 안정이 심히 어려울 것으로 나는 봅니다. 가까운 예를 하나 들어봅시다. 우리나라에서 유교가 표면에서 사라진지는 불과 2세대에 지나지 않습니다. 그런데 현실적으로 나타나기는 그 보다 훨씬 이전처럼 부각되고 있음을 보게 됩니다. 가령 우리 가정과 주변에서 살펴봤을 때 할아버지가 갖는 권위는 그전의 것이 아닙니다. 마찬가지로 아버지의 권위도 아들에게는 그전과 같은 것은 아닙니다.

또 여자의 경우도 그래요. 오늘날의 며느리는 지금의 시어머니만큼 부지런하지 못합니다. 그 시어머니는 또 지금의 시할머니의 부지런함에는 못 미치고 있습니다.

그렇다고 우리나라가 도덕적으로나 문화적으로 몰락해 간다고는 할 수 없습니다. 물론 유교사상이 다 좋다고는 말할 수 없겠습니다만, 내 생각은 그렇습니다. 이 나라의 장래를 위해 오늘의 풍토를 쇄신 발전시켜 나가는 데는 유교사상 가운데서 좋은 점만을 골라 골고루 전파시켜야 한다, 그겁니다.

문: 여기 동양문화연구소는 구체적으로 무엇을 하는 곳인지요? 그간의 일 가운데 소개할 수 있는 항목이 있다면 차제에 소개를 하시죠.

답: 지난 72년 7월, 우리는 두 가지 사업을 목적으로 이 연구소를 발족시켰어요.

그중 하나가 중·고교에서의 한자(漢字)부활운동 이었습니다. 왜 이점을 역점사업으로 꼽았느냐 하면 이유는 간단합니다. 소위 한자가 풍미하고 있는 아시아권의 우리네 중·고생들이 신문을 제대로 읽지 못한다는 한심한 사태가 그 이유였던 것이죠. 그래 문교부에 건의를 했습니다. 학교에 한문교사가 없어서 되겠느냐, 우리가 양성시킬 터이니 각 학교의 국어, 국사, 윤리교사를 차출해 보내는 데 협조해달라고 말입니다. 그때부터 우리 연구소가 주관이 돼서 6백여 선생님들을 연수시켰는데 이들이 그 후 각 학교의 한문교사가 된 것은 말할 나위가 없습니다.

그다음 또 하나 발족 이유로는 한국의 의리사상(義理思想)연굽니다. 역사의 단절을 막기 위해서지요. 그래서 특히 혼란시기의 의리사상을 집중적으로 연구하고 있는데 이에 5개년이란 기간을 잡고 지금 착수 중에 있습니다. 그럼 구체적으로 의리사상이 뭐냐, 이런 겁니다.

　　잠시 숨을 돌린 徐회장의 설명이 또박또박 이어진다.

답: 의리사상은 3강5륜을 현대사회의 윤리로 밝혀서 자유롭고 평등한 인간관계의 구축에 새로운 방향을 찾으려는 것입니다. 인간사회의 자율질서를 확립하려는 노력이지요.

문: 儒道會와는 어떤 횡적관계라도 있습니까?

답: 동양연구소와 유도회는 아무 관련이 없는 별개단체입니다. 유도회는 유도회대로, 또 동양문화연구소는 연구소대로 나름의 사업을 추진하니까요.

문: 지금까지 어떤 의미로는 그렇게 빛을 받을 만한 화려한 것은 못하고 있는 것 같습니다만, 어떻습니까. 유도회에 몸담고 있으면서 평소 느낌도 많으실 줄 아는데 가령 애로라든가 하는…

답: 애로가 없을 수야 있겠습니까. 바깥사람들이 보는 눈이야 어떻게 되었던 심지어 이 공부를 처음 시작하니까 나의 주변에서도 나를 상대하려 하지 않더군요. 폐인이 됐다는 거예요. 그런 저런 이상한 눈총을 받아가면서 집의 문을 걸어 잠근 채 열심히 공부를 했지요. 때로는 깊은 고독감에도 잠겨 왔습니다만, 결국 나의 신념이 그러다 보니까 끝까지 이 일에 매진하게 된 것이지요. 지금도 여러 가지 어려움은 있습니다만 나름대로는 보람과 긍지를 가지고 일하고 있습니다.

문: 끝으로 유도인의 입장에서 무엇인가 덧붙이고 싶은 내용이 있으면 말씀해 주시죠.

답: 여러 가지 하고 싶은 말이 많이 있습니다만 오늘의 주제가 향음주례인 만큼, 술에 얽힌 단어(單語) 풀이를 하나 할까 합니

다. 요즈음 우리가 흔히 쓰는 풍류(風流)라는 단어가 그것인데 이는 원래 덕풍(德風)의 유행에서 유래된 것이죠. 문화적으로는 모두가 풍류가 되는데 그 가운데서도 술 먹는 자리가 가장 여러 사람들과 접하기가 좋다고 하여 후세 사람들이 이를 풍류라 했던 것입니다. 따라서 술좌석은 반드시 공개적이어야 되고 여러 사람 앞에 보여주는 것을 미덕으로 살아왔던 것인데, 일제 후엔 술 먹는 자리가 주색잡기의 자리로 타락한 데 문제가 있습니다. 결국 우리들이 추진했던 향음주례의 본뜻도 따지고 보면 이 같은 망국풍조의 나락(奈落)으로부터 이를 다시 회생시키자는 데 목적이 있었음을 재삼 부연해 드립니다.

朴明鍾의 물음에 答함

　그동안 論語와 周易을 읽은 기간이 매우 짧은데도 질문 내용을 보니 學問의 깊이가 상당하여 놀라움을 금치 못하면서 간절한 質問에 答하여 思惟의 자료로 삼게 하노니 心通하기 바라는도다.

　첫째 知人의 내용이 무엇이냐에 대하여 答하노니 사람을 안다는 것은 사람이 태어난 이치와 사람이 사는 도리와 사람이 죽는 법칙을 알았다는 뜻으로 학설적으로 말하면 人生論을 확립했다는 말로써 사람은 父母로부터 血氣를 받고 하늘로부터 性命을 받아서 태어난 存在로 萬物의 靈長이며 虛靈知覺한 心과 仁義禮智의 性과 喜怒哀樂愛惡懼의 情이 있어서 스스로 人生을 經營하고 萬物에 應함에 三綱五倫의 道德精神을 발양하고 누구나 늙으면 죽어서 저승에 가서 祖上을 만나고 子孫으로부터 추모를 받는 옳은 鬼神이 되어야 하는 存在임을 알았다는 것인즉 그 구체적인 論理는 性理學에서 밝힌 人生論, 修養論, 道德論, 生死觀 등이 있으니 참고하여 계속 정진하면 聖人이 사람 보는 眼目이 열릴 터인바 조급히 서두르지 말 것

　둘째 知物의 內容이 무엇이냐에 대하여 答하노니 物이란 種類가 많

아서 그 形態와 色相이야 한없이 다르고 그 要素와 性質도 또한 서로 같지 않지만 그러나 物이 있으면 반드시 法則이 있어서 그 興亡盛衰의 理와 元亨利貞의 道는 모두 같으니 孔子가 物을 알았다는 것은 事物의 運數, 形氣, 性質 등을 총체적으로 파악하여 그 生成變化의 이치를 알았다는 것인즉 물론 오늘날 자연과학적 연구 작업에 의하여 관찰하고, 비교하고, 추리하는 결과로 얻어지는 지식과 다를 것이 없지만 그러나 聖人의 觀物法은 헤아릴 수 없는 바가 있으니 밝은 마음으로 사물을 꿰뚫어 보는 直觀力이 있어서 豁然貫通하는 것이므로 朱子의 大學 補亡章을 깊이 연구하여 格物致知의 공부를 더욱 철저히 할 것

셋째 知天命의 天과 命의 개념이 무엇이냐에 대하여 答하노니 天은 만물을 통일하여 主宰하는 우주의 무궁한 造化의 本體이고 上帝, 太極 乾, 道라고도 하며 命은 至上命令으로 그 명령의 내용은 理요 性이니 天命을 알았다는 것은 하늘이 나에게 부여한 使命 곧 道理, 性分, 職分 등을 깨달았다는 뜻이며 이러한 天命을 알았을 때에 사람은 활기차고 자신감이 생기며 인생관에 확신을 가지고 살며 孔子는 이러한 단계를 "朝聞道면 夕死라도 可矣라" 하셨고 또 "德不孤요 必有隣"이라고 하였으며 詩經에서는 上帝가 너에게 臨하였나니 의심하지 말라고 하였음으로 깊이 음미할 것.

넷째 心과 道와 明德을 同一한 것으로 보아도 되는지에 대하여 答하건데 心은 一身之主로 性情을 統攝하거니와 또한 性命에서 根源하는 道心과 形氣에서 發生하는 人心이 있으며, 道는 日用事物當行之路이고, 明德은 사람이 하늘로부터 받은 것으로 虛靈不昧하여 衆理를 구비해서 萬事에 應하는 밝은 德이니 理性으로 볼 수도 있고 또한 道心으로 볼 수도 있는 까닭에 大學之道는 在明明德과 誠意正心에 있어서 心이 道를 通했다면 明德이라고 할 수 있겠지만 이러한 修養이 없이 私私로운 마음을 道로 착각하고 明德으로 誤認하면 결단코 同一하게 보아서는 안 된다는 점을 세밀히 분석해 볼 것

다섯째 孔子가 60에 耳順한 경지를 표현한 말씀이 무엇인가에 대하여 答하건대 孔子는 窮理, 盡性, 至命하시어 聖德光輝가 사람에게 이어 合하여 지나가시면 變化하고 있으시면 神聖하고 玄妙한 道風이 있어 子貢이 말하기를 夫子는 溫良恭儉讓하시다고 하였지만 孔子가 스스로 表現한 말을 아직 찾지 못했으니 앞으로 찾아보도록 할 것이고 다만 듣는 바를 모두 통하지 못하고 귀에 거스름이 있는 까닭은 窮理, 盡性, 至命 공부가 부족하여 德量이 협소해서 物理와 人事를 達通하지 못한 所以라고 할 것이니 聖人의 樂天悅命의 경지를 스스로 탐구해 볼 것

여섯 번째 七十而從心所欲이라도 不踰矩에 해당하는 孔子의 말씀이 무엇인가에 대하여 答하건대 孔子의 道는 天地의 道이기 때문에 이미 絶四하시어 毋意, 毋必, 毋固, 毋我하시고 스스로 말하기를 君子는 天下에 대하여 전적으로 옳다고 주장함도 없고, 끝내 불가하다고 반대함도 없나니 正義만을 따를 뿐이라고 하여 無適也하며 無莫也하여 義之與比를 밝혔는바 孔子는 70이 됨에 致事하여 마음이 渾然히 天理라 自然的으로 天地道德에 일치해서 더 이상의 意識的 修養努力이 필요치 안했다는 경지인즉 바로 萬物一體 宇宙快活한 天人合一이요 物我一體의 경지라고 말할 수 있으리라. 그리고 聖人의 경지에 오르지 못한 學者에게 있어서 從心所欲 不踰矩가 生活化되지 못하는 理由는 아직 德量이 不足해서 自然節中하지 못하기 때문이니 참으로 誠實努力을 오래하여 道大德全할 때를 기다려야 하리로다.

問目을 살펴보니 이미 學問의 正路로 들어섰고 功夫의 水準도 상당한 단계에 올라 있어 앞으로의 진도를 측량할 수 없으므로 期待하는 바 있어 대강 요점만 말하여 琢磨의 資料로 삼게 하노니 心德의 基礎를 튼튼히 다질지어다.

故 東喬 閔泰植 선생을 추모함

구름 위로 솟은 영봉에 아름드리 늙은 소나무의 우람찬 기상을 보거나, 화창한 봄날 심산유곡에 피어있는 난초 꽃 향기를 맡거나 달빛에 아롱진 적막한 호숫가에서 낮게 날아가며 우는 鶴의 소리를 들을 때에, 나는 東喬 閔泰植 老先生을 생각한다.

늙어 가면서 더욱 자태가 고와지는 소나무와, 누가 알아주거나 말거나 스스로의 향기를 피우는 난초와, 자기의 몸을 흙탕물로부터 멀리하여 깨끗함을 보존하는 학은 모두 우리 선조들이 가까이 더불어 살던 자연의 아름다운 풀이요, 나무요, 새이다.

사람의 마음이 곧 하늘의 뜻이요, 사람의 능력이 자연의 힘 앞에 한계가 있다는 것을 깨달은 늙은이는 마땅히 난초를 허리에 차고 학을 타고 붉은 소나무 아래로 신선을 찾아가리라.

東喬 선생은 字가 君一로서 1903년 忠南 大德에서 尤庵 宋時烈 선생의 門人인 愛日堂의 6대손으로 태어나셨다.

京城帝大에서 철학을 전공하신 뒤 乙酉 光復 후에 서울大 학생과장 충남大 총장, 명지大 학장, 성균관大 박물관장 등 여러 대학의 교수로 계시면서 동양철학을 강의하셨다.

나는 학창시절에 이미 선생의 강의를 들었으나 栗谷 선생의 「萬言封事」를 강의하실 때 오늘날 동서양의 어떠한 사상보다도 위대한 보편적 진리라고 찬탄만 거듭하시던 모습 이 외에는 별로 기억이 없었다.

내가 선생의 참모습을 깨닫게 된 것은 선생이 정년퇴직을 하신 뒤에 평생의 학문을 몸소 실천하시는 것을 직접 보고나서였다. 이것은 선생의 道力이 세월이 흐를수록 더욱 힘차게 발휘되었던 점도 있었지만 또한 나의 안목이 천박하여 늦게야 그 學德의 전체를 엿볼 수 있었기 때문이었다.

대체로 사람이 늙으면 세속에서의 욕망을 거두고 하던 일을 모두 잊은 채 초야에서 조용히 살고자 한다. 그러나 어진 사람들은 늙으면 늙을수록 더욱 도덕이 높아져서 학문을 완성하고, 사업을 성취하게 마련이다.

東喬 선생은 온 세상이 洋風에 들떠 우리의 전통문화를 돌아보는 이가 드물던 날에 東方硏書會의 초대 회장으로 취임하여 우리나라 서예발전에 심혈을 기울이셨고 顯正會의 理事로 추대되어 단군왕검의 정신으로 민족정기를 찾는 데 주력하셨으며, 69세 때에는 斯文學會 초대회장으로 추대되어 「宋子大全」을 영인 출판함과 동시에 전통사상의 부흥과 민족 주체성의 확립을 위하여 많은 강연회를 개최하고 학보를 거듭 발행하여 우리나라 儒道復興에 큰 공헌을 하셨다.

1972년에는 동양문화연구소를 창설하여 도덕윤리의 현대적 연구와 한자 한문교육에 힘을 경주하셨다. 그 외에도 大老祠 蘆山祠를 비롯하여 선현의 祠宇보존에 각별히 유념하셨다.

신선을 찾아 푸른 산으로 들어가는 것은 쉬운 일이나 세속에 살면서 사람 노릇을 다하기는 어려운 일이다. 만년의 그 많은 직책이 모두 보수가 없는 봉사의 자리였고 그 많은 일이 공적을 내세우려는 것이 아니라 후학의 도리를 말없이 실천하심이었다.

선생은 모든 일에 大體와 小體를 분별하시어 도덕과 의리에 관계되는 일이면 추호의 굽힘이 없이 앞장서서 나아가셨지만 그것이 공명과 이익에 대한 것이면 조금도 생각에 걸림이 없이 흘러 보내 둥글둥글 지내셨다. 그러므로 작은 일을 가지고 선생을 만난 사람은 가부가 분명치 않은 분으로 생각했고 큰일을 가지고 선생께 상의한 사람은 선생을 두려워하였다.

소나무의 기상, 난초의 향기, 깨끗한 학이 한데 어울리는 것 같은 풍채를 구비하여 비록 높은 산이나 깊은 골짜기나 달밤의 학을 보지 않아도 그윽이 선생을 우러러 뵈면 경의스럽고 평온한 감정을 얻을 수 있었다.

선생은 이미 돌아가셨지만 어지러운 세상을 헤쳐가며 살다 보면 문득 東喬 閔泰植 老先生을 다시 생각하게 된다.

故 素菴 玄中和 先生을 回想함

仙鄕의 道人 素菴 玄中和 先生이 乘化歸眞하신지 어느덧 半年이 흘렀다. 그러나 先生의 深奧한 學德과 高邁한 風格으로 因하여 必是 長生不死의 無量壽境地에 올라 赤松下에서 白鹿과 더불어 잠시 세상 밖을 逍遙할 뿐이라는 影像을 지울 수 없다.

나는 素農 吳文福 典校와의 交分으로 猥濫스럽게도 나의 詩集 朝光竹實의 題字를 素菴 先生에게 받았기 때문에 丁卯年 重陽節에 西歸浦로 찾아가서 뵈이니 2층 書齋에 萬壽香을 피우고 雪綠茶가 끓거늘 一世의 큰 붓을 들고 八十의 흰 수염을 드리운 風采는 분명 仙風道骨이었다.

君子의 만남은 마음으로 通하여 별로 말이 없는 것인즉 나는 다음과 같은 詩를 지어 感謝의 뜻을 表하며 先生에게 드렸다.

옛집이 외로이 남쪽 바다에 떠있는데
봄바람 꽃 소식 제일 먼저 전해주네
瀛洲의 구름산에 不老草를 감추어 두고

그윽이 웃는 主人 흰 수염도 길도다.

맑고 시원한 생각 하늘 바다 머금어
여든해 그린 세계 헤아릴 길 없어라
높은 운치 고운 자태 이웃나라 선비도 사모하고
좁은 문 넓은 뜰 어진 제자들 자랑이네

책상 앞에 신음소리가 하도 웃으워
문득 희롱하고 남은 먹물 휘둘러 주었네
황금 글씨 잘못하여 천한 책에 박은 이
만 리 바람결에 얼굴 붉었나이다.

한라산 단풍노을 가을볕에 깊어가고
서귀포 물결위에 저녁달이 남았다니
문밖에 처음 길 분별할 줄 모르지만
열쇠 빌려주시면 살짝 엿보렵니다.

素菴 先生께서 이 詩를 받은 다음에 探賾索隱이라는 네 글자의 懸板을 보내주셨기에 나는 白鹿潭 詩를 지어서 따뜻한 激勵와 河海 같은 德容에 感謝하였으니 그 詩는 다음과 같다.

萬物은 極致에 본래 모습 나오니
靈峰에 오르는 순간 환희이어라
하늘문턱 활짝 열리고
오늘과 내일을 가르도다
맑고 깨끗한 처음 물빛
고요하고 신령한 으뜸 세계
태초의 힘덩이 엉겨 굳어
眞理의 뿌리 새싹 트도다.

滄溟에 가득한 浩然한 精神
절로 활발한 豁然한 道體
본래 한 물건도 없는 모양
아직 한 말씀도 아니한 뜻
智慧의 빛은 그림자 없거늘
靈魂의 소리 울림 있으리
永劫에 쌓인 우주의 선비
생명의 슬기 이어 장엄하여라.

이때의 感激을 잊지 못하여 壬申年 盛夏에 李相萬, 魏昌復, 尹汝彬 諸儒와 함께 先生의 高堂을 다시 찾아가 鹿鳴書室에서 놀던 記憶이 지금도 생생하여 선생의 글씨를 새긴 淸香自遠의 蘭草花盆을 책상머리에 두고 있으니 西歸素翁의 文字香이 蘭香보다도 더한다.

先覺者 後松 柳鎔相 翁의 書展에

   道에 뜻을 두고 德에 근거하며 仁에 의지하며 藝에서 놀아야 한다고 孔子는 말하였으니 道德倫理를 지키고 仁義禮智를 길러서 藝術文化를 창조하는 것이 人生의 올바른 길이라는 뜻이다. 그러므로 先覺者는 修身 齊家 治國 平天下의 바른 길을 찾아 勇往邁進하는 것이니 이러한 先覺者가 있음으로서 혼란을 극복하여 암흑시대를 청산하고 새로운 문명사회를 개척할 수 있는 것이다.

   後松 柳鎔相 翁은 이 시대의 先覺으로 우리 민족의 아픔과 금세기의 불행을 온몸으로 끌어안고 80星霜을 헤치고 가면서도 儒林家의 松柏名節을 꿋꿋하게 지켜온 이 땅의 志士이시다. 狂亂의 雪寒風에는 傲霜孤節처럼 高潔한 志操를 지켰고, 險惡한 大洪水에는 中立一柱처럼 剛毅한 氣象을 보였으니 오늘날 曲學阿世하는 巧言令色과 時勢에 迎合하는 阿諛苟容이 없이는 苦楚萬狀을 면하기 어려운 세태에서 살펴볼 때에 더욱 屹然하다.

   首丘初心으로 지난해 先生이 歸鄕해서 高敞鄕校 大成殿重修 落成日에 明倫堂에서 柳翁書畵展示會를 開催하여 民族自主平和統一의 忠孝

節義思想과 人類和解協力友好의 禮樂文化精神을 宣揚하는 뜻이 참으
로 깊으니 이 뜻을 헤아릴진대 바야흐로 地方自治時代에 鄕土文化藝
術振興과 化民成俗의 儒風再建에 커다란 契機가 될 것임을 믿어 의심
치 않으면서 또한 儒學者는 老益莊하는 것임을 體感하는 바이다.

『세계 속의 한국유교』를 출간한 사연

    자고로 학자의 잡다한 시나 문장은 생전에는 출간하지 않고 후인의 손으로 정리하여 발간하는 것이 관례로 되어 왔다.

    그 까닭은 가난한 선비에게 있어서 출판의 여력이 없을 뿐만 아니라 있어도 아무런 보탬이 없고 없어도 별로 잃을 것이 없는 잡문을 세상에 내놓기가 민망하여 겸손하게 사양하는 마음이었기 때문이었다.

    나도 역시 원고를 써서 상자 속에 넣어 두고 후세를 기다리고 있었는데 하루는 문득 지난 1986년에 나의 처녀시집 『조광죽실(朝光竹實)』을 출판한 이후 17년 동안 지어 읊었던 시의 원고를 모아 보니 160여 편이나 되었기에 마침 설날에 세배를 온 제자들(金承善, 崔成鍾 등)에게 보이자 보고 싶다고 힘을 모아 출판할 것을 요청하므로 즉석에서 허락하였다.

    그리하여 그동안 나의 지도를 받으며 사서오경(四書五經)을 연구하는 성균관명륜회(成均館 明倫會 회장 朴一淳)와 한유회(韓儒會 회장 李元宰) 그리고 동도회(東道會 회장 沈南守)와 도학회(道學會 회장 金容百)의 회장단과 회원 여러분이 출판비를 갹출하였는데 동도회(東

道會) 최재인(崔在寅) 총무가 거금 1백만 원을 선 듯 냄으로써 목표
액이 초과되었기 때문에 그렇다면 유도(儒道) 발전에 보다 뜻이 있는
『세계 속의 한국유교』를 먼저 출판하자고 요청하면서 나의 제2시집은
고희(古稀) 때에 출간하겠다고 약속하였다.

그리하여 이 책이 뜻밖에도 빨리 세상의 빛을 보게 되었음을 자랑
스럽게 밝혀 둔다.

占의 歷史

1. 점(占)의 본의

점(占)은 앞날의 운명을 신(神)에게 미리 물어 보는 것인바, 신은 말이 없이 계시만 하므로 사람이 천지자연의 이치를 논리적으로 추리하거나, 사물의 정상(情狀)을 구체적으로 측정하거나, 현상의 추세를 직관적으로 살피어 징후를 예감하거나, 사물의 운행 하는 도수를 계산하여 돌아가는 조짐(兆朕)을 깨닫는 것이다.

사람이 사는 것은 하늘과 땅 사이에서 만물과 더불어 함께 사는 까닭에 하늘의 조화와 땅의 변화와 사람의 문화가 서로 한데 엉기어 같이 발전하므로 하늘 땅 사람의 3재(三才)가 하나의 공동운명체이니 만사가 사람의 뜻대로 되는 것이 아니요, 하늘의 도움을 받아야만 온전하게 되는 것이므로 모름지기 때의 흐름을 알고 자리의 형세를 살피며, 사람의 능력을 깨달아 서로 조화를 이룩하여야만 천리(天理)에 순응하고, 인도(人道)에 합당하며, 앞날의 성공을 기약 할 수 있는 것이다. 그러므로 하늘의 뜻을 따르면 살고, 하늘의 이치를 거슬리면 망한다고 하는 것이니, 하늘의 뜻은 높고 높아 알기가 어렵고, 하늘의 이치는 깊고 깊어 깨닫기가 어려우니, 사람의 밝은 지성으로도 마침내 뚜렷이 알지 못하는 바가 있는 까닭에 앞날의 운명에 대한 의심을 떨쳐버리지 못하는 것이다.

만민을 다같이 융성하게 다스리는 도덕정치가 사라지고 힘으로 경쟁하는 패도정치(覇道政治)가 일어나서 부귀공명을 다투는 어지러운 세상이 되니 사람의 한평생 살아가는 길이 모두 똑같지 아니 하여 흥망성쇠가 무상할 뿐만 아니라, 생사고락의 생활상이 천차만별하여 행복한 사람은 인생의 안락을 모두 누리고, 불행한 사람은 도탄에서 허덕이며 신음만 하여, 저 행복한 사람의 안락함과 이 불행한 사람의 처참함 사이가 너무도 멀어서 서로 가까이 할 수 없는 까닭에 안락한 사람은 미래의 불행이 있을 가를 걱정하고, 처참한 사람은 내일의 희망이 없을 가를 두려워하게 되었다.

일찍이 홍범(弘範)에서는 인간의 다섯 가지 행복(五福)과 여섯 가지 불행(六極)을 제시 하고, 불행의 고통에서 벗어나 누구나 행복을 스스로 추구하도록 하였는바, 다섯 가지 행복은 첫째가 오래 사는 것이요, 둘째가 살림이 넉넉한 것이요, 셋째가 몸과 마음이 건강하고 편안한 것이요, 넷째가 착하게 덕을 간직하는 것이요, 다섯째가 할일을 다하고 죽는 것이다. 이것은 사람이 누리는 최소한의 행복이며, 여섯 가지 불행은 첫째가 흉악하게 일찍 죽는 것이요, 둘째가 질병으로 고생하는 것이요, 셋째가 근심걱정으로 번민 하는 것이요, 넷째가 가난에 허덕이는 것이요, 다섯째가 모진 세파에 시달리는 것이요, 여섯째가 몸과 정신이 쇠약하여 사람 노릇을 못하는 것이니, 이것은 모두 인생의 극단적 불행으로 차마 사람이 견딜 수 없는 것이다.

사람이 가는 길에 이와 같이 아름다운 다섯 가지 행복과 저와 같이 비참한 여섯 가지 불행이 있어서 돌고 도니, 모두 장래의 일이 불안할 수밖에 없고, 불안이 지나치면 공포심을 가지게 되며, 마침내는 인생을 절망하여 포기하는 데 이르므로 이에 사람이 마지막으로 신에게 앞일을 물어서 결단하려는 생각을 하게 된 것이다.

하늘이 사람을 냄에 음양5행(陰陽五行)의 빼어난 기운으로 몸을 만들고, 태극(太極)의 원리로 이성(理性)을 부여하였으니, 하늘땅의 기운이 곧 사람의 정신이요, 사람의 마음이 곧 하늘의 뜻이므로 천지신명(天地神明)과 사람은 서로 감응(感應)하는 이치가 있는바 『주역』에서 말하기를 착한 사람에게는 반드시 뒤에 남은 경사가 있고, 착하지 못한 사람에게는 반드시 뒤에 남은 재앙이 있다고 하였으며, 『중용』에서는 정성이 지극하면 하늘이 감동하는 이치를 말하였으니, 하늘은 다투지 아니 하여도 아무도 이기지 못하며, 말하지 아니 하여도 모두 감응 하며, 부르지 아니하여도 스스로 와서 모두 그대로 응하여 주는 것이다.

이에 성인(聖人)이 사람으로 하여금 하늘의 뜻에 따라 떳떳하게 완성하게 하며, 불행을 피하고 행복을 계속 추구하게 하며, 암담한 질곡 속에서도 용기를 내어 미래의 희망을 간직하게 하기 위하여 신의 계시에 의하여 미래의 운명을 미리 판단할 수 있는 점법(占法)을 교시 하였으니, 사람마다 하늘의 뜻에 순응하여 자기의 운명에 편안한 길이다.

2. 점(占)의 기원

점법(占法)은 상고시대에 성왕(聖王)이 천하를 다스림에 온전한 정치를 하기 위하여 마련한 제도 이다. 만물은 때를 따라 변하므로 만사를 미리 내다 보기 어려우니 정치, 경제, 교육, 토목, 전쟁 등의 중요 정책을 세울 때에 한 치도 어그러짐이 없이 완전하고 아름다운 성공을 거두기 위하여 인간의 지혜를 모두 모으고도 오히려 부족한 까닭에 이에 천지신명에게 먼 앞날의 길흉화복(吉凶禍福)을 물어서 결정하였던 것이다. 인간의 높고 밝은 이성(理性)으로 추리하여 그 결과를 예단(豫斷)하여도 안심이 안 되고, 인류의 오랜 경험으로 모든 정상(情狀)을 종합하여 측정하여 그 귀결을 예측하여도 믿지 못하여 마침내 초월자의 전지전능한 계시를 받는 방법을 빌리게 된 것이다.

성왕의 점법은 두 가지 원리를 사용하였는바 하나는 복희(伏犧)로부터 시작된 역학(易學)의 서점(筮占: 산가지점)이니 만물의 수리(數理)를 모두 연구하여 지극히 신명한 정성으로 신의 계시를 받아서 장차 돌아가는 기미(幾微)를 먼저 보는 것이요, 또 하나는 우(禹)로부터 시작한 『서전(書傳)』의 복점(卜占: 거북점)이니 만물의 형상(形象)을 모두 관찰하여 지극히 통명한 지각으로 신의 계시를 살펴서 미래에 나타날 조짐(兆朕)을 미리 징험 하는 것이다. 그러므로 『주역』의 서점은 신으로부터 수(數)를 얻는 원리요, 『서전』의 복점은 신으로부터 상(象)을 찾는 원리이니 형이하(形而下)의 만물의 현상은 형이상(形而上)의 본체의 진리의 표출이요, 일체의 사물은 모두 수(數)로 되어 있는 까닭에 상(象)을 보면 천리의 자연법칙을 알 수 있으며, 수가 있으면 만사의 당연법칙을 알 수 있는 것이다.

복점법(卜占法)은 거북(龜)을 숯불에 태워서 그 등에 나타나는 균열(龜裂)의 현상을 관찰하여 길흉화복의 조짐을 판단하는 것인바, 거북은 천 년을 사는 영물(靈物)로 그 등이 천지자연의 오묘한 문채를 가지고 있는 까닭에 성인이 이것을 취하여 점법에 이용한 것이다. 거북을 불에 태우면 그 등에 나타나는 균열은 대개 다섯 가지 형상이 생기는 것인데 비가 내리는 모양 우(雨), 맑은 하늘의 모양 제(霽), 나무 가지가 위로 뻗는 모양 몽(蒙), 이리저리 통하는 도로의 모양 역(驛), 아래로 억눌리어 뭉친 모양 극(克)이다.

성왕은 정치에 의심이 있으면 지공무사(至公無私)한 사람으로 세 사람을 뽑아서, 거북점을 치게 하였는바 그 가운데 두 사람의 견해가 일치한 것을 따랐으니 비는 물 수[水]이요, 맑은 하늘은 불 화[火]요,

위로 뻗는 것은 나무 목[木]이요, 이리저리 연결된 것은 쇠금[金]이요, 억눌리어 뭉쳐 있는 것은 흙 토[土]이므로 이에 수화목금토의 5행(五行)을 얻어서 천간(天干)인 갑(甲) 을(乙) 병(丙) 정(丁) 무(戊) 기(己) 경(庚) 신(辛) 임(壬) 계(癸)와 지지(地支)인 자(子) 축(丑) 인(寅) 묘(卯) 진(辰) 사(巳) 오(午) 미(未) 신(申) 유(酉) 술(戌) 해(亥)의 6갑(六甲)을 5행에 각각 귀속하여 상생(相生)과 상극(相剋)의 현상을 배합하면 120가지의 상(象)을 얻을 수 있고, 120가지의 상에는 또다시 각각 10가지의 생성하는 모양이 있으니 모두 1,200개의 형체·색깔·번짐·잘림·방향·작용·의미·굽음 등등의 모양을 분석하여 판단하는 것이다.

서점법(筮占法)은 톱풀(시초: [蓍草]) 50줄기로 산가지를 만들어 열여덟 번 셈하여 64괘(卦) 가운데 한 괘를 얻어서 그 괘의 구조를 살피어 흥망성쇠의 돌아가는 기미를 판단하는 것인바, 톱풀은 나서 백년이 되면 한 뿌리에서 백 개의 줄기가 생기는 신령한 풀이므로 성왕이 점법에 이용한 것이다. 양(陽)은 홀수요, 음(陰)은 짝수이니, 1·3·5·7·9는 천수(天數)며 2·4·6·8·10은 지수(地數)인바 천수의 합은 25요 지수의 합은 30이므로 하늘땅의 모든 수를 합하면 55인데 대연(大衍)의 수는 50이니 산가지 50개를 두 손으로 모아서 쥐고 말하기를 "아무개는 이제 무슨 일을 하고자 한바 좋을지 나쁠지를 몰라서 이에 의문을 신령에게 질문하오니 길하고, 흉하고, 얻고, 잃고, 뉘우치고, 안타깝고, 근심스럽고, 염려스러움을 오로지 신령께서는 밝게 가르쳐 주소서"라고 기도한 다음에 이에 오른 손으로 하나를 뽑아 상자 속에 넣으니 이것은 우주의 절대자인 태극(太極)을 상징함이다. 나머지 49개는 천지의 현상을 작용하는 수인바 이것으로 점을 치는 데 무념무사(無念無思)하게 양손으로 그것을 갈라 양쪽으로 나누니 하늘과 땅을 상징하는 것이다. 왼손으로 왼쪽의 톱풀을 모두 쥐고 오른손으로 오른쪽의 산가지에서 하나를 뽑아 왼손 새끼손가락 사

이에 끼워 걸어 괘[掛] 놓는데 이것은 사람을 상징하니 하늘 땅 사람
의 3재(三才)가 갖추어 짐을 뜻하는 것이다. 다음에 오른손으로 왼손
에 있는 산가지를 네 개씩 옮겨 쥐며 설[揲] 셈하니 네 철(四時)이
돌아가는 것을 상징함이며, 마지막으로 왼손에 남은 산가지가 한 개나
두 개나 세 개나 네 개가 있으면 이것을 왼손의 무명지 사이에 끼우
고 륵(扐)하여 윤월을 상징한다. 오른손에 있는 산가지는 왼쪽에 놓는
다. 다시 오른손으로 오른쪽에 있는 산가지를 모두 쥐고 왼손으로 네
개씩 옮겨 쥐며 셈하여 나머지는 왼손의 가운데 손가락 사이에 끼워
걸고 오른손으로 왼손에 셈한 산가지를 오른쪽에 놓는다. 다음에 왼손
새끼손가락 사이와 무명지 사이와 가운데 손가락 사이에 끼워 걸어둔
산가지를 모두 모와서 탁자 제일 위에다 놓는다. 이것이 첫 번째 변화
이니 다시 두 손으로 양쪽에 남아 있는 산가지를 모아 쥐고 첫 번째
처럼 똑같은 방법으로 셈하니 두 손으로 갈라 나누어서 오른쪽에서
하나를 뽑아 왼손 새끼손가락 사이에 끼워 걸고 왼쪽의 산가지는 왼
손으로 셈하여 왼손에 걸어둔 남은 산가지를 탁자 중간 위에다 놓으
니 이것이 두 번째 변화이다. 또다시 양쪽에 있는 산가지를 모아서 처
음처럼 똑같은 방법으로 셈하여 세 번째 왼손 손가락에 끼워 있는 나
머지 산가지를 탁자 아래쪽 위에다 놓는다. 이렇게 하여 세 번의 변화
가 끝나면 양쪽에 남아 있는 산가지를 합하여 세어 보면 36이나 32나
28이나 24가 되는데 36은 노양(老陽)이요, 32는 소음(少陰)이요, 28
은 소양(少陽)이요, 24는 노음(老陰)이다. 이로서 하나의 효(爻)를
얻으니 바로 여섯 획(畫) 가운데 초효(初爻)를 얻은 것이다.

　이제 다시 49개를 모두 모아서 처음과 똑같은 방법으로 세 번 변화
하여 제2효를 얻고 차례로 같은 방법으로 3·4·5·상(上)효를 얻으
니 모두 18변 변화 하여서 한 괘를 얻는 것이다.

　노양은 변하여 소음이 되고, 노음은 변하여 소양이 되니 본괘(本卦)
에서 노양과 노음을 변화하면 앞으로 변할 지괘(之卦)를 얻게 됨으

이에 본괘의 구조와 지괘의 구조를 아울러 관찰하여 앞으로 발전할 운수의 기미를 살피는 것이다. 본괘는 64괘가 있고 하나의 본괘는 변화하여 64괘가 생길 수 있으니, 4,096가지의 괘를 얻어서 인용하여 추리하고, 비교하여 징험함으로써 흥망성쇠의 운수를 모두 알 수 있는 것이다.

3. 세속점술의 변천

점은 본래 성인이 나라의 중요한 정책을 결정함에 완전무결한 절대의 진리를 살피고 영원히 변하지 아니 하는 만세(萬世)의 공론(公論)을 찾는 원리였으니, 현실의 여건(與件)에 얽매이면 이상(理想)을 구현하지 못하고, 한때의 공론은 영원하지 못할 수도 있으므로 마침내 천지신명에게 물어서 자연의 공리(公理)와 인류의 선덕(善德)을 찾아서 따르고자 하였던 것이다.

그러므로 점의 판단은 곧 하늘의 뜻으로서 영원한 진리요, 만세의 공론인 것이니 최고의 가치를 가진 지상명령이었다.

홍범에서 밝힌 복서(卜筮)의 절대적인 가치는 다음과 같다. "임금에게 커다란 의혹이 있으면 이에 마음으로 생각하여 보고, 조정(朝廷)에서 의논하여 보고, 국민에게 물어 보아도 풀리지 아니 하면 마침내 복서(卜筮)로 점을 쳐서 결정하는 것이다.

ㄱ 임금이 찬성하고, 점이 찬성하며, 관리가 찬성하고, 국민이 찬성하면 이를 일컬어 대동(大同)이라고 하나니, 만세의 공론인 까닭에 몸에서 기운이 나고 후세에 까지 기리 빛날 것이다.

ㄴ 임금이 찬성하고, 점이 찬성하면, 관리가 반대하고, 백성이 반대하여도, 하늘의 뜻을 따르는 까닭에 길하다.

ㄷ 관리가 찬성하고, 점이 찬성하면, 임금이 반대하고, 국민이 반대

하여도, 하늘의 뜻을 따르는 까닭에 길하다.

ㄹ 국민이 찬성하고 점이 찬성하면, 임금이 반대하고, 관리가 반대
하여도, 하늘의 뜻을 따르는 까닭에 길하다.

ㅁ 임금이 찬성하고, 점은 알 수 없으며, 관리가 반대하고, 국민이
반대하면, 국내의 일은 길하나 국제 문제는 흉하다.

ㅂ 임금과 관리와 국민이 모두 찬성하고, 점이 반대하면 가만히 있
으면 길하지만 일을 착수하면 흉하다."

이것은 하늘의 뜻이 사람에게 나타날 수 있을 뿐만 아니라 공론이
임금에게 있을 수도 있으며, 관리에게 있을 수도 있으며, 국민에게 있
을 수도 있는 것을 밝힌 것으로 하늘의 뜻과 사람의 마음이 모두 일
치하는 것이 최선이요 천리를 쫓아 행하는 것이 차선이며, 사람의 생
각을 따르고, 하늘의 뜻을 어기는 것이 흉함이며, 하늘과 사람을 모두
어기는 것이 가장 큰 흉악임을 알 수 있는 것이다.

춘추·전국시대에 공자(孔子)와 맹자(孟子)에 의하여 학문이 일반
대중에게 보편화됨으로부터 어지러운 세상이 되자 민간에서도 사사로
운 일로 점을 치는 법이 유행하기 시작하였으니 점을 칠 수 있는 학
자가 세간에 널리 퍼져 있는 까닭이었다.

한(漢)나라에 이르러서는 음양가(陰陽家)가 나와서 음양5행설(陰陽
五行說)을 인용하여 개인의 운명까지도 의지와 노력에 상관없이 이미
결정되어 있다는 운명론을 제시하여 점술을 다양하게 개발하여 각각
그 신비함을 내세우니 이에 점이 하나의 사회적 관습으로 크게 번지
는 데 이르게 되었다.

성왕의 점법이 세속의 점술로 변천하면서 점을 판단하는 기준이 또
한 변질되었으니 성왕의 점법은 눈앞의 이해득실(利害得失)보다도 영
원한 시비선악이 길흉을 판단하는 기본이었으나, 세속의 점술은 공사
정사(公私正邪)를 가리지 아니 하고, 오로지 한 몸의 요행만이 화복
(禍福)을 가리는 기준이 된 것이다. 이것은 점의 본의에 어긋나는 것

인바 따라서 신통력이 있을 수 없으므로 마침내 사이비로 타락하여 끝내 혹세무민(惑世誣民)의 벌을 면할 수 없는 것이다.

세속의 점술이 그래도 오래 명맥을 유지하는 것은 성인의 점법을 조금은 지키는 것들이니, 지금까지 세간에 남아 있는 것을 들어 보면 약식법(略式法), 대용법(代用法), 응용법(應用法), 추연법(推衍法) 등이 있는바 약식법은 18번 변화하는 것을 간소하게 생략하여 6번으로 줄인 것이요, 대용법은 돈·윷·종이 끈·손가락·자·수판·대나무산가지 등으로 대용하는 것이요, 응용법은 주위에 있는 물건의 모양과 수나, 길을 가는 사람의 남여노소와 수나, 음성의 청탁 고저나 책갈피의 글자 수 등을 응용하는 것이요, 추연법은 추리하여 부연 설명을 하는 것이니 사주(四柱), 관상, 토정비결, 별, 꿈 등으로 미루어 짐작하여 풀이를 하는 것이다. 토정비결은 주역의 64괘를 응용한 것이나 그 괘를 얻는 방법이 생년월일을 대입하므로 사주점과 다를 것이 없는 것이다.

4. 점(占)의 금계(禁戒)

점은 정성의 극치요, 신묘(神妙)한 도(道)이니, 사람이 스스로 사망(邪妄)하거나, 귀신을 모독하는 것은 엄금할 일이다. 그러므로 점을 침에 일곱 가지 금계가 있으니, 첫째 점은 자연법칙의 공명정대한 천리를 찾아서 지극히 순수한 선덕(善德)을 확립하는 길이므로 부정하거나, 불의한 일은 점칠 수 없다. 세간에 점치는 사람은 절대로 이와 같은 점을 처 주어서는 아니 되나니, 귀신의 저주를 받는 무서운 벌이 따른다.

둘째 누구나 다 알 수 있는 일상생활의 사소한 일로 천지신명을 번거롭게 하여서는 아니 되니, 혼인의 날을 받거나, 장례의 날을 받거나 신부의 성씨를 모를 때에 동성(同姓)이 아닌가 하는 등의 인간의 능력으로 앞날의 길흉을 헤아릴 수 없는 중대한 일이 아니면 모름지기 점을 쳐서는 아니 된다.

셋째, 점의 신성(神聖)함을 망각하고 돈을 탐내어 점을 처 주거나, 일시적으로 호기심을 채우거나, 마음의 위로를 받기 위하여 점을 쳐서는 아니 된다.

넷째, 점은 한 가지 일의 가부(可否)만 물어 보는 것이 원칙이니, 여러 가지 일을 석어서 복잡하게 엉클러 물으면 영험(靈驗)이 없는 것이다.

다섯째, 한 가지 일을 두 번 세 번 점치면 신을 모독(冒瀆)한 짓이요, 신을 모독하면 맞지 아니하는 것이다.

여섯째, 당사자가 직접 요청하지 아니하고, 다른 사람이 와서 남의 일을 점치면 정신이 엉기지 아니하여 신통력이 없으므로 효험이 없다.

일곱째, 점을 치고자 하면서 점치는 사람에게 그 사정을 정확히 말하여 주지 아니 하면, 점의 결과를 바르게 해석하여 판단할 수 없으므로 시험 삼아 무조건 점을 치게 하여서는 아니 되는 것이다. 이것이 일곱 가지 금계이니 이것을 지키면 올바른 점의 풍속이 세워질 것이다.

우리나라의 전통적인 점술은 완전한 철학체계가 있으므로 다른 나라의 무속(巫俗)적인 점술과는 아주 다르다. 하늘의 뜻을 숭상하는 우리의 유풍(流風)을 숭고한 학문으로 발전시키면 세계에서 가장 고명(高明)한 점의 문화를 창조하여 발전할 수 있을 것이니, 국민 모두가 점에 대한 올바른 인식이 있기를 바란다.

생명의 가치와 장수(長壽)

생명은 귀중하다. 그러므로 인간의 5복(五福) 가운데 첫째가 수(壽)하는 것이고, 인생의 여섯 가지 큰 불행 가운데 첫째가 흉단절(凶短折)이니 흉(凶)은 재난(災難)이나 변란(變亂)으로 죽은 것이고 단(短)은 횡사(橫死)한 것이며 절(折)은 요절(夭折)한 것이다.

대저 사람이란 오래 살아야만 여러 가지 행복을 누릴 수 있고, 일단 죽어버리면 하나밖에 없는 생명이 살아져서 인생이 끝나기 때문에 누구나 생명을 소중히 여기며 장수(長壽)하기를 바란다.

그러나 인간에게는 생명보다도 더욱 소중한 도의(道義)가 있는 까닭에 생명을 초개(草芥)처럼 버리고 도덕심(道德心)과 의리(義理)를 지키는 것이니 여기에서 인간의 생명이 지극히 존엄한 가치를 발양하는 것이다. 따라서 오래 살아도 인간의 도리를 못하면 가치가 없는 것이고 비록 짧은 인생이라도 정의롭게 죽었다면 그 도리를 다하고 죽은 것이므로 정명(正命)인즉 비정명(非正命)으로 죽은 흉단절(凶短折)과는 아주 다른 것이다.

생명의 가치가 단순한 물리적 시간의 길이에 있는 것이 아니라 인간다운 삶의 질에 있는 까닭에 인생을 경영하는 차원에 따라서 삶의 의미도 달라지는 것이다. 살기 위해서 먹고, 먹기 위해서 사는 사람은 천박한 인생이요, 일하기 위해서 먹고, 착한 일을 하기 위해서 사는 사람은 고상한 인격이니 밥값을 해야 되는 곳에서 밥값을 못하거나 생명 값을 해야 되는 때에 생명 값을 못한다면 어찌 가치 있는 삶이라고 하겠는가?

그러므로 성인은 생명을 귀중하게 여기면서도 또한 도의를 가장 숭상하였으니 공자는 아침에 도(道)를 들으면 저녁에 죽어도 좋다. (朝聞道)면 夕死可矣니라)고 하였을 뿐만 아니라 사람이 사는 것은 정직이니 부정직하게 사는 것은 요행으로 죽음을 면한 것이다(人之生也는 直이니 罔之生也는 幸而免이니라)고 하였으며 또 이익을 보면 정의를 생각하고 위난을 보면 생명을 바쳐야(見利思義하며 見危授命 하여야)만 성인(成人)이라고 할 수 있는데 특히 지사(志士)와 인인(仁人)은 삶을 추구하여 인간성을 해침이 없고 몸을 죽여서 인(仁)을 완성한다 (志士仁人은 無求生以害仁이요 有殺身以成仁이니라)고 역설하였다.

맹자는 이러한 사생관(死生觀)을 가치론(價值論)으로 변증하였으니 물고기도 먹고 싶고 곰발바닥[熊掌]도 먹고 싶지만 두 가지를 다 얻을 수 없다면 물고기를 버리고 곰발바닥을 가지듯이 살고도 싶고 정의롭고도 싶지만 두 가지를 다 얻지 못할 때에는 생명을 버리고 정의를 취할 것이다(舍生而取義). 사람은 사는 것보다도 더 좋은 것이 있기 때문에 구차하게 살려고 하지 않으며 죽는 것보다도 더욱 싫은 것이 있기 때문에 죽음도 피하지 않는 마음이 모두 있지만은 오직 현자(賢者)만이 잘 실천할 뿐이라고 말하면서 선비는 도덕심을 간직하고 인간성을 기르는 것이 하늘을 섬기는 원리이니 일찍 죽는 요(夭)나 오래 사는 수(壽)에 의혹되지 말고 몸을 닦아서 기다리는 것이 천명(天命)을 쫓아 마음의 평안을 얻는 입명(立命)의 길이라(存其心하여 養其性者는 所以事天也요 夭壽不貳하여 修身以俟之는 所以立命也니라)고 설파하였다.

공자의 인(仁)으로 사는 길과 맹자의 의(義)로 사는 길이 가장 가치 있게 사는 인생의 길이니 그것은 천명(天命)에 따라 인간의 본의(本義)에 철저한 도덕적 삶의 길이기 때문이다.

그러므로 인간의 생명(生命)은 하늘에 있다고 하는 것이니 하늘의 뜻을 거스르며 구차하게 목숨만 이어가면서 부질없이 살려고만 도모해도 안 되는 것이요, 또한 하늘의 뜻을 져버리고 무리하게 처신하여 재난이나 질병이나 각종 사고와 사건으로 비명횡사(非命橫死) 하는 것도 경계하지 않으면 안 되는 것이다.

쓸데없이 오래 사는 것은 사람이 천해져서 욕(辱)된 삶에 이르기 쉽고 가치 없이 일찍 죽는 것은 인생이 허무하여 비참한 생애로 전락하기 쉬우니 사람은 반드시 생명을 고귀하게 여기면서도 비인간적이고 부도덕한 방법으로 맹목적인 장생불사(長生不死)나 불생불멸(不生不滅)이나 또는 부활영생(復活永生)의 무량수(無量壽)를 탐해서는 안 되거늘 하물며 위험한 모험이나 무절제한 환락과 방종이나 난폭한 장난에 도취하여 목숨을 함부로 거는 만용을 부려서야 되겠는가?

예로부터 우리나라의 도덕군자(道德君子)는 매사에 순리(順理)를 따라 천수(天壽)를 누리고, 충신과 의사(義士)와 열녀(烈女)는 만고에 절의(節義)를 지켰으니 여기에 생명이 영원한 진리가 있다.

나의 아버지

어린시절 아버지를 잃은 사람은 아버지에 대한 그리움이 골수에 사무쳐 지평선처럼 끝이 없다. 더욱이 일찍 부모를 여의고 천애고아가 된 사람은 누구나 그 절통하고 애절한 마음에 기가 죽어 외돌토리가 되게 마련이다. 그래서 되돌릴 수 없는 지난날의 어버이 생각으로 슬픈 영혼을 달래며 이승과 저승을 넘나드는 환상의 세계에 빠져들기 쉽다.

아버지께서는 내가 12살 되던 해 가을 여순반란사건 당시 경찰관으로 계시다 진압작전 중 전사하셨다. 그리고 6개월 뒤 어머니마저 아버지의 죽음에 대한 충격으로 自盡(자진)하시어 나는 두 동생과 함께 고아가 되어 할아버지 밑에서 성장하였다.

조실부모한 고아들에게 정작 필요한 것은 용기와 희망임에도 불구하고 대부분의 사람들은 고아를 대하면 '밝고 씩씩하게 살라'고 격려하는 것이 아니라 '아이고 이 불쌍한 사람아, 앞으로 어이 살거나! 몹쓸 놈의 세상'이라고 탄식하면서 고개를 떨어뜨리고 눈물을 훔친다. 나는 이러한 비참한 운명의 포로가 되는 것이 점점 싫어서 가급적 지난날의 원통하고 한 많은 기억들을 회상하는 대신 앞으로의 일에만 전념하는 노력으로 일관해왔다.

본래 유교집안의 가풍은 자녀를 교육함에 있어서 아버지와 어머니가 그 교육과정을 나누고 역할을 분담하였으니 태교와 유아교육은 자애로운 어머니가 맡아 하셨고, 내가 초등학교에 들어간 이후로는 엄격한 아버지가 행실교육을 담당하셨다.

그러므로 어린 자녀를 안거나 업는 것은 아버지로서의 권위와 체통을 잃은 처사이고, 자녀가 감히 아버지 옆에 앉거나 겸상하여 밥을 먹는 것은 아버지에게 무엄한 행동이 된다.

소년기에도 내가 영특하지 못했음인지 아버지로부터 특별한 훈계의 말씀을 들은 기억은 없다. 다만 父子有親의 깊은 정이 구름처럼 피어나는 두 가지 아름다운 추억들을 가슴속에 고이 간직하고 있다. 얼마나 다행인지 모른다. 그것은 아마도 아버지께서 父爲子綱, 즉 당신이 해야 할 도리를 모범적으로 보여주기 위한 일대 계획적인 시범으로 짐작된다.

내가 10살 때의 일이다 한 번은 아버지께서 나만을 데리고 선산을 두루 다니면서 성묘를 했던 늦가을의 뿌리 찾기 행사이고, 또 한 번은 기차를 타고 남원역에서 임실역까지 갔다가 돌아오는, 이를테면 새 나라의 약동상을 보여주는 견문 넓히기 행사였다. 이것은 분명 아버지께서 宗子(종자)로서의 사명을 나에게 일깨워주시려는 深謀遠慮이리라. 앞으로 조상의 산소를 지켜 가문의 명예를 보존하되 위대한 새 나라 건설에 이바지하는 사람이 되라는 유훈이었다고 생각한다.

岳丈 金仁煥 處士의 手澤

오늘 삼가 옷깃을 여미고 이 글을 쓰면서 나는 무한한 감회를 금치 못하는 바이다. 나의 岳丈 通川金公仁煥 處士는 서기 1977년 8월 16일에 서울 玉仁洞自宅에서 別世하였으니 享年이 82세이었다. 處士께서는 나의 아내 金貞子를 55세에 두셨으니 처음부터 막내딸에 대한 사랑보다도 당신의 壽齡에 대한 걱정이 앞서서 막내딸의 成長을 밤낮으로 지켜보면서 아침저녁으로 초등학교 6년간을 손수 데리고 다니시며 졸업을 시켰다고 한다.

그토록 소중하게 키운 막내딸을 가난한 선비에게 시집보낸 뜻을 채 깨닫기도 전에 장인께서 돌아가시니 초상 마당이 온통 막내딸의 통곡을 진정시키려고 전전긍긍이었다.

따라서 나는 葬禮式을 마치고 집으로 돌아오면서 아내로 하여금 친정아버지를 속히 잊게 하기 위하여 장인이 쓰시던 어떤 遺品도 가지고 오지 아니 하였으므로 자연히 아내는 친정아버지를 생각할 기회가 적어지게 되었던 것이다.

그러나 세월이 흘러 나이를 먹어감에 지난날의 추억이 때로 그리워

질 즈음엔 첫째 못 다한 정이 아쉽고 둘째 그 시절의 추억이 담긴 물
건이 그리워지는 애틋한 回顧情緖와 報本感情을 어이 하겠는가? 생각
이 여기에 이르면 나는 아내가 슬픔을 잘 이겨내는 것만을 감사할 것
이 아니라 아내의 특별한 마음을 헤아려주지 못했던 점을 오히려 죄
송스럽게 느끼지 않을 수 없게 되었다.

그러던 가운데 지난해 추석 무렵 나는 집을 수리하는 과정에 방안
짐을 옮기면서 아내의 옛날 공책을 발견하고 신기해하노라니 아내가
그 갈피 속에서 대학노트 2장을 꺼내어 처음으로 친정아버지의 친필
글씨를 보여주었다. 아니, 이럴 수가! 여보, 이 글씨를 10여 년간 홀
로 보관하였단 말이요? 나는 장인의 유품이 우리 집엔 아무것도 없는
줄 알았는데, 이건 보배야, 어떻게 이 글을 당신이 간직하게 되었어?
하면서 나는 눈을 번쩍 뜨고 正體로 또박또박 쓴 그 글을 읽기 시작
하였다 내용은 다음과 같았다.

한심한 國會議員님前上書

참고 견디어온 백성들입니다. 억울하고, 분하고, 아니꼽고, 외로운 일
들로 치자면 어찌 어제 오늘의 일이겠습니까? 백 년을 그렇게 살아왔기
에 權勢높은 사람들의 腐敗와 橫暴에도 이제 익숙해질 대로 익숙해지
고, 不義와 모멸을 당해도 어지간히 한숨으로 諦念할 줄도 아는 사람들
입니다.

그러나 당신들의 所行에 때때로 이렇게 鬱憤의 글을 草하는 까닭은
그래도 당신들이 아직 남아 있는 希望이며, 믿고 의지할 수 있는 權威
이며, 未來의 꿈을 펼쳐볼 수 있는 새벽의 목소리이기 때문입니다. 당
신들은 우리를 代身하여 그곳에 있는 까닭입니다. 그러기에 당신들이
누리는 그 權限은 하늘에서 瑞雲을 타고 내려온 것이 아니라 힘없고 가
난하고 억울한 당신들의 남루한 이웃들의 가슴속에서 움튼 것이고, 당
신들이 누리는 그 榮光은 銃칼과 銃彈의 物理的 힘이 아니라 投票장을

後光으로 한 民權의 힘이라는 것을 잊어서는 안 됩니다.

그런데도 당신들은 밭을 가는 한 마리의 소를 아쉬워하는 사람들이 있을 때 高級乘用車의 노래를 불렀고, 弱한 이웃들이 罪없이 봉변하여 억울한 일을 격을 때 자기들의 特權만을 위해서 金배지를 달고 있었습니다. 그리고 또 이제 雨露를 피하기도 어려운 셋방살이 國民들의 血稅로 세운 그 世運 아파트에 호화로운 당신들의 事務室을 차릴 작정입니까?

마음 놓고 탓할 수도 없는 立場입니다. 國會의 權威가 떨어질수록 높아져가는 것은 獨裁의 길입니다. 民權을 지키는 당신들이 不信을 당한다는 것은 곧 民權의 힘이 시들어 간다는 것과 마찬가지입니다. 그러기에 자기 얼굴에 침을 뱉는 矛盾 없이는 당신들을 욕할 수도 없는 것이 이 국민들의 딱한 처지입니다.

國民들에게 번져가는 國會不信感은 民權의 自滅을 의미합니다, 갈치가 제 꼬리를 베어먹는 矛盾입니다. 진정 당신들의 安樂하고 豪華로운 事務室은 世運아파트가 아니라 두엄냄새가 나는 당신들의 故鄕, 메주 뜨는 냄새가 나는 저 시골 초가3간의 방속에 있다는 것을 알아야 합니다. 딱하고 딱한 사람들에게 이 편지를 전합니다.

이 편지는 그 내용으로 봐서 朴正熙 軍事獨裁가 權力을 휘두르던 70년대 초기인 듯한데 정확한 날짜를 표기하지 아니 한 점을 보면 아마도 草案만 잡아 놓고 실제로 發送하지는 않았거나 또는 문장이 마음에 들어서 친필로 기록해 놓은 것 같다. 그렇다면 지금으로부터 20여 년 전의 일이다. 당시의 憂國愛民하였던 處士公의 心境을 내가 읽을 수 있다는 것은 꿈만 같은 感激이 아닐 수 없다.

이제야 丈人께서 生前에 나에게 별다른 말씀을 하지 않았던 理由를 알 수 있을 것 같고, 平素 말이 없는 가운데 무한한 생각을 홀로 간직하는 君子의 度量을 짐작할 것 같다. 처음에는 岳丈의 手澤이 남아 있다는 사실만을 기뻐하여 마지않았으나 그 글을 읽고 나서는 丈人의 나라를 걱정하고 민중을 사랑하는 위대한 精神에 欽慕의 情이 더욱 새로워지는 것이다.

아내여! 이것은 後孫에게 있어서 하나의 커다란 精神的 遺産이요, 장인의 글씨만을 얻은 것도 더없는 기쁨인데 장인의 사상까지 담겨져 있으니 이보다 소중한 遺産이 어디 있겠소! 당장 표구를 하여 길이 자손에게 傳해야 되겠습니다.

그런데 여보! 당신은 어떻게 하여 이 글씨를 가지게 되었소? 아내는 눈물을 글썽이며 목이 매여 말하기를 제가 시집을 올 때에 친정에서 해준 이불과 그릇 등을 가지고 떠나려고 하니 문득 마음이 허전하고 아쉬워서 아버지의 글씨 한 장, 어머니의 글씨 한 장, 큰언니의 글씨 한쪽, 오빠의 글씨 한쪽을 챙겨 일기장 속에 넣고 오면서 외로운 마음을 달랬던 것입니다. 모두 대학노트에 펜으로 쓴 글씨지만 지금껏 소중히 간직하였으므로 이제야 당신 앞에 밝혀진 것이라고 하는 것이다.

處士公은 大韓帝國 光武1년(서기1896년) 11월 7일 충남 서천군 비인면 관리 안의골에서 태어나 소년기에 朝鮮王朝의 滅亡을 目睹하였고 청년기에 日帝植民統治의 壓制를 당했으며, 장년기에 해방조국에서 6·25動亂을 겪었는데 노년기에는 軍事獨裁의 虐政에 시달리다가 돌아가셨으니 돌아보면 한평생을 亂離속에서 살았다고 할 것이다.

이러한 民族悲運의 時代에 民衆의 아픔을 外面하고 자기들의 野慾充足에만 熱中하는 高官大爵들의 作態가 하도 失望스러워서 그들의 反民族的 反民主的인 所行을 홀로 糾彈하였던 애절한 마음이야말로 바로 민족의 良心이요 民衆의 소리가 아니고 무엇이겠는가!

들리는 소리만을 듣는 것은 훌륭한 지도자가 아니고, 들리지 않는 소리를 들어야만 진정 훌륭한 민중의 지도자가 되리라.

關東紀行

　關東八景을 50이 넘도록 遊覽하지 못하고 사는 나에게 있어서 전혀
생각지 않던 旅行의 기회가 왔다. 成大 養賢齊 典齊로 있는 梁再赫敎
授가 江陵鄕校에 講演演士로 함께 가자는 제의를 해온 것이다.

　나는 거의 반평생을 杜門不出하면서 讀書하던 習性의 굳어져서 일
찍이 한 번 地方의 모임에 참가한 일이 없을 뿐더러 별로 남에게 큰
소리 치며 내세울 知識이나 人格도 없으므로 어쩌다가 혹시 要請이
있더라도 辭讓하여 拒絶하였던 것이다.

　그런데 이번에는 나의 마음이 움직이고 말았으니 그 까닭은 조건이
너무도 좋았기 때문이다. 첫째 時日이 1990년 8월 7일로써 여름休暇
철이라는 것, 둘째 場所가 江陵으로써 關東의 名勝地라는 것, 셋째 行
事主催를 江陵鄕校靑年儒道會가 한다는 것, 넷째 演士의 모든 經費는
養賢齊宣敎費에서 公式支援한다는 것 다섯째 梁 敎授의 自動車로 같
이 타고 간다는 것, 여섯째 가장 중요한 점인 講演의 主題가 韓國儒學
史와 現代儒學이라는 것이었으니 어느 것 하나 나의 마음에 들지 않
은 것이 없었던 것이었다.

여름 休暇철에 정다운 벗과 名勝地를 遊覽하며 젊은 斯文同志와 學問을 討論함에 있어 나의 持論이 現代儒學에 民衆儒敎革命論을 主題로 講演을 한다는 것은 나에게 있어서 꿈같은 일인 것이다. 어찌 즉각 응낙하지 않을 수 있겠는가!

8월 6일 暴炎을 피할 생각으로 아침 일찍 漢江을 건너 梁 敎授宅으로 가서 보니 成均館靑年儒道會 事務局長 呂文弼 同志가 案內를 하기 위하여 먼저 와서 기다리고 있다. 梁 敎授의 令夫人으로부터 커피를 대접받고, 일어나 出發함에 夫人이 문밖까지 나와서 途中에 절대 追越하지 말 것을 再三 당부하므로 내가 절대 保障하겠으니 安心하시라고 慰安하였다.

세 사람이 安樂한 乘用車에 올라타고 嶺東高速道路를 달림에 梁 敎授가 獨逸留學時節에 10여 년간 익혔던 運轉 솜씨를 발휘하여 安全速度로 餘裕 있게 가노라니 旅行의 雰圍氣가 점점 가슴을 부풀게 하고, 前境의 빠른 變化에 저절로 감흥이 넘쳐 옛 노래를 부르니 차 속의 이야기가 자연히 30년 전 학창시절로 돌아가는 것이었다.

고속도로의 2次線을 따라서 이대로만 간다면 終着点에 가서 점심을 먹을 수 있겠지, 그리고 오후에는 東海물에 밀려오는 파도의 소식을 들을 수 있겠지? 하면서 가던 길이 갑자기 수많은 차들이 밀리면서 거북이걸음처럼 느려지다가는 아주 꽉 막히어 옴짝달싹을 아니 하는 것이었다. 왜 이럴까? 여름 휴가철이므로 모두 일제히 차를 가지고 避暑를 떠나는 까닭에 全國이 高速道路에 自動車가 暴輳하여 平素의 2~3倍의 時間이 所要한다는 消息은 新聞과 放送의 報道를 通하여 알고 있었지만 우리는 오전에 일찍 出發하였기 때문에 그런대로 無事하리라고 생각하였던 것이다.

그러나 그것은 錯覺이었다. 太陽은 점점 뜨겁게 떠오르며 고속도로의 아스팔트길을 달구는 暴炎 속에 차를 세우고 앉아서 하염없이 앞길이 트이기만을 기다리는 것이다. 만일 그 冷에어컨 車가 아니었더라면 견디기 어려웠으리라! 1시간 이상을 기다리다가 밀린 차들이 천천히 움직이는 것을 따라서 약 10里 정도를 빠져 나오니 乘用車와 貨物自動車가 衝突한 大型事故가 나서 道路邊에 굴러 있는 悽慘한 光景을 보게 되었다. 저럴 수가?

너무나 끔찍한 交通事故를 目擊하고 나니 가슴이 철렁하여 앉은 자리가 왜 그런지 不安하다. 人生의 不幸이 道路에 있거늘 어찌 浪漫만을 즐길 것인가?

精神이 번쩍 들면서 話題를 運轉注意로 돌리게 되었다.

우리 차는 앞차의 꽁무니만을 따라 가는 수밖에 없었으므로 追越은 想像도 못 할 形便이 되었다. 밀렸던 차들이 한꺼번에 터지면서 거의 길을 빽빽이 메우고 있었기에 自由自在로 빠져나갈 틈이 없었던 것이다. 우리는 차들이 빠지기를 기다릴 겸 중간 休息所에 들려 가벼운 점심 療飢를 하고 氣分을 轉換한 다음 高山峻嶺을 기어오르기 시작 하였다.

맑은 하늘에 솟아 있는 雄大한 山은 짙푸른 綠陰이 鬱鬱蒼蒼하여 한 고개를 넘을 때마다 形色을 달리하면서 겹겹의 秘境을 드러내는 것이다. 나도 모르게 山色에 醉하여 俗界의 雜念을 모두 잊어버리고 無我의 仙境에 들어가니 어느 듯 大關嶺頂上에 이르렀다.

가슴속에까지 시원한 上上峰에 올라 어찌 그냥 지나리요? 넓은 駐車場에 차를 세우고 善男善女로 가득한 休憩所에서 쉬면서 강냉이 3통을 사서 나누어 먹으며 旅行의 기쁨을 맛보았다. 옛날 申思任堂은 여기에서 어버이를 思慕하는 詩를 지었거늘 오늘날 사람은 누구를 생각 하는고? 높은 산에 올라 어버이를 생각하는 사람은 아마도 그 산보다도 더 높은 생각을 하는 사람이렸다.

이제부터는 江陵을 향하여 直下하는 길이다. 멀리 東海의 푸른 물결을 바라보면서 구불구불 백천 구비를 돌아서 내려간다. 오를 때는 하늘이 가까워지는 上昇感興 넘치더니 내려감에는 바다가 다가오는 下

降情趣 출렁인다. 위아래를 飛翔하는 사람들 어찌 오르고 내림에 걸림이 있으리요!

대관령牧場의 젖소 떼만 한가로이 草原을 거닐거늘 白鹿, 青鶴은 어디에 있나? 이 땅은 본래 鳳凰의 故鄕이요, 青龍의 地帶이거늘 君子神仙의 나라이었지! 세상이 아무리 어지러워도, 人物이 아무리 시들었어도 그래도 이쯤엔 眞人 숨었을 거야, 내가 만일 道通했다면 이번 길에 그 사람 만나겠지!

江陵市內에 倒着하니 오후 4시다. 무려 8시간이 걸려서 여기에 왔다. 呂文弼 同志가 江陵鄕校青年儒道會에 電話를 하니 崔東洵 支部長이 찾아왔다. 우리가 서로 初面人事를 하고나니 旅館으로 案內하여 짐을 풀게 하고는 바로 關東八景의 하나인 鏡浦壹海水浴場으로 引導한다.

간단한 생 오징어膾야 먹는 둥 마는 둥 白沙場에 나아가 水泳服으로 갈아입고 세 사람은 夕陽의 물빛 속으로 풍덩 들어갔다. 물놀이야 본래 어린이가 하는 것 初老의 斑白을 숨길 것 있나? 하물며 三伏炎天에 千里를 달린 몸 東海의 푸른 물을 어찌 辭讓하리! 이 나이에 처음으로 東海濱에 왔거늘 龍宮의 깊은 곳을 어찌 엿보지 않으리요? 숨을 길게 들여 쉬고 바다 밑 모래를 헤치며 龍宮길 더듬도다.

一望無際의 바다를 가슴에 안고, 두둥실 파도를 타며 오르락내리락 물거품을 헹구는 사이 長長夏日도 제풀에 지쳐 西山에 걸리거니 人山人海의 人派가 썰물 빠지듯 떠나간 白沙場에 나란히 앉아 金모래 銀모래 파면서 하염없이 내일 講演할 主題를 놓고 現代儒學의 民衆化에 대한 當爲性을 討論하여 서로서로 말을 맞추도다.

다시 膾집에 들어가 저녁을 먹고 旅館으로 와서 편안히 자리에 누우니 오늘의 일이 아련히 눈앞에 어른거리는데 떠오르는 생각은 千里길에 이제는 咫尺이 되었다는 것, 서울과 地方都市의 風景이 거의 同一하다는 것, 江陵의 山水가 秀麗하다는 것이었다. 나그네의 첫 밤 懷抱 억누를 수 없지만 밤잠을 설치면 내일의 일을 그르치리라. 氣分을 가라앉히고 마음을 平定하여 일찍 잠들어야 夜氣를 保存하겠지!

새벽에 일어나 동녘하늘 쳐다보니 瑞氣 비치도다. 시원한 冷水한 그 릇 마시며 精神을 가다듬고 市場거리를 구경한 다음 一行을 불러 해장 국밥으로 朝飯을 든 다음 잠간 쉬었다가 셋이 함께 江陵鄕校로 出發하 였다. 오전 10時에 鄕校門庭으로 들어서니 아늑한 옛 建物이 淸雅한데 뒤로는 鬱蒼한 老松이 둘러 있어 그 歷史를 자랑하고 있도다.

崔東洵 支部長의 案內로 事務室에 들어가니 金振伯 江原道儒道會財 團理事長이 반갑게 맞이한다. 이어 沈範洙 江陵鄕校典校, 辛平默 江陵 儒道會會長, 崔鍾善 成均館典學 등 여러분과 人事를 交換하고 歡談하 는 사이에 講演時間表와 趣旨文을 준다. 時間表에는 10시부터 11시까 지는 徐正洙 所長의 民衆儒敎思想이고, 11시부터 12시까지는 梁再赫 敎授의 現代産業社會와 儒學이다. 그런데 나는 이 자리에서 江陵鄕校 靑年儒道會主催 第4次 定期硏修會 趣旨文을 읽다가 그윽이 놀랐다. 그 대목을 옮기면 이러하다.

"兩極化 時代를 거쳐 탈 이데올로기 社會가 발전해 가는 동안 國家 의 힘은 王에 있는 것보다 民衆으로 槪念지어 간다. 民主化의 發展이 國力과 比例하여 가며 民主化의 길은 오로지 人類가 가야할 命題가 되었다. 民主化의 發展尺度에 따라 國論이 統一되고 國力이 强하여 진 다는 原理를 찾아 各界各處에서 목소리를 키워가며 統一된 國家를 가 꾸기에 一念하여 가는 것은 先祖 士林의 뜻이기도 하다."

이러한 말은 旣成儒學者들에게서는 아주 듣기 어려운 것으로 이제 地方의 靑年儒林으로부터 民衆의 힘, 民主化의 發展, 祖國의 統一이라 는 意慾的 熱誠을 確認하는 것은 대단한 기쁨이 아닐 수 없다. 우리 儒林의 意識이 아래에서부터 깨어나는구나! 그렇다면 自信 있게 民衆 儒敎思想을 熱講해야겠다.

마음을 가다듬고 있으려니 개강식이 끝나고 講演時間이 되었다고 알린다. 옷매무시를 고치고 明倫堂으로 들어가니 大講堂에 가득히 儒

林이 모여 앉았는데 200명이 넘어 보였다. 이 정도면 盛況이라고 해
야겠지 천천히 壇上에 올라 恭遜히 人事를 하고 첫 마디의 말을 이렇
게 시작했다.

"儒林元老 碩學同志 여러분! 나는 오늘 審判을 받기 위하여 여기에
왔습니다. 내가 半平生을 功夫한 結實이 바로 民衆儒敎思想인데 儒林
에게 직접 講說하는 것이 이번이 처음이기 때문에 여러분의 嚴重한
審判은 앞으로 民衆儒敎發展에 대단히 큰 影響을 끼칠 것입니다. 비록
날씨가 덥고 자리가 비좁지만 끝까지 傾聽하시고 虛心坦懷하게 討論
하여 주시기 바랍니다."

場內는 더욱 肅然해지고 한층 關心을 가지면서 演壇을 注目하므로
나는 『민중유교사상』과 『정통가정의례』 2권의 나의 著書를 높이 들어
보이며 나의 말이 卽興的인 것이 아님을 確認시키고, 쉽고 간단한 말
로 一目瞭然하게 論理를 展開하여 나아갔다.

儒學에는 仁義禮智信의 5性을 具備한 人間本義主義가 있다는 것과
父子有親 民官有義 夫婦有別, 長幼有序, 朋友有信의 五倫을 實踐躬行
하는 人道主義가 있다는 것과 사람마다 이승에서 壽, 富, 康寧, 攸好
德, 考絡命의 五福을 누리도록 天下國家를 經營하자는 人生幸福追求의
理想이 있다는 것을 말하고, 이러한 儒敎의 眞理를 實現하기 위하여
여러 가지 방법이 時代에 따라 提示되었던 事實을 歷史를 通하여 밝
혀 주었다.

堯舜은 帝王의 政治力으로 大同世界의 安樂和平한 世界를 建設하였
으니 帝王儒道라고 하겠고, 湯武는 官僚의 行政力으로 小康世界의 開
化文明한 社會를 建設하였으니 官僚儒道라고 하겠고, 孔孟은 聖賢의
道德力으로 春秋戰國의 亂世에 政治社會의 文化를 再建하려고 하였으
니 聖賢儒道라고 하겠고, 程朱는 士林의 精神力으로 忠義孝烈을 받들
어 風俗을 醇化할려고 하였으니 선비 儒道라고 하겠는데 이제는 主權
이 國民에게 있는 民主國家요 民衆이 나라의 主人이므로 民衆이 스스

로 團結하여 國家를 經營하고 共同으로 幸福을 創出하는 自治의 時代
인 까닭에 당연히 새로운 民衆儒敎革命이 있어야 된다는 점을 力說하
였다.

이어서 漢나라 때 董仲舒에 의하여 확립되었던 官方儒道는 그 窮極
的 目的이 儒敎의 眞理를 具現하는 데 있는 것이 아니라 오로지 皇帝
의 王權을 守護하는 데 있었던 似而非 儒道이므로 嚴格히 分離하여
다루어야 된다는 점을 또한 指摘하면서 官尊民卑의 人間束縛이 오히
려 人類를 不幸으로 몰고 갔던 罪惡을 論하고 끝으로 다음과 같이 말
을 맺었다.

"여러분! 오늘의 現代儒林은 過去의 君主를 받들던 臣民儒林이 아니
고 民衆과 함께 하는 民主儒林임을 自覺해야 됩니다. 이제는 獨裁權力
으로부터 招聘이 오기를 기다리지 말고, 스스로 民衆 속에 뛰어들어 함
께 民權을 찾아 民主政府를 樹立하고, 祖國統一을 推進하여야 됩니다.

앞으로 儒林이 낡은 保守的觀念을 勇敢하게 떨쳐버리고, 새 時代에
알맞은 現代儒敎思想을 찾아서 開發하여 進取的 力動的 運動을 展開
하여야 될 것입니다. 여러분! 그러한 뜻에서 民衆儒敎思想을 찬성하여
주시면 感謝하겠습니다."

熱烈한 拍手로 應答을 받으며 演壇을 물러나와 欣快한 마음으로 事
務室로 돌아왔다. 梁 敎授가 講演을 하는 동안 더위를 식히며 쉬노라
니 金振伯 理事長이 東喬 閔泰植 博士의 文集이 언제 出版되겠느냐고
나에게 묻는 것이었다. 作故하신지 9년이나 되었는데 아직도 그 文集
이 東洋文化硏究所에서 整理編輯한 原稿狀態로 있는 것은 첫째 遺族
이 文集의 價値를 認識하지 못하는 데 있고, 둘째 生前에 사랑을 받았
던 弟子들이 自立했기 때문이며, 셋째는 硏究所의 形便이 어려웠기 때
문인데 이러한 事情이 언제나 풀릴지 알지 못하겠다고 말하였다.

閔泰植 博士는 初喪 때 賻儀金도 千餘萬원이 들어 왔으나 墓地까지
미리 準備해 있었으므로 돈이 남았었으며, 師母任이 돌아가심에 數億

원의 많은 遺産을 남기셨으며, 아들 5형제가 모두 上流社會에서 살만큼 살고 있음에도 돈이라고는 50萬원 밖에 내놓지 않으니 그 돈으로는 도저히 어려운 일이지요, 그래서 때를 기다리고 있습니다.

그런데 江陵鄕校에는 舊韓末亡國以前의 典籍과 器物을 保存하고 있습니까? 하고 물으니 전혀 아무것도 남은 것이 없다고 대답한다. 안타까운 일입니다. 平生 儒學을 功夫했다는 儒林들이 그런 것도 제대로 保存하여 守護하지 못했으니 文化民族으로써 부끄러운 일이지요, 이제부터라도 民族文化의 精神的 遺産을 徹底히 記錄保存하여 鄕校가 名實相符한 地方文化의 中心的 地位를 確保해야 됩니다. 앞으로 地方自治의 時代가 열리면 地方儒林들은 더욱 分發하여 斯文振作에 獻身努力하여서 鄕校를 바야흐로 地方文化의 寶庫, 地方學術의 殿堂으로 가꾸어 나아가야 될 것입니다.

12시가 되니 梁 敎授가 講演을 마치고 나오므로 자리에서 일어나 여러분과 作別人事를 하니 崔 支部長이 金 理事長과 辛 會長을 모시고 우리 一行에게 조용한 海邊에 가서 簡單한 점심을 接待하였다. 이 자리에서 나는 오늘의 만남을 記念하여 第一江山이라는 拙筆揮毫를 崔 支部長에게 贈呈하여 友情을 表하고, 아울러 江陵靑年儒林의 無窮한 發展을 祝願하였다.

점심을 마친 즉시 우리는 더위를 피하여 물가에 남기로 하고, 江陵의 세분은 行事進行을 위하여 鄕校로 돌아갔다. 돌아보니 언덕 위의 조그마한 봉우리에는 把守하는 兵士들의 機關銃과 大砲를 裝置하고 警備하는 周圍에 鐵條網이 바닷물에까지 걸려 있는데 그 북쪽으로 조그마한 海水浴場이 만들어져 있는 것이다.

이 海水浴場은 그 狹小한 地形과 不備한 施設로 인하여 入場客이 많지 않을뿐더러 그나마 入場客도 老年層과 어린이들이 大部分이요, 따라서 낚시를 즐기는 쪽이 많다는 점이 특징이었다. 우리 세 사람은 한낮의 더위를 식히기 위하여 다시 水泳服으로 갈아입고 바다 물을 헤엄쳐 물 가운데 바위틈을 돌며 파도를 탔다. 바다의 파도란 바위에 부딪쳐서 산산이 부서지기 마련인데 그래도 바다는 부서진 물방울을 모아 다시 몰아붙이며 넘실넘실 춤을 추는 것이다. 挑戰과 失敗의 反復 속에서 자기의 情熱을 確認하는 波濤소리는 분명 千年의 曲調인 즉 바위에 올라앉아 끝없이 밀려오는 萬頃滄波를 바라보면서 오늘의 意味를 찾아보도다.

늙은이 自然의 神秘에 陶醉하면 自己의 本色을 잊고, 無心히 妄想에 사로잡히다 보면 해지는 줄 모르나니 이만하면 滿足할 줄 알아서 서울 길 재촉해야지 어이, 梁 博士, 呂 同志 이제 그만 떠나세. 아마 3시쯤 되었을 거야? 세 사람은 뜨거운 熱沙를 밟으며 샤-워場으로 가서 시원하게 몸을 씻고 옷을 갖추어 입은 다음 梁 敎授의 乘用車에 올라 新鮮한 氣分으로 江陵의 하늘을 쳐다보았다.

呂文弼 同志가 歸路에는 東海를 北上하여 한계령으로 넘어가자고 提案을 하니 梁再赫 博士가 그렇다면 襄陽 洛山寺에 가서 하룻밤 쉬고 가잔다. 나는 來日 아침 서울에 일이 있으므로 그러면 나만 高速버스로 혼자 가겠으니 둘이서 재미나게 旅行을 즐기라고 한즉 셋이 와서 그럴 수는 없다고 하면서 한계령을 넘어가되 洛山寺의 구경은 다음 機會로 미루기로 하였다. 乘用車는 미끄러지듯이 東海路를 달리는데 바다는 굽이굽이 푸른 비단으로 錦繡江山을 휘감아 絶景을 만들었다. 곳곳마다 차를 세워놓고 여름바다를 즐기는 사람들로 들끓으매 海邊의 한가로운 情景은 한갓 想像이었음을 깨달으면서 한 가지 서글픈 현실은 그 길고 긴 바닷가 모래밭에 온통 싸리나무울타리를 만들어 세우고 산과 개울에는 철조망을 둘러쳐서 間諜의 浸透를 막고 있다는 사실이다. 저것이 바로 民族悲哀의 象徵物이다. 同族끼리 敵對하여 싸우는 것이 얼마나 무서운 罪惡인가? 불현듯이 三伏炎天에 온 몸이 오싹 소름이 끼친다. 누가 무엇을 위하여 우리 아버지를 죽이고 어머니를 죽였는가? 진정 그렇게 많은 兄弟를 죽이고 妻子를 죽이고 그가 얻

은 것은 무엇인가? 憤怒의 땅이요, 侮辱의 歷史요, 獨裁의 狂亂이다.

怨恨을 머금고 38線 休憩所에 到着하였다. 民族悲劇의 現場을 처음 디디는 瞬間 찢어지는 가슴속의 아픔을 감추기 위하여 얼른 山河를 돌아보고 紀念品販賣場으로 들어가 커피를 마시고는 平和統一이 새겨진 무쇠병따개 3개를 사서 하나씩 나누어 가지고 뒷면을 보니 "민족은 하나요, 둘이 아니다. 우리의 소원은 통일"이라고 박혔다.

東海岸에서 生産되는 紫水晶이 世界的인 名品이라고 하였다. 집에서 더위에 지친 아내를 위하여 人造水晶목걸이를 살짝 사서 가슴에 품으니 한결 발걸음이 가벼워진다. "부지런히 갑시다. 이제부터는 38線 以北의 땅을 달리는 겁니다."라고 呂 同志가 재촉을 하여서 서둘러 차를 몰아 襄陽을 지나 寒溪嶺으로 들어섰다.

앞길을 바라보니 高山峻嶺이 屛風처럼 막아서서 길을 끊었는데 하늘은 바로 위에 구멍처럼 뚫렸을 뿐이다. 저기에 무슨 道路가 있다는 말인가? 梁 博士가 나를 돌아보며 "길이 없을 것 같지? 그러나 疊疊山中을 絶壁 사이로 돌아서 올라가는 거야"라고 웃으며 말한다. 道路는 바로 눈앞에서 끊어졌는데 다가가서 모퉁이를 돌면 조금 이어지고, 또 끊어졌다가 溪谷에 이르면 다시 이어지는 斷絶과 連結을 無數히 反復하면서 오직 현재의 발밑만 살필 뿐이요, 앞길은 虛空에 가리고, 지나간 길은 痕迹도 없도다. 온몸으로 危險을 實感하거늘 호랑이 꼬리를 밟듯이 살금살금, 얇은 어름을 건너듯이 가만가만 操心하고 注意하도다.

그래도 變化는 끝이 없어서 금방 오른쪽의 열 길 절벽을 지났는데 이제는 다시 왼쪽 백 길 절벽을 지나가고 방금 鬱蒼한 숲 속의 溪谷을 헤쳐 나오더니 어느덧 산등성이의 半空을 돌도다. 비록 變化는 많아도 본래 深山窮谷에는 展望이 없으므로 頂上에 올라서서 眺望하리로다.

뭇 봉우리를 내려다 볼 즈음에 마치 흰 구름이 우리를 仙鄕으로 引導하려는 듯이 빽빽이 몰려와서 우리를 護衛하여 頂上으로 案內하면서 辟除하는 도다. 寒溪嶺의 頂上 休憩所에 倒着하니 구름 속의 시원한 바람에 善男善女가 가득히 우리를 반기는 듯하여 感慨無量 하지만 하늘이 구름으로 秘景을 감추어버린 까닭에 여기까지 오면서 고생한 보람을 찾을 수 없도다. 세 사람은 하염없이 아쉬움을 달래기 위하여 국수를 사서 療飢하고 서쪽으로 기운 해를 바라보며 歸京길을 재촉했다.

아무렴 사람의 慾心을 단숨에 모두 채울 수야 없지! 내가 初行 길에 關東의 名勝을 전부 구경을 한다는 것은 過慾일거야, 그러므로 어제 오늘의 旅行은 이런 程度로 滿足하고 다음에 時間을 내서 맑은 날에 저 山頂을 걸어서 登山하며 속속들이 보리라.

어이, 呂 同志! 靑年儒道會에서 登山計劃을 한번 세워봐 옛날 花郎들이 名山大川을 찾아가서 修練했던 점을 본받아 젊은 儒敎人들도 樂山樂水의 風流를 즐기면 마음에 餘裕들이 생길 거야? 하니까, 앞으로 周旋해보겠다고 대답한다.

그러면서 이 地域은 자기가 軍隊生活을 하였던 곳이므로 地理에 익숙하다고 말하니 梁 博士도 이 地域에서 軍隊生活을 하여 안다고 말한다. 나는 釜山에서 軍隊生活을 하였기 때문에 休戰線附近의 地理에는 아주 生疎하다.

처음 찾은 勝景을 못보고 下山하는 마음 구름 속을 벗어나니 해가 지도다. 夕陽의 골짜기마다 休養客이 있어 寂寞한 느낌은 아예 없노라. 노래하며 平地에 이르노니 시골의 논밭 길 푸르고 春川은 아직도 멀었다는데 날은 점점 어두워지고, 차는 이제 길을 메워 밀리기 시작하네 그래도 오늘 밤엔 서울 가리니 令夫人 말씀을 銘心하고 追越하지 말아야지 집에 가는 길이야 서두를 필요가 없는 거고 自動車가 앞뒤로 가득히 줄지어 있으니 追越할 空間도 아예 없으므로 차라리 마음 편히 생각하면서 느긋이 가는 거다.

밤길에 自動車가 앞차의 꽁무니를 따라가며 달리는 시간보다 멈추어 기다리는 시간이 많은 것 같은 데도 밤 11시가 넘으니 서울에 들

어선다. 이제는 헤어져야지 梁 敎授는 바로 들어가고 나는 택시를 잡
아 呂 同志를 明倫洞에 내려주고 大棗洞 집으로 가니 12시가 훨씬 넘
었다. 여보! 이 목걸이 膳物을 걸어 봐요, 하니 웬일이냐고 반기며 仁
和堂이 어쩔 줄을 모른다.

投獄前科의 業報

〈一次投獄記〉

　나는 朴正熙 軍事獨裁下에서 두 번의 獄苦를 겪었는데 이것이 나의 平生을 決定지어버린 運命의 꼬리표로 作用한 것이다. 躍動하는 젊은 覇氣로 充滿했던 大學時節에 一次投獄되므로써 意氣銷沈한 學究派로 轉落하여 버렸고, 透徹한 識見과 確固한 信念을 가지고 勇往邁進해야 될 壯年에 二次投獄되므로써 隱遁自閉한 落伍者가 되고 말았다.

　英雄의 學問을 익혀 先知先覺이 되려다가 도리어 책벌레와 더불어 學究에 沒頭한 現實逃避者가 되었다면 이것은 아마도 龍이 되려다가 이무기가 된 꼴이라고 할 것인데 이제 와서 생각하면 憎惡心에 앞서 恨歎이 먼저 나온다.

　지금부터 30년 전 단기4294년(서기 1961년) 5월 23일 아침이었다. 成均館 養賢齋 西齋4號室에 살짝 들어와서 책가방을 막 챙기려고 하는데 밖에서 인기척이 나더니 寄宿舍同級生이 "정기야 시골에서 친척이 찾아오셨다." 하면서 "이 방에 있습니다." 한다. 문을 열고 보니 친척이 아니기에 잡으러 왔음을 直感하고 몇 명이나 왔는지 情況을 살피는 瞬間 "저 학생인가?" 하더니만 卽刻 "서정기! 逃亡가지 못해,

지금 이 周圍는 部隊가 包圍하고 있다. 순순히 나와" 나는 언뜻 戒嚴
部隊에서 나왔구나 하는 생각이 腦裡를 스치는 것이었다. 그렇다면 方
法이 없지 않은가? 더욱이 이 養賢齋는 四方이 운동장이요 길인즉 避
할 길이 없는 것이니 諦念하고 따라가는 수밖에 없었다.

이제 잡혀가면 상당 기간 拘束되어 있을 것이므로 中庸을 읽으면서
修養하자고 마음먹으면서 中庸冊을 품속에 넣고 따라서 나섰다. 그런
데 웬일인지 明倫堂前庭에도, 校門近方에도, 軍人이 보이지 안는다.
속았구나! 이럴 줄 알았으면 脫出하는건데 校門앞에서 검은 지프차를
타니 鍾路警察署로 들어간다. 警察이었구나! 내가 지나치게 怯을 먹고
너무 쉽게 잡혀왔구나! 그러나 이제는 할 수 없지, 그리고 戒嚴部隊에
가는 것보다는 그래도 덜 때리겠지 하면서 意識的으로 自慰하려고 努
力하였다.

나를 鍾路警察署 刑事室에 앉혀놓고는 제일 먼저 學生運動者의 手
配者名單을 펼치면서 未逮捕者의 所在를 밝히라고 다그친다. 나는 이
사람에게 너무 싱겁게 잡혀왔다는 不快感이 있었으므로 相對를 아니
했을 뿐만 아니라 실제로 5·16軍事쿠데타가 일어난 날 아침에 成均
館大學校民族統一學生聯盟의 모든 組織行事文件을 戴學堂 아궁이에서
金丁鎭과 같이 불태운 다음 一週日 내내 親知의 집이나 외딴 隱身處
를 轉轉하며 숨어 다녔기에 그들의 所在를 알 까닭이 없는 것이다 그
러므로 겨우 나의 住所와 姓名만을 確認하는 것 이외에는 對話가 되
지 아니 하고 말았다.

9시가 되니 20여 명의 형사가 出勤하고 搜査課長이 들어와 朝會를
하면서 業務를 指示하는 데 모두 手配者를 빨리 逮捕하라는 內容이었
다. 끝으로 가죽잠바에 대머리가 벗어진 땅딸막한 搜査課長은 나에게로
다가와서 "네가 서정기냐?" 하고는 刑事에게 處理를 命한다. 나를 擔當
한 刑事는 書類를 들고 다니며 꾸미는 듯 마는 듯 왔다 갔다 하더니 휭
하고 나가버리고 넓은 事務室에는 午前내내 刑事2名과 나만이 남아서

앉아 있으므로 나는 너무도 無聊하여 품고 왔던 中庸책을 펼쳐놓고 눈으로 읽기 시작하였다. 한참 읽고 있으려니 係長인듯 한 사람이 "야! 서정기 책이 눈에 보여, 너 10년 내지 15년 懲役감이야, 얘가 정신 나갔어 ……" 하면서 눈을 부릅뜨고 노려보는 것이다. 나는 하도 어이가 없어서 "내가 무슨 罪가 있나요?" 하고는 疑訝해 하니까, 다시 威脅하기를 "야. 이 놈아 너는 反國家事犯이야, 特殊犯罪處罰에 關한 特別法으로 다스리는 거야."라고 하는 것이다. 그러나 나는 전혀 實感이 나지 않는 까닭에 恐喝이라고 생각하면서 또한 半信半疑 하였다.

正午가 넘으니 刑事가 5~6명 들어 왔는데 搜査課長이 急히 들어오면서 말하기를 지금 安國洞 某處에 國會副議長이었던 徐珉豪 씨가 있는데 누가 가서 逮捕하여 오겠는가? 하니 아이구아이구 하면서 하나씩 둘씩 사무실을 빠져 나가 버리고, 가장 키가 작은 刑事가 남아서 "제가 가지요"라고 한다. 그러니까 課長이 한 사람을 더 데리고 가라고 시킨다.

오후 2시쯤 되니까 바로 그 刑事가 徐珉豪 副議長을 同行하여 事務室로 들어 왔다. 徐珉豪 先生은 내가 尊敬하여 마지않는 분이므로 一擧手一投足을 有心히 살폈다. 徐珉豪 先生이 事務室에 들어와서 椅子에 앉으니 係長도 當番도 모두 나아가 버리고 오직 自願했던 刑事 한 사람만 事務室을 지키고 있는 것이었다.

大端히 어색한 沈默의 時間이 흘러간 다음 徐珉豪 先生이 泰然히 刑事에게 말하였다. "내가 點心을 아직 먹지 못했는데," 刑事가 거짓 人事말로 "조금 있다가 宅에 가서 잡수시지요."라고 應對한다. 이에 徐珉豪 先生은 다시 "아니야, 자고 갈려면 점심을 먹어야지 무엇을 좀 시켜 주시요?" 하고 付託을 하니까 刑事가 마지못하여 "여기서는 설렁탕 밖에 없습니다."라고 하니 "그것 좋지요, 저기 학생도 못 먹은 것 같은데?" 하면서 나를 돌아보신다. 사실 나는 아침부터 굶고 있었으므로 이러한 恐怖의 狀況이 아니라면 벌써 虛飢가 졌을 것이나 目前에 닥친 不安한 運命의 對決을 準備하면서 그 事務室雰圍氣의 緊迫感으로 因하여 때를 잊고 있었던 것이다.

刑事가 나를 쳐다보며 "설렁탕 시켜 줄까?" 하기에 좋다고 하니 금방 설렁탕 두 그릇을 構內食堂從業員이 配達하여 준다. 설렁탕을 먹으면서 속으로 大人의 襟度가 이런 것이로구나 하고 생각하였다. 나는 警察署에 와서 아침과 점심을 굶었는데도 밥 먹을 생각을 감히 못했는데 徐珉豪 先生은 금방 警察署에 왔는데도 마치 자기 집에 온 것처럼 자연스럽게 점심을 찾아 먹는구나! 아마도 저러한 餘裕는 倭政時代부터 獨立運動을 하면서 監獄살이를 하였던 오랜 風霜의 年輪에서 蓄積된 人格의 힘이겠지! 나도 이제부터 저렇게 餘裕綽綽할 수는 없지만 그래도 成均館의 儒學徒로써 堂堂하게 臨하여 결코 拙劣한 모습을 보이지 않으리로다. 이렇게 생각하니 조금 安堵感이 들면서 앞으로 어떠한 苦痛이라도 克服할 수 있을 것 같은 勇氣가 생긴다.

오후 6시가 되니까 오전에 나아갔던 刑事들이 돌아오기 시작하면서 나를 留置場으로 데리고 가서 收監하는 것이었다. 被疑者를 처음 收監할 때에는 看守가 모든 所持品과 허리띠를 搜索하여 押收領置하였는데 나는 그 過程에서 얼른 中庸책을 다시 집어 품속에 감추고 監房으로 들어갔다. 내가 들어간 監房은 鐘路署를 新築하면서 現代式으로 設計한 半圓形의 2層 構造로 되어 있었는데 2層에서 東쪽으로 맨 끝 房이었다.

따라서 옆으로 向하여 내려다보게 되면 모든 監房의 動態를 鐵窓사이로 把握할 수 있었다.

于先 留置場에 처음 들어간 所感은 鐵窓 속에 갇혀있는 사람이 想像보다 많았다는 것과 그 속에 投獄된 사람들의 印象이 매우 卑賤한 階級으로 生活에 찌들고 지친 群像의 몰골로 가득 하였다는 점이었다. 내가 들어간 房에는 16명이 3줄로 앉았는데 나는 맨 뒤로 가서 便器통 옆에 앉았다. 방안의 空氣를 살피니 모두 들어 온지 얼마 안 되는 듯 憂愁와 畏怯이 얼굴에 나타난다. 모두가 자기 人生의 苦痛때문에 남의

일에는 關心이 없는 듯이 서로 말도 하지 않고, 한숨만 푸—푸—내쉬는 것이었다.

　조금 앉았으니 밖이 떠들썩하면서 저녁밥을 配食하는 것이었다. 큰 대바구니에 주먹밥을 가득히 담아 두 사람이 들고 다니며 監房의 鐵窓구멍으로 한 개 두 개 세면서 넣어주면 안에 사람이 차례로 그것을 받는데 收監人員의 수를 맞추어 넣고는 다른 방으로 옮겨가는 것이다. 나도 그 주먹밥을 한 개를 받아 들고 먹으려고 보니 순꽁보리밥을 기계로 꽁꽁 뭉쳐서 주먹만 하게 뭉친 것인데 도저히 먹고 싶은 衝動이 나지 않을 뿐더러 便器통에서 나는 역겨운 냄새로 인하여 아주 食慾이 싹 가셨기 때문에 留置場의 첫날 저녁밥은 먹지 않기로 하였다. 그러나 다른 사람들은 억지로 꾸물꾸물 씹어 먹고 있는데 옆에서 보니 반찬이라고는 그 주먹밥 中心에 노랑 단무지 한쪽이 박혀 있을 뿐이었다. 따라서 어떤 사람은 그 단무지 쪽만을 빼서 씹고는 더 이상 먹지 못하기도 하고, 어떤 사람은 반쯤 먹고 나서 더는 못 먹고 남기기도 하였다.

　저녁식사 시간이 끝나니 看守가 中央에 서서 呼令하여 各房의 자리를 整頓시키면서 一齊히 줄지어 端正히 앉혀놓고 看房守則을 指示한다. 잠자는 時間은 저녁 10시부터 아침 5시까지다. 아침밥은 6시, 점심은 12시, 저녁은 오후 6시인즉 食事時間에 자리에 없어서 配食을 받지 못한 사람은 밥을 못 먹는다. 就寢時間以外에는 終日 整列하여 앉아 있어야 하고, 옆 사람과 雜談을 嚴禁한다. 監房에서는 술과 담배를 禁하며, 싸움이나 노래를 못한다. 항상 看守의 命令에 服從할 것이며 만일 反抗하면 嚴重懲戒한다.

　이렇게 해서 不安한 하루가 지나가고 밤 10시가 되어 거의 낡은 軍用青色담요 4장을 넣어줌으로 2장을 마루바닥에 깔고는 머리를 나란히 하여 누우면 자리가 좁기 때문에 차례로 머리를 反對方向으로 바싹 붙어서 누운 다음 그 위에 2장의 담요를 펼쳐서 덮고 자는 것이었다. 따라서 左右에 누운 사람의 발 다리가 가슴 턱으로 올라올 뿐만 아니라 잠버릇이 나쁜 사람이 몸을 뒤척이면 덮었던 담요는 어디로 가버리고 없는 까닭에 별수 없이 각자 옆으로 누워서 웅크리고 자는 수밖에 없었다.

監房의 첫날밤에 잠이 쉽게 올 리가 없어서 눈을 감고 가만히 잠을 청하는데 갑자기 구두 발 소리가 擾亂하게 나더니 큰 소리로 "서정기! 어디 있어 서정기 나와!" 하는 것이 아닌가, 나는 벌떡 일어나 "여기요, 여기 문을 열어줘요" 하였다.

고요한 밤에 덜커덩 하는 鐵窓門 여닫는 소리는 더욱 크게 울리고, 刑事 두 사람이 나를 끌고나가므로 이 방 저 방에서 잠자던 사람들이 重罪人인가 보다고 수군수군 하는 소리를 들으며 留置場을 나와서 刑事室로 올라갔다.

그 刑事는 나를 앞에 앉혀 놓고 取調인지 懷柔이지 모를 對談을 하는 것이었다.

"담배 피우지?"

"예."

"저녁은 먹었나?"

"아니요."

"그러면 설렁탕 시켜줄까?"

"괜찮습니다."

"어이 여기 설렁탕 한 그릇 시켜 보내! 자, 담배 한대 피워, 피우라고" 나는 마지못하여 권하는 담배를 피우고 있으니 오늘 어떻게 잡혀서 여기에 왔나? 意外로 부드럽게 對하는 말에 조금 緊張을 풀고 고분고분 應해야 되겠다고 생각하여 다음과 같이 事實대로 陳述하였다.

그동안 總務委員長 金丁鎭과 함께 서울 周邊의 태능과 덕소 方面에 친구 집을 찾아가서 하룻밤씩 신세를 지면서 숨어 다녔는데 學校의 소식이 궁금하여 어제 약간 變裝을 하고 學校에 갔더니 養賢齋 寄宿

舍生들이 내가 여러 날 無端外出하여 돌아오지 않는 것을 金鍾國 典齋가 알고 懲戒를 한다고 하였으니 食事時間만이라도 參席하라고 귀띔을 하기에 金丁鎭이 仁川으로 避하자는 것을 마다하고 가까운 梨花洞에 있는 故鄕의 親戚되신 崔祿鉉 아저씨께 혼자 밤 12시쯤 찾아가서 자고는 새벽에 나와 養賢齋生의 아침 食事時間에 參席하려다가 아침밥도 못 먹고 잡혀 왔다고 仔細히 말하여 주었다.

마침 설렁탕이 配達되었으므로 천천히 먹으면서 問答을 繼續하였다. 대체로 訊問의 要旨는 처음부터 끝까지 金丁鎭하고만 함께 있었느냐는 것, 그동안 接觸한 사람이 누구냐는 것, 逃避資金은 어디서 求했냐는 것, 成大民統關係書類는 어떻게 했느냐는 것, 그리고 누구의 指示에 依하여 成大民統學聯을 만들었느냐는 것 등이었다.

나는 담배와 설렁탕을 대접받은 對價로 正直하게 告白하였다. 一週日동안 金丁鎭과 둘이서만 있었다는 것, 그동안 接觸한 사람은 시골의 淳朴한 老人들 뿐이었다는 것, 逃避資金은 親舊의 父兄들로부터 겨우 車費정도를 얻어 썼다는 것, 民統關係書類는 내가 가지고 있었던 것을 저부 불태우고 없다는 것, 成大民統學聯은 우리가 憂國愛族의 崇高한 思想으로 組織한 것이지 누구의 使嗾나 勸誘에 의하여 만든 것이 아니라는 것을 分明히 말하였다.

刑事는 誘導訊問을 하여 보았자 所用이 없는 줄을 알았는지 深刻하게 警告하였다. 이미 成均館大學校 民族統一學生聯盟의 組織과 活動資料는 우리가 모두 가지고 있으며, 또한 金承均 委員長을 비롯하여 韓鍾熙 財政委員長, 金相文 硏究委員長, 李相範 企劃委員長 등 多數를 逮捕하여 拘束收監하고 있으므로 그들을 訊問하면 모든 것이 白日下에 들어날 것인즉 네가 아무리 감추고 속여도 헛수고일 뿐이라고 하면서 오늘은 이만 하자고 한다.

激烈한 衝突도 없이 一次訊問을 마쳤다는 解放感을 느끼며 壁時計를 보니 새로 1시가 넘었다. 모두 잠든 監房으로 와서 자리를 헤집고 누우니 그래도 取調室보다는 마음이 平穩하다. 이래서 사람이 사는 거로구나! 監房 속이 오히려 더 便安한 安息處로 바뀔 줄이야 어찌 꿈엔들 생각이나 했겠는가? 문득 이 監房이 낯설지 않는 것처럼 느껴지면서 잠이 들었다.

監房의 아침은 매우 시끄럽게 온다. 호루라기 소리와 함께 "起床! 모두 起床! 어이 빨리 일어나 淸掃하고 整頓해!" 모두 一齊히 일어나서 淸掃하고 洗手하고 體操하느라고 부산하다. 아침밥도 어제저녁과 똑같은 순꽁보리주먹밥을 주는지라 먹지를 못하고 다른 사람에게 주었다. 다른 사람들이 밥알을 세며 씹는 동안에 나는 監房 속의 壁面으로 눈을 돌렸다. 사람의 앉은 키 높이로 三面의 壁에 널빤지를 세워서 둘렀는데 거기에 어지럽게 落書가 쓰여 있었다. 차례로 읽어보니 매우 애절한 辭緣들로 가슴이 뭉클한 내용이었다.

"사랑하는 동생아 아버지 병환은 어떠냐? 약값을 벌려고 서울까지 왔다 만은 ……"

"저주스러운 인생이여! 한 많은 이 세상 눈물도 많다."

"그리운 당신이여! 나는 당신을 잊지 못한다오."

대부분 鍾路3街의 娼女村에서 잡혀온 아가씨들의 푸념 같았는데 몇 개의 落書 속에는 다음과 같은 民衆的 自覺과 信念을 確認할 수 있어서 民族的 絶望의 時期에 한 가닥 希望을 찾은 것처럼 所重히 읽으며 暗記하였다.

"추억을 더듬으며
행복을 더듬으며 살아간다오
매정한 이 사회에서
버림받은 어린 넋들아
즐거운 가정을 내버리고
마음속 깊이 희망을 품고
서울 거리를 더듬지만

남자는 뽀이요,
여자는 창녀다.
아예 희망을 다 버리고,
즐거운 가정으로 돌아가거라."

"일전에 약속을 지키지 못하여
많은 후회를 하고 있습니다.
그러나 제가 안 지키고 싶어서
약속을 어긴 건 아니겠지요.
나에게는 사랑의 힘이
얼마나 큰지 모릅니다."

人生의 苦痛과 民族의 悲哀를 밑바닥 現場에서 직접 對하는 느낌은
지극히 처절한 痛歎이 아닐 수 없었다. 홀로 冥想에 잠겨 이 落書의
主人公들에게 한없이 同情을 하고 있는 동안에 이미 食事時間은 끝나
고 看守長이 나와서 監房生活에 대한 注意事項을 차례로 事例를 들어
가며 말한 다음 끝으로 政治犯들을 意識한 듯 다음과 같은 蛇足을 달
았다.
"여러분! 여기는 人生大學입니다. 近代 우리나라의 偉大한 人物은
모두 여기를 거쳐 나간 사람들입니다. 비록 견디기 어려운 囹圄生活일
지라도 人生을 工夫하는 修養의 道場이라고 생각하시고 便安한 마음
으로 지내다가 나가주시기 바랍니다."
이 방, 저 방에서 웅성거리며 킬킬거리고 웃는 소리가 들린다. 여기
가 人生修養의 道場이라니! 막가는 인간쓰레기의 終着点이요, 미련한
人生落伍者의 集合所이거늘 여기가 人生大學이라고? 하면서 두런거리며
비웃는 것이었다. 그러나 나는 곰곰이 생각하니 여기는 破廉恥漢이나 悖
倫兒만이 出入하는 곳이 아니라, 政治犯과 思想犯 그리고 時局事犯들이
얼마나 많이 出入하면서 精神力을 鍛鍊하고 鬪志를 길렀던 곳인가?

나도 정신을 가다듬어 마음을 굳게 먹고 끝까지 忍耐하여야겠다고 스스로 다짐하니 鐵窓 속의 답답한 鬱火症이 조금 가시고, 絶望感으로 마루바닥만 凝視하던 눈망울이 中庸책을 들여다보는 것이었다. 中庸은 精讀해야 되는 책이므로 글자 하나하나의 뜻을 생각하며 풀어야 하는 까닭에 文章의 各句節을 未熟한 知識으로 窮理하다보면 온갖 생각을 다 하게 되어서 나중에는 자기가 聖賢君子가 된 것처럼 느낌으로써 自樂自足하는 것이다.

이 高踏的인 學問은 初學者에게 대단한 自尊心과 矜持 그리고 使命感을 주게 되어 젊은 선비로 하여금 自信과 勇氣를 가지게 하는 것이다. 그러나 나는 이 책을 看守의 눈을 피해가며 읽으면서도 너무도 지루한 時間에 지치지 않을 수 없었다.

본래 人生의 時間感覺은 生活空間에 反比例하는 것이다. 生活空間이 넓으면 넓을수록 時間은 짧게 느껴지고, 生活空間이 좁으면 좁을수록 時間은 지루하기 마련인데 監房의 被疑者로 가득 찬 비좁은 空間은 점점 時間의 흐름을 停止케 하여 숨이 막힐 지경이었다. 점심에도 콩보리주먹밥을 配食하여 먹지 못하고 남에게 주었고, 저녁에도 똑같은 주먹밥이라 굶고 남에게 주었다. 그러나 이 날은 온종일 取調가 없었으므로 多幸이라고 생각하며 조용히 하루를 보냈다.

그렇게 時間이 흘러 3일째의 아침을 맞이하였다. 아침 食事時間에 또다시 순콩보리주먹밥을 받아들고 苦悶하기 시작하였다. 그럭저럭 하루를 완전히 굶었으니 배는 고픈데도 도저히 먹을 마음이 내키지 아니 하였다. 그래서 남에게 줄 수도, 내가 먹을 수도 없는 狀況에서 머뭇거리고 있는 것을 周圍에서 바라보고 젊은 학생이 오래 굶으면 안 된다고 억지로라도 씹어서 먹으라고 勸誘한다.

할 수 없이 주먹밥을 입으로 가져가서 한 입을 베물고 으적으적 씹기 시작하였다. 그런데 신기하게도 생각과는 달리 씹으면 씹을수록 고소한 맛이 입안에 돌며 목구멍으로 넘어가는 것이었다. 반찬도 없고,

물도 없어도 오래 씹다 보면 저절로 침이 나와서 목구멍으로 넘어가는 것을 알게 되었다. 반쯤 먹으니 주먹밥 속에서 단무지 한 쪽이 나와서 왼손으로 뽑아들고 아주 조금씩 떼어 씹으며 반찬의 맛을 吟味하다가 주먹밥을 다 먹은 다음에 마지막으로 입안에 넣고 씹으면서 입가심을 하였다.

점심밥도 저녁밥도 그렇게 먹으면서 먹고 자는 것은 익히게 되었지만 보는 것, 듣는 것, 말하는 것이 遮斷되어버린 限定空間은 점점 바깥 사회로부터 疏外 당하여 천 길 낭떠러지로 굴러 떨어지는 느낌에 나도 모르게 몸서리치는 것이었다.

中庸을 읽어도 시간은 停止해 있고 落書를 읽어도 시간은 停止해 있고, 앉아도 서도 시간은 정지해 이것이 바로 無意味한 時間이로구나! 空間이 外部로부터 隔離됨으로써 時間도 또한 外界로부터 斷絶하는 구나! 그렇다면 이 斷絶되어 停止한 時間은 永遠인가? 瞬間인가? 이렇게 無意味한 時間이 瞬間이라면 虛送歲月이라고 하겠지만 만일 永遠이라면 그야말로 虛無寂滅이 아닌가?

無意味하게 虛送歲月하는 오늘이 瞬間이라면 아까울 것도 없으려니와 만일 無意味하게 虛無寂滅하는 現在가 永遠이라면 안타깝기 그지없는 일이다. 瞬間쯤이야 虛荒하게 보내도 아까울 바가 아닐 수도 있겠지만 진정 永遠이라면 결코 荒唐無稽하게 存在할 수는 없지 않은가?

疏外된 空間, 斷絶된 時間 속에서도 存在의 意味를 찾자! 가장 無意味한 時間을 가장 有意味한 時間으로 만들자! 비록 나의 外形的 世界는 停止하였더라도 나의 內面的 世界는 결단코 停止해서는 안 된다. 百尺竿頭에서 勇往邁進하여 한층 높은 次元으로 成長하는 契機를 이 자리에서 만들자고 굳게 다짐하였다.

그래서 4일째부터는 瞬間을 永遠으로 認識하기 위하여 現在의 實狀을 眞實로 肯定하고, 現在의 位置에서 眞正한 價値를 探求하려고 努力하였다. 우리 監房에 들어와 있는 사람들은 大部分 먹고 살기 위하여 늦게까지 일하다가 非常戒嚴下의 通行禁止時間을 違反하여 卽決審判을 받고 一週日內外의 拘留를 사는 사람들이었다. 東大門市場周邊의 零細露店商人, 夜間業所의 從業員, 貧賤한 떠돌이 失業者, 家內工場의 勞動者들이 하루 종일 生活戰線에서 허덕이다가 歸家길이 늦었기에 이러한 處罰을 받는 것이었다.

이들의 個人事情을 들어보면 모두가 딱하기 그지없는데 대개 하루 벌어서 하루 먹는 사람들로 이제 자기가 여기에 들어와 있으니 父母妻子는 굶고 있을 것이라는 것, 行商物品을 押收 당하고 破損紛失하여 앞으로의 生計가 茫茫하다는 것, 아무 連絡도 없이 職場에 無斷缺勤하므로써 業主에게 損害를 입히게 되어 俸級도 못 받고 쫓겨나게 될 것이라는 등등의 안타까운 事情으로 因하여 괴로워하였다.

나는 이들의 마음에서 永遠한 眞實을 確認하였다. 그것은 지극히 분명한 人間의 眞理요, 지극히 崇高한 人生의 價値임을 문득 깨달았다. 監獄안에 들어와서도 監獄밖의 사람과 일을 걱정하는 마음은 人間의 永遠한 價値이다. 그것은 바로 사랑이요 정의이기에 자연히 이웃을 感動하여 스스로 反省케 하였으니 房안의 空氣를 安定시킬 뿐만 아니라 서로를 同情하는 사이로 만드는 것이었다. 이리하여 비록 生面不知한 사람들의 合房 生活이지만 서로서로 同情하고 慰勞하면서 쉽게 가까워지는 까닭에 個人의 일이 共同의 關心事로 떠오르면서 함께 議論하에 서로의 經驗과 智慧를 交換하게 되었다.

나의 걱정과 남의 근심을 모아서 나누고, 나의 믿음과 남의 사랑을 합쳐서 더하는 사이에 留置場內에서도 웃음소리가 간간히 들리기 시작하면서 하루의 時間表가 바쁘게 돌아가는 것이었다.

5일이 지나고, 7일이 지나면서부터 내가 점점 古參이 되어감으로 뒷자리는 新參에게 넘겨주고 鐵窓에 가까운 쪽으로 자리를 옮기니 다른 監房의 動靜도 살필 수가 있어서 時計의 바늘은 차차 빨리 움직이는 것을 느낄 수 있었다.

監房의 하루 時間表는 아침에 滿期者의 出監으로 비롯한다. 起床을 하자마자 그들을 부러운 눈으로 보낸 뒤에 조금 넓어진 監房에서 漏落者의 아쉬움을 씹으며 아침을 먹고, 오전 10시가 지나면 即決裁判에서 拘留를 言渡 받은 사람들이 入監하여 다시 監房은 좁아지고, 新參들로부터 바깥소식을 알아보기 위하여 여기저기서 속삭이는 것이다. 오전이 이렇게 하여 훌쩍 지나가면 오후도 따라서 지나가게 마련인즉 저녁까지 取調를 하기 위하여 불러내지 아니 하면 하루가 지나가는 것이다.

10여 일이 지나자 밤늦게 나를 불러내는 것이었다. 오랜만에 鐵窓門을 나서니 空氣도 自由로운 것처럼 느껴져서 爽快하였으나 取調室의 넓은 공간은 오히려 나를 萎縮시켜서 孤獨感을 가지게 하였다. 이번의 取調는 身上問題에 대한 것이 아니라 바로 나의 罪目을 추궁하였는데 대략 다섯 가지 罪狀을 糾明해낼려고 다그치는 것이었다.

첫째의 罪는 大韓民國憲法을 否定한 反國家事犯이라는 것이다. 즉 大韓民國憲法이 認定하지 아니 하는 北韓의 存在를 認定하였다는 事實에 根據한 論理이다.

둘째의 罪는 北韓의 共産政權을 容認하는 容共分子라는 것이다. 즉 北韓의 共産政權과 직접 平和統一을 論議하자는 行爲에 根據한 論理이다.

셋째의 罪는 朴正熙 軍事쿠데타勢力이 제시한 革命公約 第1條에 反共을 國是의 第1義로 하고, "민생고를 시급히 해결한다."라고 하였으니 民族統一全國學生聯盟의 平和統一論은 國是違反이라는 論理이다.

넷째의 罪는 不法團體를 組織하여 政府를 비난하는 데모와 선동을 일삼아 社會不安을 造成하고 國家紀綱을 紊亂케 한 反政府活動이다. 즉 民主黨政權의 分裂과 無能을 批判했다는 事實에 根據한 論法이다.

다섯째의 罪는 美軍撤收를 主張하고 反美思想을 高吹하여 결국 北韓을 利롭게 하고 그들의 主張에 同調했다는 것이다.

나는 여기에 대하여 强力하게 反論을 展開하였다. 즉 南北이 平和統
一을 하자는 것은 南北政權을 모두 認定한 바탕 위에서 協商하여 相
互 接近하자는 것이므로 大韓民國의 憲法을 이미 認定하고 있는 것이
며 더욱이 第2共和國의 憲法은 우리가 4·19革命을 통하여 全國民이
總意로 改定한 憲法인 까닭에 우리가 否定할 理由가 없다는 것, 다음
으로 平和統一問題를 觀念的 次元에서 論議하는 것이 아니라 現實的
次元에서 運動으로 推進하기 위하여서는 北韓의 實體를 容認하지 않
을 수 없다는 것.

그리고 가장 猛烈하게 反駁한 것은 우리나라의 歷史的 現實에서 反
共은 절대로 國是가 될 수 없다는 점이었다. 反共을 國是로 한다는 것
은 李承晩의 北進統一論의 連長으로서 또다시 滅共을 위한 戰爭을 하
겠다는 것인즉 우리 민족 가운데 그 누가 저 悽慘한 戰爭을 所願하는
가? 그러므로 全國民이 所願하지 않는 것은 절대로 國是가 될 수 없
다고 痛駁하였다. 이 國是問題에 대한 激論은 매우 長時間 繼續 되었
는데 처음에는 取調官이 나의 말이 억지라고 高聲으로 威脅하다가 取
調를 몇 번 中斷하고 나갔다 들어왔다 하더니 마침내 나를 주먹뺨으
로 때리는 것이었다. 나는 한참 얻어맞고 나서는 默秘權을 行使하여
아무것도 對答을 하지 않았다. 얼마 동안을 실랑이 하다가 도저히 안
되겠다고 생각하였는지 取調官이 자리를 박차고 일어서면서 "안 되겠
어! 집어넣어서 썩혀!"하면서 留置場으로 데려가라고 지시한다.

며칠이 지나자 다시 한밤중에 取調室로 불러내서 가보니 이제는 取
調官이 한 명 더 늘어서 3명인데 한 사람은 앞에 앉아 陳述書를 作成
하고 두 사람은 나의 양쪽에 앉아서 取調를 하는 것이다. 나는 지난번
毆打 당한 感情이 남아 있었으므로 더욱 드세게 反論을 展開하여 民
主黨政權은 4·19革命精神을 忘却하고 政爭을 일삼아 革命課業推進力
量을 喪失하였으므로 이러한 政權을 批判彈劾하는 것은 民主學生의
당연한 使命이라는 것 그리고 同族을 치기 위하여 外國軍隊를 끌어들

이는 것은 옳지 못하고, 休戰을 하고도 美軍이 물러가지 않고 長期駐
屯하는 것은 主權國家의 羞恥라는 것.

그러나 이날 밤의 이러한 나의 論理는 그들의 取調에 지극히 協助
해 주는 꼴이 됨으로써 取調官을 크게 鼓舞시킨 結果가 되었다. 取調
官들은 눈빛이 달라지면서 큰 犯人이나 索出한 것처럼 罪目을 확실히
自白했구면 하더니 끝으로 묻기를 "너 極烈分子이지?" 하는 것이다.
그래서 나는 섬뜩하여 아니라고 하였다. 그랬더니 목청을 높여서 "너
成大民族統一聯盟結成時에 發起人이었지? 너 成大民族統一聯盟組織委
員長이지? 이놈아 主動하여 發起하고 幹部로 일했으면 極烈分子지 않
아!" 나도 惡을 쓰며 소리를 질렀다. "發起人이라고 모두 極烈分子며
幹部라고 모두 極烈分子라는 等式이 어떻게 成立되는가? 穩健한 發起
人과 穩健한 幹部도 얼마든지 있는 것이다. 이 말을 하자마자 세 사람
의 取調官이 일제히 일어나서 椅子로 나를 내려치면서 억지 論理를
펴지 말라고 족쳤다. 한참을 때리고 차다가 분이 풀렸는지 "이놈 A급
이야!" 하면서 데려다 집어넣으라고 하였다.

監房에 돌아와서 생각하니 내가 잘한 건지 잘못한 건지 알쏭달쏭
하였다. 나의 思想과 信念을 正直하게 陳述한 것은 속 시원한 일이지
만 非常戒嚴下에 取調官을 激忿케 하였으니 同情의 餘地를 없애버렸
기 때문이다.

그러나 이미 엎질러진 물이다. 어찌 하겠는가! 이러한 狀態로 속절
없이 歲月은 흘러 1個月이 지났다. 하루는 우리 監房에 東大門市場의
닭장수가 들어와서 온 방안에 닭의 이를 퍼뜨림으로 해서 난리가 난
일이 있었다. 이런저런 事由로 政治犯과 思想犯을 雜犯과 分離하여 特
別히 保護한다는 측면에서 아래층 正面中央의 房으로 합치게 되었는
데 들어가서 보니 臨政의 金成淑 先生을 비롯하여 具益均, 宣晉奎, 宋
相鏞 등 進步勢力의 錚錚한 人事들이었다.

나는 이 분들 속에서 가장 나이가 어렸으므로 대체로 그 분들의 經

驗談과 經綸을 듣는 것을 즐겼는데 내가 재미있게 傾聽하니까 金成淑 先生은 自身이 獨立運動家로 投身하게 된 動機와 그 歷程을 자세히 이야기하여 주어서 나를 感動케 하였다. 先生의 이야기 가운데서 내가 깊이 感激한 內容은 애당초 獨立運動家로 나서게 되었던 動機가 처음 에는 가볍게 學校에서 全校生이 萬歲를 부르다가 倭警에게 잡혀서 拘 束당하므로써 本格的으로 投身하게 되었다는 事實과 수십 年間 變節 을 하지 않고 初志一貫하기가 어렵다는 점이었다.

마치 나의 앞날에 대한 豫告篇을 듣는 것 같아서 그 感懷가 無量하 였다. 그래서 變節한 民族反逆者의 醜惡狀을 聲討하고, 끝까지 志操를 지킨 愛國者의 鬪爭史 讚美하는 이야기로 밤과 낮을 계속하였다. 이렇 게 지내는 사이에 나는 勇氣를 얻어서 상당히 志士然하는 風을 가지 게 되었는바 留置場內에서도 民權秩序를 찾아야 되겠다고 決心하였다.

當時의 看守는 留置人이 싸우거나, 떠들거나, 담배를 피우다가 들키 면 罰을 주는데 鐵窓의 맨 꼭대기에 올라가 다리를 철창횡대에 버티 고 매달려 있도록 하였는데 남자는 그래도 참을 수 있으려니와 女子 는 매우 힘이 들뿐만 아니라 두 다리를 벌리고 鐵窓에 매달려 붙어 있는 꼴은 도저히 바라볼 수 없는 흉측한 것이었다. 우리는 看守에게 그러한 罰의 중지를 요구하였지만 오히려 우리를 說得하기를 "저년들 을 鍾三娼女들로서 말이 통하지 않으므로 어쩔 수 없다"고 하는 것이 었다. 우리는 더 高位級에다 是正을 要求하기로 議論하였다.

非常戒嚴下인 까닭에 警察署에는 署長이 둘이었다. 즉 軍政警察署長 과 民政警察署長이 각각 있어서 아침이면 民政警察署長이 먼저 留置 場을 돌아보고 가면 조금 있다가 軍政警察署長이 留置場을 돌아보고 가는 것이었다. 우리들은 모두 처음에는 戒嚴軍을 敵對視하였으므로 警察署로 잡혀온 것을 多幸으로 여겼으나 取調過程에서 警官의 强壓 的 姿勢로 因하여 이제는 警察을 더 憎惡하는 心理狀態가 되었던 것 이다. 그래서 軍政警察署長이 왔을 때에 우리는 할 말이 있다고 하면서 留置場內에 野蠻的인 體罰의 是正을 要求하였다.

效果는 卽刻 나타나서 그 날로 원숭이처럼 매달린 흉측한 모습이 留置場에서 사라져버렸다. 그러나 民政警察署長이 다시 찾아와서 왜 자기에게 먼저 要請하지 않고, 軍政警察署長에게 말하여 警察의 威信을 損傷케 하였느냐고 訓示하므로 앞으로는 무슨 문제든지 먼저 民政警察署長에게 말하겠다고 約束하고 一段落 지었다.

이 監房內에서 나와 宣晋奎兄과는 매우 對話가 잘 되었는데 그 까닭은 宣兄은 東國大佛敎學科出身이고 나는 成大東洋哲學科在學生이므로 儒敎와 佛敎의 優劣을 가리는 끝없는 이야깃거리가 있기 때문이었다. 宣兄의 佛敎優位論이란 대체로 一切唯心造의 論理에 바탕한 宗敎的 神秘主義로써 부처를 믿으면 所願成就한다는 것과 諸惡莫作하고 衆善奉行하에 菩提心을 찾는다는 것과 慈悲心으로 一切衆生을 救濟하여 佛國土를 建設한다는 것이었다. 나는 이미 金剛般若波羅蜜多經을 暗誦하였고, 六祖法寶壇經은 여러 번 읽었기 때문에 나름대로 佛敎의 方便說을 認定하면서도 根本的으로 人間을 自覺시키기 위한 衝擊要法에 지나지 못한다고 윽박질렀다. 즉 佛敎에는 眞理다운 眞理는 없고 眞理를 찾는 길을 가리켜주는 方向標示만 있다는 것이었다.

그러한 側面에서 보면 儒敎의 道德과 學問은 모두 人生의 眞理 그 自體로서 現實生活周邊에서 格物致知하고 誠意正心하여 修身齊家하고 治國平天下하는 것이므로 가장 合理的이고 科學的인 것이라고 主張하였다. 이에 대하여 宣兄은 反駁하기를 儒敎는 지나치게 世俗的 規範에 얽매어 融通性이 없을 뿐만 아니라 來世에 대한 保障이 전혀 없다는 것이다.

이러한 論題로 매일 討論하면서 서로 가까워지는 듯하다가 1個月쯤 뒤에는 서로의 主張이 衝突하여 끝내 感情的 對立으로 激化하게 되었다. 이에 宣兄이 貪瞋痴의 三毒을 억누르지 못하고 벌떡 일어나 看守에게 房을 옮겨 달라고 要請하여 떠나가 버렸다. 나는 未安한 생각과 허전한 마음이 뒤섞어서 얼마 동안 아무 말도 아니 하고 조용히 謹愼을 하였다.

監房生活을 두어 달 하노라니 時節도 바뀌어 완전히 三伏炎天이 되어서 더위는 鐵窓 속에까지 찾아왔다. 가만히 앉아 있어도 몸에서 땀이 나는데 沐浴은 언제나 하여 보려는지? 그래도 이제는 순꽁보리주먹밥에도 맛이 들어서 더 먹고 싶은 생각이 들 정도가 되었다. 그러던 차에 어느 날 점심에 具益均 先生에게 私食이 들어왔다. 具 先生은 私食을 받았으므로 配食을 받은 주먹밥은 방안에서 가장 나이 젊은 나에게 주게 되었는데 나는 辭讓心도 없이 갈라먹지 않고 혼자 먹어치웠다.

그게 배탈이 되었으니 腹痛으로 속이 쓰리고 아파서 看守에게 하소연 하였지만 藥이 없다고 冷淡하게 拒絶할 뿐인지라 어쩔 수 없이 참으면서 옆에 사람들로부터 指壓을 받았지만 별다른 效果가 없어서 오래 苦生을 하였다.

留置場 속에서 8월 15일 오전 10時를 맞이하였다. 우리들은 미리 光復節記念式을 擧行하기로 通房을 해놓고 時間이 되기를 기다리고 있었는데 正刻이 되자 手信號를 通하여 各房에 사람들이 모두 일어나 整列하여 愛國歌를 齊唱하고 이어 殉國先烈을 追慕하는 默念을 올리고 大韓民國萬歲三唱을 힘차게 하였다.

이 事件으로 警察署가 떠들썩하여 몇 사람이 불려갔다 오고 直接調査가 나오고 야단법석이었지만 우리들은 스스로 愛國心이 우러나와서 自然的으로 이루어진 일이며 "國民으로서 光復節記念式을 擧行하는 것이 當然하지 않는가?"라고 抗辯하여 이 事件은 有耶無耶 되었지만 이로 因하여 監房規則이 한층 嚴格하여져서 甚至於 옆 사람과의 귓속말도 禁止하므로써 終日 塑像들처럼 말없이 앉아서만 있어야 하는 것이었다.

三伏이 지나고 9월이 되었다. 學校에서는 開學이 되었겠구나! 그동안 學生運動으로 들어온 사람 가운데 C級은 一學期末考査를 보라고 내보냈고, B級은 二學期 登錄을 하라고 내보냈는데 A級은 아무런 消息도 없다. 9월 初旬쯤이 되자 정말 오랜만에 나를 불러내는 것이었다. 아침에 내가 따라서 나가니 바로 警察署正門밖으로 나아가 검은 乘用車에 태우는 것이다. 앞으로의 運命이야 알 수 없지만 于先 하늘을 보고, 땅을 본다는 事實에 感激하면서도 또한 달리는 검은색 유리창 밖으로 희미하게 보이는 市內거리의 表情이 나의 存在를 完全히 外面하는 것처럼 보여 약간 疏外感을 느꼈다. 乙支路入口에 있는 治安局別館으로 들어가니 事務室冊床위에 北韓의 新聞綴이 가장 먼저 눈에 들어온다. 몇 장을 떠들러 보니 南朝鮮學生의 平和統一運動을 烈烈히 支持한다는 것이었다.

한 시간쯤 있다가 나를 조그마한 取調室로 데리고 가서 새로운 治安局의 取調官과 단 둘이 옆으로 나란히 앉아 取調를 받는데 대단히 多情하게 묻는 까닭에 나는 懷柔策이라고 判斷하고 警戒心을 풀지 않으면서 緊張狀態에 있었다. 그런데 이 取調官은 鐘路警察署에서 넘겨온 매우 두툼한 나의 調書를 읽어 내려가면서 낮은 목소리로 疑訝한 듯이 묻는 것이었다.

"너 獎學生이야?"

"네! 4년간 學費免除 받은 獎學生입니다. 그리고 寄宿舍費도 無料입니다."

"너 警察遺族이야?"

"네! 저의 先親이 鐵道警察官으로 在職하시다가 麗順叛亂事件當時 伐橋에서 戰死하였고, 그 6개월 뒤에 어머니께서도 殉節하시었습니다."

"너 工夫 더 하고 싶어?"

"네, 저는 東洋哲學을 깊이 工夫하고 싶습니다."

"그런데 왜 學生運動만 했어?"

"저는 學科工夫는 徹底히 하면서 學生運動을 했지 學生運動에만 專

念한 것은 아닙니다."

"그래? 너 이 鐘路警察署에서 받은 調書 認定해? 안 해?"

"저는 그 鐘路署에서 取調 받은 調書는 全部 認定할 수 없습니다. 그것은 强壓에 依하여 억지로 꾸민 것이지 自意로 陳述한 것이 아닙니다."

"알았어! 그럼 여기서 自由롭게 陳述하여 다시 만들자." 하면서 끝없는 問答이 처음부터 새로 시작하는 것이었다.

옆에서 取調를 作成하는 內容을 보니 問은 鐘路署에서 作成한 質問 順序대로 쓰는데 答은 나에게 지극히 有利한 쪽으로 쓰는 까닭에 대부분 "예"가 "아니요"로 뒤바뀌는 것이었다. 즉 例를 들면

"1961년 2월 14일 韓美行政協定反對聲討大會에 參加했나?"

"아니요"

"1961년 4월 16일 삼일당에서 통일촉진 악법반대 대강연회를 알리는 壁報 數百狀을 만들어 서울市內에 붙였나?"

"아니요"

"1961년 5월 13일 저녁 횃불 데모에 參加했나?"

"아니요" 이러한 식이었다.

調書는 順風에 돛단 듯이 一瀉千里로 進行되어 땅거미가 질 때쯤엔 完全히 終結하였다. 人情이 많은 取調官은 수북이 쌓인 書類를 整理하여 묶은 다음 姿勢를 고쳐 앉아 "한 번 읽어 줄까?" 한다. 나는 이미 지쳐 있는 몸이요, 또한 調書를 쓸 때에 옆에서 모두 읽었으므로 다시 읽을 필요가 없다고 하였다. "그러면 指掌을 찍어!" 그 많은 取調書類에 間印과 訂正印을 모두 찍고 나니, 取調官은 나와서 職員事務室로 가서 여러 사람 앞에 나를 紹介한다.

큰소리로 알리기를 "서정기 저놈은 獎學生이야! 그리고 警察官遺族이야! 저 놈이 미쳤어! 너 공부 열심히 할래? 안 할래? 자는 공부 잘하는 학생이야!"라고 하면서 나의 낯을 익혀주는 것이었다. 그리고 조

금 있으니 鐘路警察署에서 刑事가 와서 다시 나를 데리고 돌아가는데 밤이 어두워서 거리의 風景을 제대로 볼 수가 없었다. 監房에 돌아오니 모두들 얼마나 苦生하였느냐고 慰勞를 하였지만 나는 오히려 救援을 받아서 전혀 負擔이 없었다고 하니 多幸이라고 하였다.

그러고 나서 3일쯤 있으니 面會가 왔다고 나를 불러내는 것이었다. 우리에게 面會는 대단히 稀貴한 일이라서 무슨 일인가 하고 看守를 따라 留置場門을 나서니 할아버지께서 오셨다. 나는 할아버지를 뵈자마자 가슴이 북받쳐서 눈물이 핑 돌았다. 너무나 罪悚스러워서 아무 말도 못하고 人事를 드리니 할아버지께서 첫 말씀이 "살아 있으니 이제 됐다."였다. 여태까지 生死를 몰라서 서울市內 警察署와 戒嚴軍部隊를 모조리 찾아다니면서 너의 所在를 확인하였지만 모두 그런 사람이 없다고 하여 흔적도 없이 죽였는가 하고 걱정하다가 어제는 마지막으로 治安局에 가서 "사람을 잡아다가 죽였으면 송장이라도 내어놓으라."고 決死的으로 抗議하니까, 나중에는 내일 鐘路警察署에 찾아가 보라고 해서 오늘에야 찾아오셨다는 말씀이었다.

留置場入口門前에 서서 잠깐 이야기를 하는 사이에 看守가 督促하기를 "이제 여기 있는 것이 확인되었으니 돌아가라는 것이다. 할아버지께서 당장에 필요한 것이 무엇이냐고 물으셔서 러닝셔츠와 팬티가 전부 헤어져서 못 입을 형편이고, 軍用 幹빵을 먹고 싶다고 대답하며 看守에게 끌려들어 왔다.

할아버지께서 看守를 通하여 러닝셔츠와 팬티, 그리고 건빵을 넣어주셔서 다른 사람들이 부러워하는 가운데 옷을 갈아입고 건빵은 방안의 여러분과 골고루 나누어 먹으면서 그동안 신세를 졌던 恩惠에 答禮하였다.

무슨 重罪人이라고 집에 다가 拘束通知도 안 했을까? 나는 지금까지 面會만 禁止시키고 있는 줄로 알았기에 祖父母님께서 그토록 근심걱정을 하시고 계신 줄은 꿈에도 몰랐다. 집에서 얼마나 놀라시고 애

태우셨을까? 非常戒嚴時局에 사람이 끌려가서 3個月이 넘도록 흔적이
없었으니 누군들 초조하지 않을까?

이제 보니 監獄살이 한 내가 苦生을 한 것이 아니라 오히려 집에
계신 할아버지 할머니께서 더 많은 苦生을 하였다는 사실을 깨달았다.
그러므로 나의 苦生은 아무 것도 아니라고 생각되었고, 또한 할아버지
를 뵌 기쁨으로 해서 몸과 마음이 모두 便安하여졌다.

이 時期쯤에는 監房의 雰圍氣도 많이 달라졌는데 事件別로 送置된
사람도 있고, 釋放된 사람도 있어서 政治思想犯이 상당히 줄어든 것이
다. 變化는 新鮮感을 가지고 오지만 또한 空虛感을 남기고 가는 것이
므로 약간 울적한 상태에 있을 즈음 하루는 아침 일찍 불러내서 治安
局으로 데려가는 것이었다.

먼젓번에 왔었던 事務室로 들어가니 지난번에 取調를 담당했던 刑
事가 나를 불러 한쪽으로 가서 말하기를 오늘 軍檢警合同審査委員會
에서 A級運動圈學生을 再審하여 B級으로 分類되면 不起訴釋放하게
되어 있으므로 審査場에 들어가서 첫째 恭遜하고, 둘째 對答은 짧게
하여 自己主張을 펴지 말 것이며, 셋째 타이르는 말에 절대 首肯하라
는 것이다.

나는 親切한 指導에 感謝하였을 뿐만 아니라 祖父母님께 孝道하기
위하여서는 속히 學校로 돌아가서 學業을 계속하는 것이 上策이라고
생각하여 시키는 대로 따르겠다고 約束하였다. 조금 있다가 마음을 가
다듬고 審査場에 들어서니 큰 책상을 ㄷ字型으로 놓고 3面에 20여 명
의 審査官이 둘러앉아서 나의 행동을 注視하는 것이었다. 나는 威壓感
을 느끼면서 法庭의 被告처럼 恭遜히 서서 合同審判長의 質問에 對答
하였다.

"共産主義書籍을 읽은 일이 있는가?"

"없습니다."

"왜 平和統一을 주장하였는가?"

"南韓의 農業과 北韓의 工業이 합쳐져야만 우리 민족이 繁榮할 수
있다고 생각했기 때문입니다."

"美國의 援助가 없어도 우리나라가 發展할 수 있다고 보는가?"

"우리나라는 5000년 歷史上 남의 나라에 빼앗기며 살아왔지, 한번
도 남의 나라에서 얻어먹고 살았던 일이 없었습니다."

"以北의 學生과 討論하여 이길 수 있다고 생각하는가?"

"南北學生會談은 討論의 勝負를 가리자는 것이 아니라, 理念을 超越
하여 同胞愛를 확인하자는 것입니다."

"그러다가 共産主義者에게 同化되지 않겠는가?"

"저의 아버지가 共産主義者들에게 虐殺당하였는데 어떻게 아들인 제
가 共産黨이 되겠습니까?"

"共産黨員은 父母도 모르잖아?"

"저는 孝道를 崇尙하는 儒敎徒입니다."

"데모 많이 했지?"

"4·19때는 많이 했지만 최근에는 별로 안 했습니다."

"왜 많이 안 했어?"

"學業에 充實하느라고 時間이 없었습니다."

"됐어 나가!" 생각보다 간단하게 審査를 받고 나오니 마음이 가볍다.
잘되겠지 하면서 鍾路署로 돌아와 監房에 들어감에 여러분들이 이제
곧 나갈 것이라고 激勵하여 주었다. 果然 審査를 받고나서 3일이 지
나니 초저녁에 모든 짐을 챙겨가지고 나오라는 것이다. 領置物을 모두
찾아들고 나서니 나를 署長室로 데리고 가는 것이다.

警察署長은 나를 세워놓고, 무섭게 訓示를 하였는데 이제 너를 釋放
하는 것은 罪가 없어서가 아니라 工夫를 하도록 特別配慮함인즉 앞으
로는 조용히 學業에만 專念하여 大成하라는 것이었다. 나는 비로소 移
監이나 拘置所行이 아니라 出監임을 確認하고 마음은 벌써 집으로 가
고 있었다.

署長室을 나와서 다시 治安局으로 데리고 가기에 治安局別館事務室로 들어가니 벌써 民統學聯關係學生들이 5~6명 모여 있었다. 조금 있으니 一同을 앉혀 놓고 張皇한 訓示와 教化를 2시간이 넘도록 進行한다. 너희들은 軍事革命委員會의 決定으로 特別再審하여 軍檢警合同審査委員會의 B級 判決에 의거하여 오늘 밤에 釋放한다는 것, 너희들 民統에는 北韓의 指令을 받고 活動한 者가 있으므로 純眞한 學生이 附和雷動해서는 안 된다는 것, 現在 北韓은 南韓을 赤化하려는 各種의 工作을 推進 中이므로 感傷的인 統一論議나 反美運動은 대단히 危險한 行動이라는 것, 등등 殺伐한 內容뿐이었다.

밤이 이슥해서야 이제 모두 끝났으니 즉각 身元保證人의 身元保證覺書를 쓰고 歸家하라는 것이다. 나는 집에 電話가 없었으므로 治安局의 담당刑事에게 나의 身元保證을 부탁하였다. 그랬더니 來日 午前까지만 保證을 할 터이니 내일 祖父님을 모시고 나오라고 하면서 快히 身元保證覺書를 써주는 데 警衛이었다.

밤늦게 釋放되어 歸家하는 발길은 매우 錯雜하였다. 自由로운 空氣를 마신다는 것은 歡喜에 가까운 기분이지만 집이 가까워질수록 祖父任의 失望하실 모습을 생각하니 歎息이 저절로 나왔다. 얼굴을 푹 숙이고 집에 들어가 祖父母님께 절을 올리고 "죽을죄를 졌습니다. 용서하여 주십시오." 하고 비니 뜻밖에도 祖父님께서는 꾸지람 대신에 "오늘의 罪人이 내일에는 功臣이 될 수도 있지!" 하시면서 苦生 많았다고 慰安시킨다. 나는 비로소 安堵感을 가지면서 幸福한 家庭으로 돌아온 것을 기뻐하였다.

참으로 오랜만에 家族의 품으로 돌아와서 사랑과 自由와 解放을 滿喫하며 하룻밤을 새우고 다음날 오전 일찍 約束대로 祖父님을 모시고 治安局으로 가서 召喚狀이 오면 즉시 出頭시킬 것을 保證하는 身元保證書를 祖父께서 쓰시고 나와 곧 바로 成均館大學校로 向했다.

그런데 學校正門을 들어가 運動場을 지나면서 많은 學生들이 自由

롭고 活潑하게 뛰노는 것을 보시면서 祖父님은 나에게 매우 衝擊的인 말씀을 하시는 것이었다. "다른 學生들은 저렇게 熱心히 工夫만 하는데 너는 무엇이 잘 났다고 學生運動만 하는가?" 나는 이에 대하여 아무 對答도 못하고 氣가 죽어버렸다.

默默히 學生課로 가보니 이미 除籍이 되어서 復學이 不可能하다는 것이다. 그 理由는 지금까지 休學屆를 提出하지 아니 하여 완전히 除籍이 되었으므로 復學은 안되고, 하려면 再入學을 하라는 것이다. 할 수 없이 養賢齋의 寄宿舍로 가서 보니 이미 典齊가 安寅植 先生으로 바뀌었는데 자기는 새로 赴任하여 事實內容을 알지 못하려니와 이미 養賢齋에서 退齋시켜버렸으므로 여기와는 아무런 關聯이 없다는 것이다.

祖父께서는 4년 장학금이 날아가 버렸으므로 너무나 失望이 크셨던지 처음보다도 더욱 나를 叱責하시고 "모두 네가 自招한 일이니 너의 運命 네가 알아서 하라!"고 하시면서 나를 남겨놓고 집으로 돌아가셨다. 나는 文理大 敎授室로 가서 梁大淵 東洋哲學科 學科長께 人事를 드리고 學校의 措置를 말씀하니 나를 許鉉 文理大學長室로 데리고 가서 特別한 措處를 建議한다. 許鉉 文理大學長은 또한 나를 데리고 卞熙鎔 總長室로 데리고 가서 人事를 시키고는 나의 救濟를 建議하니 總長은 卽席에서 不可하다고 拒絶하는 것이었다.

許賢 先生은 나를 데리고 學長室로 돌아와서 監房에 계시는 "趙允濟 先生은 健康하시느냐?", "具本明 先生은 無事하시느냐?" 등등 여러분들에 대하여 安否를 물으시면서 한숨을 쉬며 긴 나무의자에 누우시는 것이다. 한참을 누워 계시다가 일어나시면서 아무래도 方法이 없으니 내년 봄에 再入學을 하라는 것이다. 나는 그러면 入學金을 또 내야만 하는데 家庭形便上 곤란하므로 다시 學生課에 交涉하여 보겠다고 말씀드리고 나와서 모두로부터 疏外되어버린 나를 明倫堂 銀杏나무 밑에 앉아서 생각하여 보았다.

어젯밤에 出監하여 느꼈던 光明이 오늘 이 情든 學校에서 暗澹으로

바뀔 줄이야 어찌 꿈엔들 생각 하였으리! 나는 監房에 있으면서 서울
大生, 延大生, 高大生들에게는 그들의 敎授와 學校當局에서 救命運動
을 展開하고, 陳情書를 보낸 사실을 부러움으로 보면서도 나의 母校의
無情을 怨望하지는 않았다. 그런데 이제 學校當局과 養賢齋에서 處
理한 지극히 刻薄하고 野俗한 行爲를 目擊하면서 敵對的 憤怒心과 아
울러 悲哀를 뼈저리게 反芻하다가 도저히 집으로 돌아가 祖父님을 거
듭 絶望하게 할 수 없어서 鍾路警察署로 갔다.

　署長室로 들어가 署長에게 出監人事를 하고 오늘 學校에서의 일을
말하고는 "署長님은 나에게 工夫를 繼續하라고 내보낸다고 하였습니
다. 그런데 학교에서 除籍을 시켰으니 어떻게 工夫를 계속 합니까?
復學이 되도록 도와주십시오!" 署長은 卽席에서 成大學生處로 電話를
하였다. 電話의 內容을 들으니 署長은 徐正淇는 工夫를 계속 하도록
特別釋放했으니 復學시켜주라는 것이고, 學校에서는 이미 2學期 登錄
이 모두 磨勘되어 時期的으로 늦었다는 것이었다. 그러나 길고 긴 通
話끝에 署長은 나에게 獎學生은 無效가 된 것으로 하고, 復學은 시켜
주기로 하였으니 내일 登錄金을 챙겨 학교로 가보라고 하였다.

　나는 感激하여 署長에게 百拜謝意를 表하고 집으로 돌아왔다. 다음
날 겨우 登錄金을 마련하여 復學을 하고 學校를 다니는 데 마음을 安
定하기도 전에 또 한 가지 아주 곤란한 일이 생기는 것이었다. 어느
날 授業을 罷하고 집으로 돌아오니 革命檢察委員會의 出頭召喚狀이
왔는데 그 但書에 만일 不出頭할 時는 逮捕拘束한다는 것이었다.

　꼼짝없이 南山아래 革命檢察委員會로 出頭하니 朱鎭鶴 檢事가 첫마
디부터 威脅的이다. "지금부터 金承均과 黃健, 沈載擇 등등에 대한 證
人調書를 받겠는데 만일 僞證하면 現場拘束한다." 이것은 대단한 苦役
이다. 차라리 나의 自身에 대한 문제라면 罪를 받든 容恕를 받든 그것
으로 끝나지만 同志가 裁判을 받게 되는 마당에 내가 證人을 선다면
이것이야 말로 信義를 저버린 悖德이 아닐 수 없는 것이다.

그래서 그 많은 檢事의 證人訊問項目마다 "잘 모릅니다.", "생각이 안 납니다.", "그런 사실 없습니다."라는 對答으로 一貫을 하니 나의 말은 자연히 窮해질 수밖에 없고, 따라서 檢事의 疑心은 커질 수밖에 없으므로 "내일 다시 나와!", "모레 또 나와!" 이런 식이 되어서 出頭의 頻度가 잦아지는 것이었다.

肉體의 釋放이 精神의 葛藤을 가지고 와서 도리어 더 큰 苦惱에 빠지게 되자 나는 끝내 脫出을 결심하였다. 그것은 軍隊에 自願入隊하는 것이다. 그래서 그토록 어렵게 復學한 學校를 1個月만에 미련없이 休學하고 故鄕으로 가서 論山訓練所에 新兵入隊하여버리니 다시는 召喚狀이 날아오지 아니 하였다.

그러나 나는 이 한번의 投獄으로 나의 學部生活은 滿身瘡痍가 되어 버렸으니 軍隊를 除隊하고 復學을 하였으나 進步主義者로 烙印이 찍히고, 危險人物로 白眼視 당함으로써 入學한지 8년 만에 學部를 卒業하고 大學院에 進學하려고 敎授에게 相議를 하였을 때에 閔泰植敎授와 柳承國敎授가 一言之下에 "자네는 그 工夫만 가지고 社會에 進出하여도 充分하므로 더 배울 필요가 없다."고 斷乎하게 拒絶당했다.

投獄前科의 業報

〈二次投獄記〉

軍事獨裁의 歲月이 濁流처럼 나의 靑春을 삼키고 滔滔히 흐르는 동안 나도 17년 공부를 한 儒學者로 成長한 不惑의 壯年이 되어 있었다. 儒道振興을 위하여 申榮祚, 李載永, 金景洙, 李相萬, 崔秉喆 後輩들과 韓國靑年儒道會를 創立하고 내가 第二代 會長으로 就任하여 儒道復興事業을 先頭에 서서 推進하고 있었다.

當時에 나는 東洋文化研究所 研究室長을 兼任하고 있었는데 서기 1979년 7월 30일 退勤時間 卽前에 研究所로 나를 찾는 電話가 왔다. "退勤길에 西部警察署 情報2課로 와달라는 것."이다. 왜 그러냐고 했더니 뭐 身元調査할 일이 있다는 것이므로 나는 가볍게 생각하고 서둘러 西部警察署로 찾아 갔더니 즉시 3층의 對共課事務室로 데리고 가서 기다리고 있으라고 한다. 벽을 둘러보니 "自首하여 光明 찾자!", "反共만이 살 길이다!", "間諜은 標識 없다", "無心히 한 不平 속에 五列은 날뛴다."라는 反共口號가 붉은 글씨로 더덕더덕 붙어 있다.

나를 왜 이런 방으로 데리고 왔을까? 나를 間諜으로 몰려고 그러나? 이런 생각 저런 생각을 하고 있으려니까 밤 12시가 넘어서 다시

情報2課事務室로 데리고 간다. 우선 對共課를 벗어난 事實 하나만으로도 여간 安心이 되는 것이 아니었다. 그렇다면 모든 것을 순순히 응하여 危機를 謀免하기로 內心 作定하고 꼬박 밤을 새우며 取調에 應했다.

係長은 刑法條文에 알맞은 罪目을 찾고, 班長은 직접 調書를 作成하면서 첫 마디가 "여기 왜 왔는지 모르지요?"이었다. 나는 정말로 왜 왔는지를 모른다고 하니까 洞內에서 間諜이라고 申告가 들어 왔다는 것이다. 나는 웃으면서 그럴 리가 있느냐고 하니까, 지난 7월 23일 저녁에 洞內 사람들 모인 자리에서 무슨 말을 했느냐고 따진다. 나는 어물어물 하니까 그날 당신이 한 말은 間諜이나 하는 말이므로 調査를 하여 보아야 된다는 것이다.

나는 하늘에 盟誓코 間諜이 아니므로 오히려 徹底한 調査를 通하여 나의 潔白을 證明하려고 노력하였다. 나는 大學卒業한 뒤로 지금까지 11년 동안 완전히 杜門不出하며 儒學硏究에만 沒頭해 왔다는 것, 그리고 儒道復興에만 오로지 관심을 가지고 있었다는 것을 力說하였다. 나의 40년 人生歷程을 細細하게 살펴보아도 별로 殊常한 점이 없자, 刑事班長은 끝으로 申告쪽지 한 장을 보여주면서 다음과 같은 말을 7월 23일 저녁에 洞民이 모인 자리에서 한 일이 있느냐고 묻는 것이었다.

(1) 朴正熙政權은 필리핀의 마르코스보다도 더욱 심한 軍事獨裁이다.

(2) 朴正熙는 日本軍出身의 民族反逆者였다.

(3) 朴正熙가 比例代表制란 名目으로 國會議員定數의 1/3을 指名하여 維政會國會議員을 뽑은 것은 國民의 選擧權을 强奪한 엉터리 制度이다.

(4) 朴正熙政權은 親日派로써 또다시 나라를 망쳐먹고 있다.

(5) 朴正熙의 維新政策은 祖國統一을 위한 것이 아니라 政權延長을 노린 것이다.

나는 이 申告書內容을 듣고 한편으로 安堵하고 한편으로 不安하였

다. 왜냐하면 그러한 不平은 間諜의 工作用語만이 아니라 이미 一般在
野知識人의 良心의 소리였기에 그것만 가지고는 間諜으로 뒤집어씌울
수 없을 것이므로 일단 安堵感을 가졌던 것이고, 그러나 또 한편으로
는 當時의 維新法律이나 特히 緊急措置9號가 政府를 非難하면 處罰하
게 되어 있는 까닭에 이것을 是認하면 크게 걸린다는 事實 때문에 不
安하였다.

나의 人生行路에 있어서 이 瞬間처럼 深刻하게 苦悶하였던 記憶이
없다. 이미 申告가 들어와 있으니 是認하던 否認하던 一定한 罰이야
받겠지만 그러나 是認하면 在野의 民主鬪士로 自任하여 正論을 펴면
서 鬪爭해야 될 것이요, 否認한다면 술자리의 失言으로 돌리어 隱忍自
重하므로써 高齡의 祖父母와 어린 妻子를 保護하는 責任을 履行하게
되는 것이다.

刑事班長의 再三督促을 받고서야 나는 힘없이 대답했다. "그날 술
먹고 하는 말이라 생각이 안 납니다." 이 말에 刑事班長은 신명이 나
서 다시 묻기를 "아무럼 맨 정신으로 했다고 하면 큰일 나지요! 그러
나 平常時에 그런 생각을 가지고 있었지요? 그랬기에 술자리에서 자기
도 모르게 그런 말이 나온 것 아닙니까?"라고 한다. 나는 어쩔 수 없이
그랬던 모양이라고 하니까, 刑事班長은 더욱 거세게 나를 다그친다.

"現政府에 대한 不滿은 무엇입니까?"

"現政府의 政策을 非難해도 緊急措置9號違反인데 왜 國家의 元首인
朴正熙 大統領을 誹謗했습니까?", "住民을 모아놓고 反政府意識을 高
吹하고 煽動한 理由는 무엇입니까?"

나는 할 수 없이 本心을 吐露했다. 朴正熙政權이 維新論理로 提示한
韓國的 民主主義는 民主主義의 世界的 普遍性을 逸彈한 것이므로 오늘
날 大學生들이 展開한 維新反對運動은 憂國心에서 나온 行動이다.

이러한 民主化運動을 現政府當局은 反體制運動圈學生이라고 하여
數千 名을 除籍시켰고 數百 名을 拘束하였는데 나는 國家將來를 위하

여 이 學生들을 즉시 釋放하여 復學시켜야 된다고 생각한다. 우리나라
는 天然的인 賦存資源이 別로 없으므로 오로지 人間을 開發하여 國家
를 復興하고 世界列强과 競爭할 수밖에 없는데 이제 英才를 모두 退
學시켰으니 지금은 모르겠지만 앞으로 10년 후에는 반드시 그 病弊가
나타나서 國家 社會的으로 큰 損害를 보게 될 것이다. 그리고 學園內
에서의 學問과 思想의 自由로운 討論을 規制해서는 안 되며, 言論을
統制하고, 심지어 流言蜚語까지 團束하는 것은 우리 社會의 政治的 後
進性과 文化的 野蠻性을 世界에 暴露하여 한갓 天下人의 웃음거리 밖
에 되지 못하는 것이므로 이제라도 文明한 政治를 行하여 우리 民族
의 優秀性을 世界萬邦에 誇示하는 것이 이 時代의 使命이라고 하였다.

刑事班長은 이제 됐다고 하면서 밤새도록 받은 訊問調書를 두툼하
게 整理하여 綴하면서 表紙에다가 罪名을 "22事犯 徐正淇"라고 쓰는
것이었다. 罪名이 너무나 生疏하여 "22事犯이 뭣입니까?"라고 물으니
아실 필요가 없다고 默殺하면서 係長과 相議하며 事件槪要를 打字機
로 急히 치는 것이었다. 打字가 끝나자 情報課長이 내려와서 書類를
檢討하고 나가니 조금 있다가 한두 사람씩 들어와서 事件槪要 1部씩
을 가지고 가면서 나를 노려보고 가는 것이다.

그러고 나서는 계속 두 명의 刑事가 나를 監視하는 가운데 三伏炎
天에 終日을 앉아서 하루가 가고, 이틀이 가도 아무런 말이 없다. 나
는 하도 답답하여 刑事 한 사람이 食事를 하려고 나간 틈에 남아 있
는 젊은 刑事에게 물어보았다. "나를 왜 이렇게 기다리게 합니까?"하
니까 刑事가 말하기를 "아니 모르셨습니까? 지금 先生은 處分命令을
기다리는 중입니다." 하는 것이었다. 나는 疑訝해 하며 "處分命令이 어
디서 내려옵니까?"라고 물으니 그 설명이 이러했다.

"어제 아침에 先生의 犯罪槪要가 中央情報部, 保安司令部, 治安局,
靑瓦臺秘書室, 公安檢察班 등 5個 機關으로 올라갔습니다. 그 다섯部
處의 담당자가 合同으로 事件을 審査하여 處罰程度를 合議해서 下達

이 될 것입니다."라고 가르쳐주는 것이다. 나는 事件이 상당히 複雜하
게 얽혀가는 것을 깨닫고 다시 묻기를 "그러면 處罰의 程度는 대개 어
떤 것입니까?"라고 하였더니 나의 顔色을 살피며 이렇게 말하였다.

"先生이 재수가 없으면 中央情報部의 地下室에 끌려가서 약 20일
정도 죽도록 얻어맞고 判決을 받아 刑을 받을 것이며, 普通이면 中央
情報部는 가지 않고 바로 公安檢察로 넘어가서 裁判을 받을 것이요,
아주 운수가 좋으시면 卽決裁判을 받고 한 달 정도 拘留를 살게 될
것입니다."

나는 이 말을 들으니 약간 겁이 나서 움찔하다가 다시 물어 "그러면
내가 그냥 나가지는 못한다는 말입니까?"라고 하니까, 刑事가 憐憫의
눈으로 나를 바라보며 하는 말이 "一但 여기에 들어오셨는데 어떻게
그냥 나가겠습니까?" 하는 것이었다. 할 수 없이 諦念하고 좁은 椅子
에 앉아서 오직 祖上이 도와주시기만을 祈願하였다.

滿3日을 椅子에 앉아서 기다린 끝에 監視하던 刑事가 한 통의 電通
을 받아들고 나를 쳐다보면서 "先生은 運數가 좋으십니다. 卽決處分하
라는 指示가 내려왔습니다." 하면서 무슨 喜消息이나 되는 것처럼 호
들갑을 떨므로 나도 또한 不幸 中 多幸이라고 생각하며 運命에 順應
하자고 다짐하였다. 그런대로 밤이 늦어 책상위에 누워서 눈을 붙이고
일어나니 아침 일찍 情報課長과 係長이 들어와서 나를 卽決裁判所로
데리고 갔다.

나는 처음 卽決裁判所法庭에서 裁判을 받을 것으로 생각하였으나
그게 아니었다. 곧 바로 判事室 門앞으로 가서 먼저 課長만 혼자 들어
가더니 한참을 있다가 나를 들어오라고 하여 判事의 책상 앞에 서서
單獨으로 裁判을 받는 것이었다. 判事의 訊問은 大端히 意外的인 것이
었는데 大略 옮기면 다음과 같은 것이었다.

〈問〉"現在의 社會的 職位에 滿足하는가?"

〈答〉"나의 現在職位는 나의 學問的 實力에 비추어 過分하다고 생각합니다."

〈問〉"現政府에 대하여 不滿이 무엇인가?"

〈答〉"많은 大學生을 除籍하고, 拘束하여 學業을 中途抛棄케 하는 것은 國家의 將來를 위하여 憂慮되는 일입니다. 우리 민족은 今世紀에 들어와서 獨立運動과 6·25動亂으로 많은 人材를 잃어버렸으니 이제는 더 이상 學生들의 學業을 中斷시켜서는 안 된다고 생각합니다."

〈問〉"國務總理를 시켜주지 안아서 不滿이 많다던데?"

〈答〉"判事님도 알다시피 現在 우리나라의 儒敎는 거의 衰亡하여 그 形勢가 支離滅裂狀態에 있습니다. 이러한 時期에 儒敎人 總理가 나올 수 없는 것은 明若觀火한 事實입니다. 그러므로 나는 一次的으로 儒敎復興에 盡力하고 있는 바, 만일 儒敎가 다시 興盛하여 歷史의 前面으로 浮上한다면 구태여 國務總理뿐만 아니라 大統領까지도 우리 儒敎人 속에서 나올 수 있다고 생각합니다. 따라서 나는 現時局에 國務總理가 되는 문제에 대해서는 關心도 없습니다.

〈問〉"이 땅에 儒敎가 다시 일어나리라고 믿는가?"

〈答〉"草野의 靑年士林이 大悟覺醒하여 旣往의 班常觀念과 四色黨派心을 克服하고, 團結하여 士風振作에 힘을 쓰면 머지않아 크게 復興하리라고 確信합니다."

〈問〉"儒敎의 長點은 무엇인가?"

〈答〉"儒敎의 長點은 여러 가지 있지만 가장 重要한 것은 道德을 崇尙하고 倫理를 지켜서 社會에 合理的인 模範을 세운다는 것입니다. 그리고 血族과 民族을 團結시켜서 和睦한 世界를 이룩하여 子孫萬代에 幸福을 保障하는 것입니다. 따라서 우리 社會가 民主主義를 士着化하고, 祖國을 統一함에 있어 儒敎思想

은 중요한 機能을 遂行하게 될 것입니다."

〈問〉 "酒量은 얼마나 됩니까?"

〈答〉 "막걸리는 한 말, 소주는 한 되, 맥주는 배가 허락하는 대로 먹을 수 있습니다."

〈問〉 "끝으로 現政府에 하고 싶은 말은 무엇입니까?"

〈答〉 "하루 속히 拘束學生을 釋放하고, 除籍學生을 復學시켜주기 바랍니다."

〈問〉 "더 할 말은 없습니까?"

〈答〉 "할 말은 많지만 이 자리에서는 그만 두겠습니다."

刑事는 訊問을 終結하고 情報課長과 相議하더니 拘留 20日을 言渡하고난 다음 낮은 목소리로 지나가는 말처럼 "이의할 수 있다."라고 하는 것이다. 나는 한 달이 아니라 20일밖에 안된다는 事實에 滿足하고 돌아오자 바로 留置場 2층 獨房으로 收監하여 버린다.

처음 留置場에 들어올 때의 마음에는 20일이 금방 지나갈 것만 같았는데 三伏炎天의 長長夏日에 獨房의 時間은 어찌나 더디게 가는지 지루하기 그지없었다. 面會도 없고, 沐浴도 못하고, 말도 하지 못하므로 기다리는 것은 3時의 밥인데 찌그러질 대로 찌그러진 양은도시락이 鐵窓 앞에 놓이는 소리로 時間의 흐름을 느낄 수 있을 따름이었다.

鐵窓 틈으로 양은 도시락을 집어다가 열어보니 쌀이 2푼 정도 섞인 보리밥에 콩비지고추장이 한 숟가락 들어 있었다. 나는 도시락을 먹으면서 19년 전의 5·16 당시 鐘路警察署留置場에서 먹었던 꽁보리주먹밥을 생각하고 "이것이 朴政權 20년獨裁의 治積이로구나. 그래도 밥에는 쌀이 2푼이라도 늘었지만 民權은 10分 빼앗아버렸으니 그래도 도시락밥에 感謝해야겠다."고 중얼거렸다.

獨房에 앉아 이렇게 길고 긴 날을 15,000날이나 살았으면서 나는 무엇을 했는가를 반성하며 3일쯤 지나자 看守가 지나가는 틈에 얼른 물어보았다. "여보시오, 判事가 言渡하는 말끝에 이의할 수 있다고 하였는데 그 말이 무슨 말입니까?"라고 하니 看守도 모르겠다고 하면서 돌아서 버린다. 그리고 나선 나의 監房 앞으로는 도무지 아무도 오는 사람이 없었는데 10여 일이 지나니 바로 그 看守가 親切하게도 내 방 앞으로 와서 左右를 살피고 나서 조용히 하는 말이 "判事가 이의 할 수 있다는 말은 즉 言渡하는 刑罰에 異議가 있으면 10일 내에 正式裁判을 請求할 수 있다는 말입니다." 하는 것이다.

나는 欺瞞당했다는 느낌이 들어서 "아니 그러면 이제 10일이 지나가버렸지 않습니까?"라고 反問하니 자기도 이제야 알았다고 하면서 우물쭈물하는 것이다.

나는 이제 10일밖에 남지 않은 期間이므로 쉽게 諦念하고 다른 부탁을 하였다. 이 三伏炎天에 보름 동안이나 沐浴을 못하여 팔다리가 짓물러서 견딜 수 없으므로 沐浴을 하게 해달라고 要請하니 그러면 오늘밤 1시에 목욕을 하도록 하겠다고 약속하는 것이다.

그날 밤 1시가 넘어서자 看守가 와서 鐵門을 열어주더니 또한 바로 옆방으로 가서 鐵門을 열고는 나처럼 獨房에 있는 사람에게 나와서 조용히 沐浴을 하라고 하는 것이다. 두 사람은 留置場內의 洗面所로 가서 옷을 벗고 沐浴을 하면서 初面人事를 하였다.

"나는 韓國靑年儒道會長 徐正淇라고 하오, 어쩐 일로 이 고생이시오?"

"저는 李在五라고 합니다. 安東天主敎會에 가서 講演한 內容이 緊急措置9號 違反이라고 하여 잡혀 왔습니다."

"危險한 時局에 젊은 분이 말을 조심해야지요?"

"싸우지 않고 軍事獨裁가 물러가겠습니까? 이렇게 鬪爭을 해야 나중에 國會議員이라도 하나 하지요?"

"앞으로 어떻게 되겠습니까?"

"곧 檢察로 넘어 갈 것입니다. 그런데 徐 先生은 어쩐 일로 들어오셨습니까?"

"나는 22事犯이라고 하는데 그것이 무슨 罪目인지 모르겠습니다."

"22事犯이라, 그것 센 건데? 어쩌다가 그랬습니까?"

"저녁에 술을 먹고 동네 사람들 모인 자리에서 朴正熙를 非難하며 선동했다는 것입니다."

"拘留20日이면 千萬多幸입니다."

두 사람은 地獄에서 同志를 만난 것처럼 서로를 同情하면서 좋은 세상에 다시 보자고 약속한 다음 沐浴을 끝내고 나란히 나와서 각기 獨房으로 들어갔다.

沐浴을 하고나니 여름날도 한결 빠르게 지나가서 8월 22일 아침이 되었다. 滿期가 되어 釋放한다고 鐵門을 열어 주어서 鐵窓을 나와 옆 방의 李在五 씨에게로 가서 아무쪼록 몸을 조심하라고 당부하고 情報課事務室로 가니 한 장의 白紙를 내놓고 覺書를 쓰라는 것이다. 나는 이제 罰을 모두 받아 그 事件은 一段落이 되었는데도 또다시 무슨 覺書를 쓰느냐고 하니까, 그래도 反省하고 다시는 그런 일이 없도록 다짐한다는 의미에서 반드시 써야만 釋放될 수 있다고 强要한다.

나는 이제 와서 다시 問題를 惹起할 必要가 없다고 諦念하고, 두섬 두섬 적어서 覺書를 쓰고 指章을 찍으니 住民登錄證과 領置物을 주면서 돌아가도 좋다고 한다. 뒤도 돌아보지 않고 警察署正門을 나오니 祖父님과 叔父님 그리고 아내가 기다리고 섰기에 함께 집으로 와서 祖父母님께 절을 드리며 容恕를 빌었다.

祖父님께서는 지극히 安堵하는 빛으로 다음과 같이 나를 타이르며 말씀하는 것이다. "이번 일은 祖上이 도와서 이 정도로 풀려났다. 내가 변호사에게 정식 재판을 청구하려고 부탁을 하니까 이런 사건은 가만히 있어야지 사건화 하면 더욱 문제가 커지니까 조용히 있으라고 해서 참았다. 이 집안에서 네가 지금 얼마나 무거운 짐을 지고 있는가? 80이 넘은 송장이 셋이나 있다. 나와 두 할머니가 너를 의지하고 있는데 네가 만일 오래 懲役을 산다면 줄 初喪이 날 터이니 누가 송장을 치우겠는가? 이제부터는 學問研究에만 專念하라." 나는 銘心하겠다고 對答하고서 아내를 쳐다보니 아내가 未安하다고 謝過를 하였다.

아내의 謝過內容은 이러했다. 내가 西部警察署에 가기 4시간 전에 白車와 검은 乘用車 2대가 집에 와서 가택 調査를 하고 아내를 警察署로 무조건 가자고 해서 영문을 몰라 안 갈려고 하니 온 洞內사람들이 보는 앞에 강제로 태우고 警察署로 데리고 가서는 남편이 現政府에 대한 不滿이 무엇이냐고 대라고 하더라는 것이다.

그래서 자기는 모르는 일이니 직접 본인에게 물어보라고 아무리 버티었으나 밤 12시가 가까워짐에 자기를 달래면서 말하기를 지금 당신의 남편도 여기에 와 있으니 당신이 自白을 아니 하면 끝내 집에 돌아갈 수 없게 된다. 그러니 속히 自白하면 당신의 남편과 함께 집으로 돌아갈 수 있는데 딱하다고 하더란 것이다.

그래서 자기가 事實대로 自白하면 남편과 함께 집으로 돌아가느냐고 다짐을 하니까 그렇다고 하여 不得已 그이는 國務總理를 시켜주지 아니 하여 現政府에 不滿이 조금 있다고 둘러댔다는 것이다. 그랬더니 알았다고 하면서 혼자 먼저 집으로 돌아가라고 하더라는 것이다. 남편과 함께 가겠다고 기다렸더니 남편은 조사할 것이 남았으니 먼저 가라고 하여 집으로 왔는데 아무리 기다려도 내가 돌아오지 아니하여 이튿날 자기의 큰 兄夫 鄭淳午 씨에게 가서 그 顚末을 말씀드리니 큰兄夫가 꾸짖기를 "남자가 여자를 잘 만나면 出世를 하고, 남자가 여자를 잘 못 만나면 懲役을 사는 것이나, 세상에 남편 懲役가는 일에 아내가 직접 證人을 서준 사람이 있다니!" 하시면서 처제를 감옥에 넣을 사람은 아무도 없는데 무엇이 무서워서 그런 진술서를 썼느냐고 하시므로 그제야 너무나 잘 못한 행동을 깨닫고 어찌나 未安하던지 밥도 지을 수 없고, 걸음도 제대로 걸을 수 없어서 지금까지 23일 동안 밥이라곤 두 끼밖에 하지 않았다는 것이다.

나는 警察의 誘導訊問이 본래 그런 것이므로 純眞한 사람은 누구나

다 그렇게 속기 마련이라고 慰安시키면서 食口들의 얼굴을 보니 말이
아니었는데 특히 할머니는 동네사람들이 우리 집을 손가락질 하면서
"저 집은 인제 亡했다."라고 수군거려서 진짜 망하는 줄로 알았다고
눈물을 닦으시며, 어린 딸은 너무나 놀라서 말도 못하고 눈만 끔벅끔
벅하는 몰골을 보니 이 집안에 내가 있어주어야 되겠다고 뼈저리게
느꼈다.

　내가 出監한지 두 달 만인 10월 26일에 朴正熙가 銃彈에 쓰러졌으
니 나의 두 번에 걸친 投獄은 朴正熙獨裁政權의 시작과 끝을 裝飾하
는 犧牲物이 되었던 셈이다. 그래서 아무런 罪도 없이 칼날처럼 시퍼
렇게 威勢騰騰한 獨裁의 발굽 아래 짓밟히면서도 默默히 存在하는 데
서 意味를 찾을 수밖에 없었다. 犧牲物이란 본래 存在 그 自體에만 價
値를 두고 監視받는 물건이기 때문이다. 그러나 이러한 시대적 희생물
이 됨으로써 가장 오랜 시간을 책상 앞에 앉아 글을 읽게 되었고, 또
할아버지 蓮川公께서 臨終에 韓國儒道를 復興하라는 遺命을 받았으니
개인적으로는 아무런 怨恨도 없다.

유교사상의 흐름과 민중유교

〈TV 對談〉

1990. 6. 10. 오전 6.15~6.45
KBS1 TV 종교시간
사회 金申煥(아나운서)
출연 徐正淇(민중유교연합회장)

〈사 회〉 여러분 한 주일간 안녕하셨습니까? 우리나라를 일컬어서 동방예의지국이라고 하였듯이 우리 옛 조상들은 예로부터 이 예를 대단히 중히 여겼습니다.

그런데 요즘은 예를 갖추는 것을 혹은 거추장스러운 것으로 어떤 형식주의적인 것으로 불필요한 것으로 여기는 경향이 있지 않습니까? 그리고 이러한 형식주의는 바로 유교로부터 비롯했다. 이런 견해를 가진 사람도 많지요. 이제 유교와 유교사상에 대한 잘못된 인식을 바로 하고, 무조건 나쁘게 보는 경향을 되돌리고자 하는 노력들이 일고 있습니다.

이 시간에 민중유교연합회 회장이신 서정기 선생을 모시고 말씀

들도록 하겠습니다. 선생님 어서 오십시오. 안녕하십니까? 네 안녕
하십니까?

　보통사람들 의식 속에 유교는 뭐 관료적이라든지 권위주의적이라
든지 구태의연한 사상이라고 하는 것들이 적지 않은 것 같습니다.
동양사상 특별히 유교를 연구하시는 입장에서 이런 경향들을 어떻
게 보시는지 먼저 말씀해 주시지요.

〈서정기〉 우리 유교는 동방 5000년에 걸쳐서 주류사상으로 최근세
에까지 이어내려 왔습니다. 오늘날에 와서 우리 유교가 비록 상당히
쇠약하여 졌지만 그러나 이 시대에 도덕을 부흥하고 또 그 인간을
존중하는 윤리문제를 완전히 해결하기 위해서는 이 시대의 학문과
철학의 큰 과제가 유도부흥에 있다고 생각합니다.

　우리 유도의 가장 큰 장점은 인본주의 또 인도주의 그리고 인문
주의라고 하는 인간본의주의에 가장 큰 가치가 있는 것입니다. 즉
인간은 만물의 영장으로서 인간이 이 천지만물의 중심적 가치를 가
지고 있다는 인본주의는 인간을 대단히 존엄하게 여기는 것입니다.

　그 다음에 인간을 이와 같이 존중하는 만큼 최소한도 인간이 이
세상에서 살 때에는 다섯 가지 행복을 누리면서 살아야 된다는 것
입니다. 첫째 오래오래 살고, 그리고 부하게 살고, 그 다음에 근심
걱정 없이 살고, 그 다음에 착한 사람이라는 칭찬을 받아가면서 살
고, 그리고 이 세상에 나와서 자기가 하고 싶은 일을 모두 완성해
야 된다고 하는 이 다섯 가지 행복 즉 5복의 이상은 인간본의의 극
치라고 하겠습니다.

　더군다나 이와 같은 인간의 이상을 이룩하는 방법이 매우 현실적
이어서 인도주의라고 하는 실천방법을 택하는 것입니다. 즉 그 인
도라고 하는 구체적인 실천덕목이 무엇입니까? 부자간에 서로 친밀
하게 지내고, 그 다음에 옛날에는 군신유의라고 했습니다만은 오늘
날은 민관유의(民官有義)로 바꾸어야 되겠지요. 즉 국민과 국가공

무원 사이에 정의가 있어야 되고, 그 다음에 부부유별(夫婦有別)이라고 하였는데 근세의 사람들은 여기에서의 별자(別字)를 차별로 해석하였는데 이것은 대단히 잘못 해석한 것입니다. 자기보다 낮추어 대하는 것은 차(差)고, 높게 대하는 것은 별(別)입니다. 그래서 자기보다 높여주는 것은 특별이니 각별이니 하는 것입니다. 그러니까 부부유별이라고 하였을 때에는 서로 양존(兩尊)하는 것입니다. 그 다음에 장유유서(長幼有序)라고 하여, 어른과 어린이 사이에 차례가 있어야 되고, 그 다음에 붕우유신(朋友有信)이라 즉 사람이 벗을 두어 가지고 서로 믿음을 주고받으며 살아야 된다고 하는 것입니다. 이와 같이 가까운 인간관계로부터 출발하는 쉬운 방법이 있는데다가 더군다나 인문주의라고 하는 것은 즉 인간이 이 사회에 모든 문명과 문화를 창출해야 된다는 그 실체 즉 모든 정치 경제 사회 문화의 여러 방면에서 가장 우수한 모범을 창출해야 된다고 하는 이와 같이 좋은 이념이 유교에는 있는 것입니다.

〈사 회〉 그렇습니다. 그런데 지금 말씀하신 대로 이런 규범들이든지 예든지가 요즘 와서 오로지 어떤 자유를 속박하는 것, 억매이게 하는 것이라고 하는 식으로 잘못된 인식된 원인 말이죠. 그 이유는 어디에 있습니까?

〈서정기〉 모든 사상과 법률과 체제는 그 순기능과 역기능이 있게 마련인데 우리 유교인이 근세에 큰 잘못을 몇 가지 저질렀습니다. 즉 19세기 중엽부터 서구의 제국주의와 신사조가 들어왔는데 이것을 우리 선배들은 한국이나 중국이나 일본의 유림을 막론하고 대개 추상적으로 관찰해 가지고 그 제국주의적 요소와 그 획일주의적인 내용들을 보고는 도대체 이것은 분수도 없고 어떤 그 체제나 체통도 없는 이런 것으로 받아들였어요. 그래서 최초에는 우리나라에서도 초기에 서구의 물결을 막으려고 쇄국을 하지 않았습니까?

쇄국의 주역이 물론 유림이었었는데 쇄국을 해보다가 그래도 저쪽의 힘이 너무 세어서 밀리니까, 이제는 衛正斥邪로 나아갔습니다. 즉 정의를 지키기 위하여 싸워야 된다고 하였습니다. 그런데 싸워가지고 또 졌습니다. 그러니까, 이제는 東道西器論이라고 해서 도덕은 동양도덕을 지키고 과학은 서양과학을 수용하자는 일부분의 開明을 주장했습니다. 그러나 그것도 밀리니까, 이제 전면 開化라는 서구화 현대화로 흐르게 되었던 것입니다. 이 시기에 유림이 서구의 실체를 즉 불란서 혁명정신이라든가, 미국 독립사상이라던가, 영국 산업혁명의 실체라던가 하는 모든 본질들을 구체적으로 속속들이 파악했더라면 적극적으로 그 문화를 수용해서 자기 혁신을 꾀함으로 말미암아 개인도 구원하고 국가도 위기에서 구원함으로써 굉장히 좋게 보았을 터인데 그것이 잘못됨으로 말미암아 결국 유교가 나라를 망쳤다고 하는 억울한 누명까지 전부 뒤집어쓰게 되어서 유교에는 장점이 없는 것처럼 비쳐지게 되었습니다.

〈사 회〉 근대에 와서 가장 큰 도전을 받았고, 이 영향으로 유교를 잘못 이해하는 그 원인이 된 것입니다.

그러면 유교의 본래 사상을 바로 하기 위해서는 아마도 그 시대별로 유교사사의 흐름을 살펴보는 것이 좋을 것 같습니다. 유교사상의 기원은 어디에 있습니까?

〈서정기〉 유교의 경전이 堯舜으로부터 시작합니다. 유교는 지금부터 약 4~5천년 전의 요순시대로부터 모든 양식의 규범이 제도화가 되어 나오는데 시대가 발전함에 따라서 이것이 몇 번 그 사상내용을 바꾸게 됩니다. 즉 최초에는 훌륭한 제왕이 나와서 나라를 다스려야 된다고 하는 帝王儒道가 일어났지만 그러나 그 다음에는 제왕이 타락하게 되면 인민을 救濟하기에는 부적합하다고 생각하여 곧 능률을 숭상하는 官僚儒道로 한 번 바뀝니다. 이러한 변화는 殷나라와 周나라 때에 일어난 것입니다.

그러나 또한 春秋戰國時代에 이르러서는 제왕도 부패하고 무능하고 또 관료도 부패하게 되었습니다. 그러니까 孔子·孟子께서 나오셔서 이제는 민간지도자가 나와서 세상을 구원하여야 된다고 하여 聖者의 길을 걸었던 것입니다. 이것이 聖賢儒道인데 이러한 유교사상이 이제 秦나라와 漢나라를 거치면서 어떻게 변질되었느냐 하면 그것이 완전히 전제독재에 종속하는 체제옹호론적인 官方儒學으로 변질됩니다. 물론 이러한 작업은 董仲舒로부터 시도 되었습니다. 그러니까 이러한 유교는 人民들이 보기에 굉장히 체제옹호론적인 것으로 비치니까, 程子와 朱子가 宋나라 때에 나와 가지고 약간 반체제인 내용을 가지는 선비유도로 바꾸었습니다.

이 선비유도는 관료가 아니고 초야에 있는 선비로서 사회를 구원하자는 것입니다. 유도는 이렇게 몇 번 바뀌어 내려왔는데 이제 오늘날은 거기에 대해서도 또 한 번 바뀌어야 된다고 생각합니다. 그래서 민중유교를 제시한 것입니다.

〈사 회〉 제왕유도시기의 역사에 대하여 말씀 하셨습니다만 사실은 그 역사에서 본다면 나름대로 어떤 당위성이랄까요, 그런 면이 분명히 있는 것이겠습니다. 제왕유도의 기원이랄까요, 이 시기에 제왕유도가 나올 수밖에 없었던 어떤 특징이라든가 이런 것도 좀 말씀해 주시지요.

〈서정기〉 제왕유도가 나올 수밖에 없었다고 하는 것은 일단 원시미개시대에 있어서 사회를 지도할 수 있는 사람이 대단히 한정되어 있었다고 하는 사실에 초점을 모아야 할 것입니다. 즉 많은 미개한 사람들을 지도함에 있어서 소수의 특출한 인재 말하자면 지도자, 성자, 구세주 이런 사람이 정치를 직접 담당해가지고 無爲自然之治 즉 이 시대에는 아직 모든 정치제도가 미약하니까 자연법사상에 의해서 완전도덕정치를 한다고 하는 것인데 여기에 조건이 바로 가장 훌륭한 인격자가 제왕이 되어야 하고, 바로 그 다음 가는 사람이 내각의 총리 정도로 들어가야 되고, 이 두 사람이 합쳐지면서 동시에 전체 이민들은 정부를 완전히 신임하여 그 정책이라든가 모든 면에서 충실히 믿고 따라주는 이러한 몇 가지 조건이 성립되었을 때에 제왕유도가 가능한 것입니다.

〈사 회〉 그러나 이제 말씀하신 대로 제왕이 타락한다던가 하면 만백성이 도탄에 빠지게 되지 않겠습니까?

〈서정기〉 그렇습니다. 실제로 桀紂에 이르러서 모든 국가권력을 한손에 잡은 제왕이 酒池肉林에 타락했을 때 그것은 완전히 전체 인민의 불행으로 직결되었기 때문에 이것을 구원해보자고 하는 사상이 바로 관료유도이지요. 이 관료유도는 어느 때 누구에 의하여 나왔느냐 하면 殷나라 伊尹이라던가 周나라 周公 같은 분에 의하여 제시된 것인데, 즉 한 사람의 군주에게 모든 권력을 맡겼을 때에 대단히 위험한 결과로 나타날 수 있기 때문에 이것을 막기 위하여 관권을 신장해 가지고 왕권을 제약하여야 된다고 하였습니다. 그 당시 제왕을 세습제로 하게 되니깐 항상 훌륭한 임금이 나온다는 보장이 없으므로 그 대신 각료 장관 등등 여러 사람들을 당대의 최고 어진이로 보충해서 이 사람들의 유능한 식견과 탁월한 행정능력을 통해서 능률적으로 국가를 경영해보자는 관료유도사상이 나왔습니다.

〈사 회〉 네, 퍽이나 그 제왕유도에 비해서는 가능성이 있다고 보여집니다마는 이에 단점이 또 나타나는 것이겠지요?

〈서정기〉 그렇지요. 이제 관료유도가 나타나는 것은 그만큼 지식이 보급되고, 사회에 識者들이 늘었다는 증거 아니겠습니까? 그런데도 관료가 국가와 민족을 위해서 헌신 노력하면 대단히 유능한 정치를 할 수 있지만 그러나 이것이 부패하여 타락했을 때는 더욱이 왕과 결탁해서 왕의 비위만 맞추려고 들 때에는 완전히 하나의 민중 앞에 지배자로 군림하게 되거든요, 여기에 춘추전국시대라고 하는 그 혼란사회가 야기 된 것입니다. 즉 모든 관료가 君主의 야욕충족사업에 충실한 앞잡이 노릇으로 광분하게 되므로 말미암아 전 국민을 전쟁의 마당으로 몰아넣든가 아니면 호의호식에 물들어 가지고 백성을 학대한다던가 하여 국민보호의식이 전혀 없이 왕권보호에만 열중하게 되는 심각한 현상이 벌어졌던 것입니다.

〈사 회〉 그러다 보니까, 또 새로운 경향을 추구하게 되는 것이죠?

〈서정기〉 그렇지요. 그러한 시대에 나온 분이 바로 공자와 맹자가 아닙니까? 이 공자와 맹자는 사실 관료로 있을 시기에는 임금에게 별로 역량을 발휘하지 못하셨고, 오히려 초야의 지도자, 민간 지도자로써 사회의 목탁이 되고, 국민을 깨우치고 교육시키는 데 커다란 공로를 세운 분이거든요. 즉 이러한 행동규범은 그 이전에는 없었던 모범입니다. 제왕유도나 관료유도에서는 하나의 일정한 관직을 가졌을 때에 자기의 소임을 하는 것인데 이 공자와 맹자는 전혀 아무런 관직도 없이 하나의 민간인으로 도덕을 자임해 가지고 세계를 구원하려고 하는 이런 열성을 보였거든요, 이것을 나는 이름하여 聖賢儒道라고 규정하는 바입니다.

〈사 회〉 일견 바람직스러워 보이지만, 우선 공맹 같은 분들이 각 시대마다 나올 수도 없는 것이고 말입니다. 그리고 실제로 역사적으로 증명되지 않았습니까? 장단점이 고루 있겠습니다.

〈서정기〉 네, 이 성현유도의 단점은 그와 같이 위대한 성자가 또 구세주가 계속해서 나오지 않는다고 하는 사실, 이것이 가장 큰 단점이라고 하겠습니다.

그 다음에 그러한 단점의 폐해가 나타났던 사실의 하나가 秦나라와 漢나라는 覇道政治를 하여 도덕지배가 아닌 힘의 지배를 하였는데 그러면 유교는 도덕지배를 주장하고, 힘의 지배를 주장하는 것이 아닌데도 그렇게 진나라와 한나라는 완전히 힘으로 전 국토, 전 국민을 지배하였는데 이것을 옹호하는 유학자가 나왔습니다.

그것이 바로 董仲舒로 대표되는 것인데 이것을 세상의 학자들은 官方儒敎라고 하는 것입니다. 즉 학자가 유학을 공부해가지고 국민의 편에 서는 것이 아니고 왕의 편에 서서 왕의 체제를 옹호해주고, 그 정권연장에 헌신하는 일종의 관료주의가 나왔습니다. 그래서 나는 여기에서 관료유도와 관방유도를 분명히 구별해야 된다는 것을 강조하는 바입니다. 관료유도는 앞에서 말씀 드렸듯이 국민의 편에 선 관료입니다. 국가와 인민을 위한 관료였는데 이 관방유도는 완전히 국민의 기대에 벗어나는 반민중적인 그러한 유학인 것입니다. 임금만을 옹호해주고, 그 체제를 수호해주는 데 적극 복무하는 것입니다.

〈사 회〉 아마도 역사상 관방유도 쪽이 더 성하지 않았나 보여집니다마는?

〈서정기〉 그랬습니다. 그것은 왜 그랬느냐 하면 춘추전국시절 이후로 秦, 漢, 唐은 帝王의 權力만을 옹호하는 權道政治이었고, 宋, 明이 王道政治를 추구하였으며 그리고 元, 淸은 外勢政治 즉 植民地統治이었기 때문에 그 체제에 필요한 것은 민권지도자가 아니라 관권옹호자가 필요하였기 때문에 관방유도를 하는 사람이 크게 빛을 보고 사회활동을 많이 하게 되는 요건이 거기에 있었던 것입니다.

〈사 회〉 그 후에 나타나게 되는 흐름은 어떤 것이 있었습니까?

〈서정기〉 유학이 그렇게 관료학으로 전락하여 버리니까 결국 유도가 쇠하여 졌습니다. 그래서 孔·孟의 원형이 매몰되어 버렸습니다. 이러한 파행성을 낳게 되니깐 程子와 朱子가 나와 가지고 대저 유학을 배워가지고 천하의 지도자인 공자와 맹자 같은 聖人은 못 될지라도, 적어도 선비 정도, 즉 국가나 지방의 학자 정도의 선비로서의 정의의 수호자 민권의 대변자로서의 역할을 해주어야지 그렇게 과거만 보려고 하고 "벼슬을 하는 것만 명예로 생각한다면 이것은 공자, 맹자의 성현의 올바른 뜻이 아니다"라고 하여 宋代 性理學이라고 하는 선비유도를 창출하였던 것입니다. 따라서 이 선비유도는 대단히 폭이 넓지요, 왜냐하면 소수의 성현만을 요구하는 것이 아니고, 다중의 초급학자도 무두 선비로서 벼슬을 하든지 안 하든지 간에 글 읽은 사람 즉 讀書人으로서의 사명을 그 정직성 명확성 성실성에다 두었기 때문에 대단히 사회에 청량제로서의 역할을 했던 것입니다.

〈사 회〉 그 선비들을 이야기하면 우리가 알기로는 대쪽 같은 성품들이라던가 나라를 수호하는 모습을 볼 수 있습니다만은 일견 어떤 구심체를 이룰 수 없다는 단점이라던가 하는 장단점이 있을 것 같습니다. 선비유도의 장단점이 어떻게 나타났습니까?

〈서정기〉 선비유도의 가장 큰 단점은 曲學阿世에 있는 것입니다. 즉 외형적으로는 민중을 대변하는 것처럼 하면서 속으로는 관권과 결탁해 가지고 자기의 출세를 보장한다던가 사회의 부조리를 눈감아 주는 이런 말하자면 土豪나 劣紳 같은 사이비 선비가 나옴으로 말미암아 국민들이 굉장히 실망하게 되었지요.

그와 반대로 자기가 소신 있게 절의를 지키면서 왕도정치가 아닌 패도정치나, 권도정치나 세도정치에 대해서 열심히 투쟁을 하였을 때에는 자기에게 賜藥이 내리거나 또는 一家滅族을 당하는 커다란 불행을 초래하게 된다는 사실 이것이 매우 가슴 아픈 일이지요.

〈사 회〉 우리의 경우라면 선비유도 이후에 근세의 어려운 도전을 받고 하지 않습니까? 그러한 과정에서 이제 새로운 경향이 민중 유교라고 일컫는 것일진대 이 운동의 원인이나 어떤 당위성 같은 것을 설명할 수 있겠습니까?

〈서정기〉 유교의 가장 큰 장점은 외형적으로 그리고 본질적으로 그 시대에 순응하면서 모든 역량을 자기구원 사회운동으로 창출해낸다고 하는 사실이 가장 큰 장점입니다. 즉 어떤 고정된 도그마에 얽매이지 않고, 가장 과학적이고 합리적이고 실용적인 중용의 방법으로 자기혁신을 할 수 있는 힘이 유교의 커다란 장점입니다. 지금 현대는 완전히 주권이 국민에게 있는 민주사회 산업사회인 것입니다. 따라서 옛날 전제군주시대의 봉건주의 가부장적 낡은 제도 문물이라 던가 또는 그러한 의식 사고 학문 이런 것은 현대 민주사회에서 전 혀 부합되지 않는 것입니다. 그렇다면 우리 유교도 전통적인 자기의 핵심내용은 손상하지 않는다고 하더라도 그 속에서 하나의 큰 힘을 추출해내어서 과감히 현실을 바로잡고 시대를 구원하는 학문으로 승화 발전시키는 것이 당연하다고 하겠습니다.

그래서 우리 민중유교에서는 이제는 사회구원의 문제를 제왕의 힘에 의지 한다던가 관료의 조직에 의지한다는 것은 벌써 시대착오 적인 것이라고 생각하는 것입니다. 즉 국민이 나라의 주인이고 관 료라고 하는 것은 국민의 심부름꾼인데 국민으로써 자기구원 및 사 회구원의 문제를 스스로 이념을 세우고 실행을 하고 또 지시를 하 고 운동으로 전개하는 이런 주인적인 역할이 필요하기 때문에 유교 도 이제 그러한 방향으로 발전해야 된다고 주장하는 바입니다.

〈사 회〉우리 현시대에 있어서 민중이라는 어휘는 좀 오해의 소지 도 있고 하는 것으로 알고 있습니다만은 이제 민중유교도 행동으로 써 아마도 세상에 어떤 증거도 할 수 있지 않을까 생각하는데요, 어 떻게 하면 민중과 더불어서 유교가 부흥할 수 있을는지요? 구체적 으로 일러 주시기 바랍니다.

〈서정기〉민중이라는 말은 이미 유교의 고전에 다 있는 것입니다. 공자께서 汎愛衆而親仁이라고 하였거든요 두루두루 민중을 사랑하 면서 어질게 공동체 의식을 가지고 살라고 하였고 맹자도 親親而仁 民하며 仁民而愛物이라고하여 자기의 어버이를 친하게 모시면서 민 중을 공동체 의식으로 사랑하고 그 다음에 만물을 사랑하라고 하였 습니다. 그렇기 때문에 유교의 경전 속에는 민중이라는 개념이 사실 은 가득히 들어 있는 것입니다 다만 기존의 우리 선배 유림들이 경 전 가운데의 공자와 맹자의 말씀처럼 민중과 같이 더불지 않고 위 에 권력과 밀착하였기 때문에 오늘날 사람들에게는 권력과 친한 세력으로 비쳐졌을 뿐입니다.

민중이라는 것은 간단히 설명하여 계급적으로 이야기 하면 피지배계급이라고 볼 수 있는데 이 피지배계급이라는 말도 오늘날은 적합치가 않습니다. 과거 전제군주시대에는 피지배계급이었지만 오늘날은 당당한 국가의 주인으로서의 민중입니다. 그리고 의식적으로는 양심세력이고, 또 우리가 역사적으로 양민이라는 말을 많이 썼습니다. 어질 良자와 백성 民자 어진 백성들 즉 죄를 짓지 않는 백성들입니다. 그리고 또 오늘날 현실적으로 우리나라만을 떼어놓고 보았을 때에는 자주 민주 통일을 진심으로 희구하는 세력입니다. 이런 정도를 민중으로 놓고 본다면 역사성과 현실성을 전부 포용한 개념이라고 할 수 있겠습니다.

〈사 회〉 유교의 민중화를 실생활에서 어떤 개혁이랄까 시행이랄까 이런 면에 구체적인 방안이 있습니까?

〈서정기〉 그것은 현대 우리 사회가 전통이 거의 단절된 상태에 와 있지 않습니까? 유교로서는 현대 우리 사회에 기여하는 방법으로는 전통을 현대화하여 민중들로 하여금 자신 있게 일상생활을 경영할 수 있는 대안을 제시해주는 것입니다. 그래서 우리들은 여러 가지 민중유교운동을 전개하고 있습니다만은 가장 큰 것이 예법의 현대화 대중화작업입니다. 즉 성년식 결혼식 장례식 제사 주례(酒禮)와 같은 예식을 한글로 쉽고 간단하게 압축해서 정리해 가지고 이것을 현대인들에게 널리 보급하는 것입니다.

지금 현대인들은 집안에 큰일만 당하면 당황해 하고 걱정하거든요. 이런 큰일을 당했을 때 걱정이 없도록 해주기 위하여 내가 이『정통가정의례』속에서 실례로 축문을 한 대목만 읽어 보여주겠습니다. 가령 초등학생 가장이 많은데 그 초등학생 가장에게다가 한문축문을 읽으라고 하면 그것은 불가능한 것입니다. 그래서 축문을 현대화하여 누구든지 쓸 수 있도록 만들었습니다. 이제 부모 제삿날 축문을 모범으로 읽어 드리겠습니다.

"때는 바야흐로 ○년 ○월 ○일 효자 ○○는 감히 훌륭하신 옛○○(직함) 아버지와 훌륭하신 옛○○(당호) 어머니 ○○○ 씨께 밝게 사뢰나이다. 세월은 흘러 훌륭하신 옛○○아버지(또는 어머니)의 제삿날이 돌아왔습니다. 지난날의 추억이 오늘 더욱 간절하여 저 하늘도 다함이 없나이다. 삼가 맑은 술과 갖은 음식으로 정성을 드리오니 두루 흠향하옵소서." 이렇게 우리 한글로 엮어 보았습니다.

〈사 회〉 이런 것은 적잖게 우리 민간사회에 널리 알려져 시행되고 있는 것으로 알고 있습니다만.

〈서정기〉 그렇지요 작년부터 우리 민중유교연합에서 한글제사축문 보급운동을 전개하여 굉장한 호응을 얻었지요. 사회에서 많이 실용화 되었습니다. 이런 일은 개인적으로 한두 집에서 실행하는 것보다 사회적 운동을 전개하는 것이 성과적입니다.

〈사 회〉 통계를 이모저모 보아도 다른 종교보다는 유교의 습속으로 생활하는 분들이 많다는 것을 보았습니다. 이제 유교의 민중화 이것은 앞으로 유교의 큰 사업이 아닐까 하는 생각을 가집니다. 선생님 말씀 오늘 대단히 잘 들었습니다.

〈서정기〉 대담을 진지하게 진행하여 주셔서 감사합니다.

〈사 회〉 안녕히 가십시오, 감사합니다.

그랬습니다, 동방의 지혜가 결집되었다고 하는 것이 유교인 것인데 유교의 민중화에 우리가 기대를 걸어보지 않을 수 없습니다.

東喬 閔泰植 先生의 期待

癸丑年(서기 1973년). 봄에 東喬 閔泰植 博士는 草額一幅을 써서 주시면서 나의 學業을 激勵하였는데 그 글월의 내용이 대단히 意味深長하여 나로 하여금 長思久視토록 하였다.

「理氣妙合」이라고 네 글자를 크게 쓴 다음에 그 끝에다가 "讀儒書 行儒行 其志遠矣 感佩感佩 癸丑元春 爲徐君淸鑒"이라고 밝혀 나에 대한 期待感을 표시하였던 것이다. 理氣妙合은 栗谷 先生의 말로 周濂溪가 太極圖說에서 말한 無極之眞과 二五之精이 妙合而凝하야 乾道成男하고 坤道成女하니에서 진리와 정기가 妙合하는 논리를 定義한 것인 즉 쉽게 해석하면 原理와 元氣가 絶妙하게 配合한다. 또는 理性과 氣力이 적절히 배합한다. 그리고 理想과 現實을 적당히 배합한다, 등등의 뜻을 함축하고 있는 것이라고 하겠다.

東喬 선생이 이 글월을 특별히 나에게 주신 뜻은 아마도 내가 너무나 意氣軒昻하여 現實時局問題에 執着하므로 道德心에 비하여 氣槪가더 높고 理想보다 현실에 더 열중하는 까닭에 이러한 편벽된 短點을바로 잡아주기 위하여 바로 天地道德의 根源인 太極의 理를 一身의

氣質과 奧妙하게 配合시키라고 嚴重히 命令하신 것이라고 하겠다.

그러므로 어느 날 메밀국수집에서 점심을 먹을 때에 先生은 나직한 음성으로 나에게 한 말씀을 주시는데 「理御氣」라는 退溪 先生의 글월을 해석하면서 理性이 感性을 이끌어야지 感性이 理性을 이겨서는 아니 된다고 거듭 당부하여 마지않았던 것이다.

이때로부터 나는 宇宙生成論的으로나 人生修養論的으로나 社會政治的으로나 막힘이 없는 이 理通氣局이라는 眞理의 말씀을 나의 坐右銘으로 삼으면서 每事에 原理原則을 찾기 시작 하였다.

따라서 讀儒書는 밤낮으로 儒教經書를 通讀하였기 때문에 그렇게 어려운 일이 아니었지만 行儒行은 儒教人의 行實을 뚜렷이 實行하는 것이므로 대단히 어려운 과제가 아닐 수 없었다. 더욱이 儒教人의 行實에는 一定한 基準이 없어서 위로 聖賢의 救世濟民하는 行實로부터 아래로 初學의 修身守分하는 行實에 이르기 까지 千差萬別이 있을 뿐만 아니라 또한 誠敬存心하여 隨時中節하는 通儒, 眞儒, 鴻儒, 碩儒가 있는 반면에 曲學阿世하여 附和雷同하는 腐儒, 俗儒도 있는 까닭에 나에게 있어서 標準으로 삼을 만한 儒學者의 品行을 찾기가 쉽지 않았다.

東喬 先生이 期待하는 程度의 品行은 우선 그 뜻이 멀다고 하였으니 初學의 修身守分하는 정도의 品格은 아니라고 할 것이요, 또한 感歎을 두 번이나 하는 경지라면 腐儒나 俗儒 따위가 아님도 분명하리라. 그렇다면 古今의 事理를 達通한 通儒이거나, 天地의 眞理를 깨달은 眞儒이거나, 度量이 넓은 鴻儒이거나, 識見이 높은 碩儒의 行實을 뜻한다고 하겠는데 이러한 사람들의 共通的인 模範도 一例로 斷定하기가 매우 어려운 것이다.

왜냐하면 본래 儒教人의 行實이란 때와 장소와 능력에 알맞은 中庸의 길을 선택하는 것이므로 時代的 狀況과 國家的 現實 그리고 自己의 位置에 따라서 그 行動樣式이 다르기 때문이다. 治世와 亂世의 行動擧止가 다르고 平地와 險地의 語默出處가 같지 아니 하며, 賢能과

愚賤의 起居動作이 다른 것은 사람의 行動原理에서 合理性과 當爲性 및 公正性을 찾고자 하기 때문이다.

無理한 행동, 不當한 행실, 편파적 행위는 儒敎人이 가장 꺼리는 것인 즉 각각 스스로 合理的이고, 當爲的이고 公正한 行動規範에 徹底하려고 노력한 결과 모두 가각 자기의 길을 개척하게 되었다고 할 것이다.

그러나 儒敎人의 서로 다른 모습 가운데서도 또한 모두 한결 같은 共通點을 찾을 수 있는 바 일찍이 이러한 共通點을 要約하여 記述한 『禮記』의 儒行篇을 살펴보면서 東喬 先生이 나에게 期待한 儒行을 推理하였다.

儒敎人은 上席에 앉는 珍客의 品格이 있어서 招聘하여 오기를 기다리고, 밤낮으로 힘써서 學問을 연구하여 배우러 오기를 기다리며, 忠直하고 信實한 마음을 가지고 選擧되기를 기다리며, 努力하여 實行하므로서 取得이 있기를 기다리나니 그 自立精神이 이와 같음이 있는 것이다.

儒敎人은 衣冠이 바르고, 動作이 愼重하니라, 그 크게 讓步함에는 傲慢한 듯 하고, 작은 辭讓心은 僞善인듯 하며, 그 大膽한 姿態는 威嚴에 풍기는 듯하고, 小心한 姿勢는 부끄러운 듯이 하니라. 그 나아가기를 어렵게 하고 물러오기를 쉽게 함은 나약하여 무능한 듯하나니 그 容貌가 이와 같은 면이 있는 것이다.

儒敎人은 居處가 齊莊하여 어려워함이 있나니라, 그 앉고 일어남이 공경스러우며, 말은 반듯이 믿음을 전제로 하고, 行動은 반듯이 中正하게 하니라. 道路에서 險易의 利益을 다투지 아니 하고, 여름 겨울에 서늘하고 따뜻함을 다투지 아니 하니라. 생명을 아끼는 것은 때를 가다리는 까닭이요, 身體를 단련함은 有爲한 일을 하기 위함이니 그 豫備精神이 이와 같은 점이 있는 것이다.

儒敎人은 金이나 玉을 보배로 여기지 아니하고 忠直과 信義를 보배로 삼으며, 土地만을 추구하지 아니하고 道義를 확립하여 土地를 삼으

며, 많은 財産을 바라지 아니하고 文章이 많은 것으로 富를 삼음이 있
나니라. 만나보기는 어려우나 벼슬을 시켜서 祿을 주기는 쉽고, 벼슬
을 시켜서 祿을 주기는 쉽지만은 자기 사람으로 머물러 있게 하기는
어려우니라. 때가 아니면 나오지 아니 하나니 또한 만나보기가 어렵지
아니 한가? 正義가 아니면 和合하지 아니 하나니 또한 머물러 있게
하기가 어렵지 아니 한가? 먼저 勞動을 하고 그 뒤에 祿을 받으니 또
한 官祿을 주기가 쉽지 아니 한가? 그 사람을 가까이 함이 이와 같은
점이 있는 것이다.

儒敎人은 財貨를 禮物로 주며, 충분히 즐겁게 대우할지라도 利益을
보고 그 義理를 損傷하지 아니 하며, 여러 사람이 劫迫하며 兵器로 沮
止할지라도 죽음을 보고 그 지키는 志操를 바꾸지 아니 함이 있느니
라. 억세고 사나운 짐승이나 새가 후려갈김은 勇猛을 헤아리지 나니
함이요, 무거운 솥을 드는 것은 그 힘을 헤아리지 아니 함이니라. 지
나간 것은 後悔를 아니 하고, 올 것을 미리 하지 아니 하나라. 지나친
말은 두 번 하지 않고, 流言蜚語는 根源을 캐지 않으며, 그 威容을 타
락하지 않고, 그 計策을 實習하지 아니 하나니 그 特立한 氣像이 이와
같은 면이 있는 것이다.

儒敎人은 친할 수는 있지만 위협할 수 없으며, 가까이 할 수 있지만
협박할 수 없으며, 죽일 수는 있지만 侮辱할 수 없음이 있나니라. 그
居處가 淫亂奢侈하지 않고, 그 飮食이 기름지고 향기롭지 아니 하니
라. 그 過失은 조금만 지적하여도 깨닫기 때문에 조목조목 셈할 필요
가 없으니 그 剛毅함이 이와 같은 면이 있는 것이다.

儒敎人은 忠信으로 갑옷을 삼고, 禮義로 방패로 삼으니라. 仁을 이고
다니고, 義를 안고 멈추어서 비록 暴惡한 政權下에서도 그 所信을 바꾸
지 아니 하나니 그 自立精神이 이와 같은 면이 있는 것이다.

儒敎人은 작은 집, 좁은 방, 사립 대문에 판장문 그리고 쑥을 엮은
방문, 깨진 오지그릇으로 들창문을 만들고, 옷을 바꾸어 입고 외출하

며, 끼니를 거를지라도 上官이 報答하면 감히 의심을 하지 않고, 上官
이 應答하지 아니 하여도 감히 아첨을 하지 않으니 그 奉仕하는 자세
가 이와 같은 면이 있는 것이다.

儒教人은 오늘날 사람과 더불어 살면서 옛날 사람을 더불어 稽考하
고, 今世에 行하여 後世에 模範이 되나니 비록 세상을 만나지 못하여
도 위로 손을 쓰지 않고, 아래로 힘을 빌리지 않는다. 간사한 무리들
의 모함으로 위태하게 되어도 몸은 危險에 떨어질지나 뜻은 빼앗지
모하는 것이다. 비록 행동에 위태함이 있어도 끝내 그 뜻을 펴나니 오
히려 장차 百姓의 고통을 잊지 아니 하므로 그 걱정하는 생각이 이와
같은 점이 있는 것이다.

儒教人은 博學하여 막힘이 없고 篤實하게 行動하여 게으르지 않고,
그윽이 외딴 곳에 살아도 淫亂하지 않으며 形而上의 道를 通하여 困
苦하지 아니함이 있나니라. 禮는 調和를 貴하게 여기므로 忠信의 아름
다움과 優游한 法度로 行하여 어진이를 思慕하고 民衆을 包容하여 자
기의 正當性을 굽히고, 모 안 나게 여러 사람과 사귀나니 그 寬裕한
度量이 이와 같은 면이 있는 것이다.

儒教人은 안에서 추천함에 친척을 피하지 않고 밖에서 천거함에 怨讐
를 피하지 않음이 있는 것이다. 功勳의 程度와 事業의 實積으로 어진이
를 추천하여 올리고, 그에 대한 報答을 바라지 않으며, 지도자의 뜻을
이루도록 한다. 진실로 國家를 利롭게 하고 富貴를 추구하지 아니 하나
니 그 어질고 유능한 人材를 추천함에 이와 같은 면이 있는 것이다.

儒教人은 착한 말을 들으면 서로 알리고, 착한 일을 보면 서로 보임
이 있느니라. 爵位를 서로 먼저 하도록 권하고, 患難에 運命을 함께
한다. 오래 되어도 서로 기다리고, 멀어도 서로 이르러 가나니 그 책
임을 지워서 맡김이 이와 같은 면이 있는 것이다.

儒教人은 몸을 깨끗이 하여 德을 고결하게 길음이 있느니라 말을
하고도 엎드리고 조용히 바로잡으므로 위에서 알지 못하는 것이다. 거

칠게 앞에 나서서 諫하는 일을 서두르지 아니 하니라 깊은 곳에 臨하지 아니 하여도 높고, 적은 것과 비교하지 아니 하여도 많은 것이다. 세상이 잘 다스려져도 가볍게 행동하지 않고, 세상이 어지러워도 뜻을 굽히지 아니 하여 같아도 더불지 아니 하고, 달라도 비난을 아니 하나니 그 特立獨行함이 이와 같은 점이 있는 것이다.

儒教人은 위로 天子에게 臣下가 되지 않고 아래로 諸侯를 섬기지 않음이 있느니라. 謹愼하고 安靜하면서 寬裕를 崇尙한다. 씩씩하게 사람과 더불며, 博學하여 職分을 알며, 文章을 가까이 한다. 부지런히 갈고 닦은 方正한 行實로 비록 나라를 떼어서 祿을 줄지라도 대수롭지 않게 여기고 臣下로 들어가 벼슬을 하지 아니 하나니 그 規模가 이와 같은 면이 있는 것이다.

儒教人은 뜻을 합하고, 취향을 같이 하여 道를 經營함에 學術을 같이 함이 있느니라. 나란히 서면 즐겁고, 서로 낮추어도 싫지 아니 하며, 오래도록 서로 만나지 못함에 뜬소문을 들을지라도 믿지 아니 한다. 그 行實이 方正을 근본으로 하여 義理를 세우고, 같으면 나아가고 같지 않으면 물러오니 그 交友가 이와 같은 면이 있는 것이다.

溫良은 仁의 바탕이요 敬愼은 仁의 實地요, 寬裕는 仁의 動作이요, 공손히 만남은 仁의 能力이요, 禮節은 仁의 容貌요, 言談은 仁의 文章이요, 歌樂은 仁의 調和요, 分散은 仁의 博施濟衆이니라. 儒教人은 이것을 모두 아울러 간직하고도 오히려 또한 감히 仁을 말하지 아니 하나니 그 仁을 높이고 善을 讓步함이 이와 같은 점이 있는 것이다.

禮記의 儒行篇에서는 이상 15條目의 儒教人 品行을 記述하였다. 그리고 끝으로 一般大衆의 눈에 비친 儒教人像을 밝혀서 대단히 屈折되어 있는 視角을 矯正하기 위하여 다음과 같은 말로 종결하였다.

儒教人은 貧賤에 타락하지 않고, 富貴에 우쭐하지 않음이 있나니라. 君王에게 떨지 않고 長上에게 매이지 않고, 有司에게 동정을 받지 않으므로 儒教人이라고 命名한 것이라는 一般大衆의 儒教人觀은 事實이 아니라고 하였다.

東喬 先生이 나에게 기대한 儒行이란 적어도 이 정도는 되리라고 믿어 의심치 않으면서 밤과 낮도 없고 봄과 가을도 느끼지 못하며 猛烈工夫를 하였는데 하루는 忠淸道에서 5~6名의 老儒가 두루마기에 갓을 쓰고 東喬 先生을 찾아왔는데 연구소에서 工夫하는 나를 쳐다보며 "요새도 저런 젊은이가 있나"고 하니 先生이 크게 言聲을 높이며 "요새도라니, 아무리 시대가 돈만 아는 세상이라도 3천 만 민족 중에 한 사람은 공부하는 사람이 있어야 할 것 아니여"하며 면박을 주니 일동이 숙연하여 아무 말도 못했다. 그 뒤에 내가 喪妻를 하여 亡室 仁敬堂을 葬事 지낸 다음날 아침에 출근하니 아홉시 정각에 電話소리가 울리기에 수화기를 들고 "네, 동양문화연구소 서정기입니다."하니 東喬 先生이 반가운 音聲으로 "나 자네 나올 줄 알았네, 나는 자네가 나올 줄 알았네." 하시고 전화를 끊으므로 나는 더욱 분발하여 경전 연구에만 몰두하며 세상을 잊었다. 끝으로 또 하나의 逸話를 소개하면서 이 글을 마치고자 하는 바이다.

東洋文化硏究所를 옮겨서 社稷公園 언덕에 있는 顯正會建物에 함께 있을 때였다.

나는 아침저녁으로 社稷公園을 지나면서 栗谷 先生 銅像을 瞻望하였는데 마음속에 느끼는 바가 있어서 스스로 莫作栗谷以下人이라고 다짐을 하고는 講堂壁에다가 尙志不求聖以下 好道莫由經以外라고 크게 써서 붙여 놓고 學問에만 勇往邁進하였다. 그랬더니 東喬 先生이 한참동안 凝視한 다음에 나를 돌아보면서 感歎하여 "큰 人物 나왔다, 큰 인물 나왔다!"라고 대단히 큰 音聲으로 반복하여 말하면서 여러 사람 앞에서 激勵하여 주었다.

내가 東喬 先生을 가까이 따르며 배운 기간은 大學에서 7년 在學時節과 東洋文化硏究所에서 10년 硏究期間이었으니 17년의 세월이 어찌 짧은 因緣이라고 하겠는가?

공명선거와 유교인의 참여

방　송: sbs 라디오 서울 전망대
일　시: 1992년 3월 16일 8시 35분~45분
사　회: 김종찬 아나운서
출연자: 서정기 유교진흥대책위원장

김종찬: 어제가 3월 15일, 32년 전을 회고해 봅시다. 1960년 3월 15일 그날 자유당이 사실은 잘못 생각해서 부정선거를 하는 바람에 4·19라는 시민운동이 일어났습니다. 사실 학생운동이라고 하지만 나중에 시민들이 전부 참가 했습니다. 이날을 맞아 종교계에서는 공명선거 결의의 날로 삼아 행사를 가졌습니다. 그래서 이 자리에 유교진흥대책위원회 위원장이신 서정기 선생님을 모셨습니다. 고맙습니다.

서정기: 안녕하십니까?

김종찬: 어제 산에 오르셨다고요?

서정기: 네 어제 우이동에서 오전10시에 모여 백운대 정상까지 가

면서 산악인들에게 우리가 공명선거를 이제는 꼭 이루어야
겠다는 결의를 하는 행사를 가졌습니다. 우리 유림이 그동
안 사회활동이 별로 없었는데 옛날 3·1운동 같은 조국 독
립운동을 종교인들이 선도해서 일으켰던 것처럼 이제 또
민주주의 공명선거 실천도 우리 종교지도자들이 먼저 앞장
에서 일으키자 해서 우리 성균관에서도 적극 공선협에 참
여하였고 솔선해서 앞장서가지고 그 역할을 해보고자 노력
하고 있습니다.

김종찬: 유교가 사실은 조선조 이후 우리에게 깊숙이 들어와 있는
종교라기보다는 생활이자 문화인데 말이죠. 그동안 말씀하
셨지만 선비의식 하면 유교고 유림인데 이런 부분에서 보
자면 활동을 미약하게 한 적이 있었어요.

서정기: 그것은 성리학은 합리주의를 추구하고 실학은 과학사상을
추구하는 것인데 현대의 합리주의와 과학사상에서도 유교
는 대단히 유익한 사상입니다. 따라서 유림은 금세기 초
일제의 침략기에 항일독립전쟁을 했지 않았습니까. 그 과정
에서 우리 유림이 큰 타격을 입었거든요. 그 바람에 3·1운
동 때에도 33인 속에 유림이 참여하지 못하는 안타까운 일
도 생겼지요. 그리고 6·25와 같은 시대상황으로 해서 그
후 유림들이 단합된 모습, 현대에 적응하려는 모습을 잃었
기 때문에 지금까지 상당히 오래 침묵하고 있었습니다.

그러나 유교도 이제 새로운 시대. 즉 2000년대라는 시대
를 내다보고 대오각성해서 전 유림이 단합하여 유교의 현
대화·대중화·과학화라는 표제하에 작년부터 지금까지 열
심히 하고 있습니다. 지금 유교도 사상적으로 대단히 발전
해서 민중유교사상까지 나오고 있고 또 전국 유림들이 윤
리도덕 부흥은 유교인으로부터 이룩해야 된다는 단합된 모

습을 수차에 걸친 결의대회를 통해 알리고 있습니다.

김종찬: 네. 정말 고마우신 말씀입니다. 사실은 어떤 특정 종파 종
교로서가 아니라 우리 민족의 정서 속에 깊숙이 들어와 있
는 이 유교가 참으로 재창조 해주어서 우리 사회에 빛이
되기를 바라는 분들이 많이 있습니다. 그래서 반가운 일인
데 공명선거 운동을 어떻게 해나가십니까. 이제 선거가 열
흘밖에 안 남았는데요?

서정기: 그렇죠. 우리들이 공명선거실천시민협의회의 집행단체거든
요. 성균관 김경수 관장이 명예고문이시고 내가 공동대표
로 있으면서 전체 유교인 특히 젊은 층에서 이것을 하나의
사명감을 가지고 국가를 위하는 충성심으로 해야지 어떤
선진적인 면은 안 되겠다 해서 설날을 기해가지고 귀향하
는 시민들에게 우리들이 서울 역에서 결의대회를 하면서
시민들에게 스티커, 다시 말씀드리면 투표 참여를 꼭 하시
고 금품향응을 거부하시고 부정선거를 고발해 주십사 하는
스티커를 배포했고⋯⋯

김종찬: 아! 이미 설날 때 그것을 하셨군요?

서정기: 설날 때 현수막을 걸고 했었는데 그것은 사전선거부정을
막기 위한 것이었죠. 그 뒤에 14대 총선을 한다는 공표일
전에 우리들이 벌써 수차에 걸쳐서 파고다 공원 등에서 행
사를 하였습니다. 또 선거일을 공표한 지난 3월 7일 그날
은 또 우리 종교인들이 다 모여가지고 다시 한번 결의를
다지고 성명서를 냈고 또 그 뒤에도 수차에 걸쳐 서울 역
택시 정류장 거리에서 스티커를 서울시 택시 노조와 함께
유교진흥대책위원회 회원들이 가서 유리창에다 수천 매를
붙였습니다.

김종찬: 어깨띠에 유교진흥대책위원회를 쓰고, 공선협도 쓰고 했을

터인데 시민들의 반응은 어떻습니까?

서정기: 이게 사람들에게 굉장히 참신한 이미지를 주었는데요. 옛날의 선비는 상당히 고고하고 육체적인 활동을 안 하려는 기풍이 있지 않았습니까. 그러나 저부터 앞장서서 열심히 나서서 하니까 그분들이 아 유교도 이렇게 새로워졌구나, 그러면서 기뻐했습니다. 우리들이 공명선거 실천과 더불어서 새 사람 운동을 또 병행해 나가고 있거든요. 도덕성 회복 운동과 새 사람 운동을 전개하고 있는데 이것을 할 때도 기사분들이 박수를 치고 새 사람·새 바람·새 세상을 만들자 하는 현수막을 보고도 박수를 쳐주었습니다. 이제는 이렇게 우리 유교인이 운전기사 분들과도 친밀하게 되었습니다.

김종찬: 아! 그 운전기사 분들과도 상당히 밀착되어 있군요.

우리는 어려서 클 때부터 유교와 알게 모르게 유교적 분위기에서 컸습니다. 크고 나서 요즘 우리 사회가 그럼 공자님이 원하던 세상이냐 하면 아니거든요. 이런 점에서 유교가 다시 현대화·대중화·과학화를 외치면서 대중에게 나오시는 것은 상당히 바람직한 일이고 정말 새 사람·새 바람·새 세상이 우리 모두에게 그리운 대상이고 보면 앞으로 하시는 일이 잘 되어서 우리 사회에 정말 큰 거름이 되길 바랍니다. 이렇게 이번 공명선거에 참여를 시작으로 유교가 또 새로운 모습을 보여주는 것도 우리 사회에 반가운 일이 아닐까 생각합니다. 정말 고맙습니다. 감사합니다.

서정기: 감사합니다.

(유교진흥대책위원회 홍보국 제작)

외로운 道學 전달자

　독특한 취미, 어색한 생활로 화제를 뿌리는 사람들이 있는가 하면 평범한 민중 속에서 몸으로 무언가 의미를 실천하려는 사람도 있다. 화제에 오르내리고, 세속적 명예(?)까지 얻는 것은 별나고 고집스럽게 자신의 가치를 상품화하는 것에 지나지 않는다. 진정한 의인은 평범한 사람 속에서 평범한 사람들과 호흡을 같이 할 때 그 진가가 발휘된다. 평범한 사람들이 속인들과 다른 점이 있다면 그것은 그들이 갖고 있는 독특한 사상의 실천과 향유의 방법에서 찾아볼 수 있다.

　20여 년 전부터 「道學」에 심취해, 「도학」의 재발견, 「도학」의 실천, 「도학」의 보급에 평생을 걸었다는 동양문화연구소 徐正淇소장(48. 서울시 은평구 대저동 45 / 2)이다.

　"道學하면 고리타분한 옛 학문이라고 일축해버리기가 일쑤죠. 道學은 그런 것이 아닙니다. 道學은 자기가 정한 삶의 방향대로 흔들림 없이 실천하는 도입니다."

　徐소장은 「도학」의 평범한 개념을 말한다.

　한때 대 사상가가 되려고도 노력했으며, 위대한 철학자, 대유학자가 되는 것이 꿈이 이었다는 徐소장. 그는 자신이 가는 길에 여러 번 고독도 느끼고, 좌절도 경험했다. 그때마다 옛날 스승 한분께서 자신에게 한 '서양의 도덕, 과학의 범람으로 온 국민이 너나 할 것 없이 돈 벌려는데 혈안이 되어 있는 현실 속에서 3천만 인구 중 하나는 우리 것을 알아야 되지 않겠느냐'는 충고가 되새겨진다고 한다.

온통 서구의 것만이 우리의 살길인 것으로 착각되다시피 한 현실에서 徐소장은 더욱 자신이 가는 길이 새롭게만 여겨진다고 한다.

徐소장에 의하면 道學은 포은 정몽주를 위시한 정암, 퇴계, 율곡, 우암 등을 거쳐 화서 李恒老 先生에 이르는 외적연원계통이 있으며 심성에 의한 내적연원으로 계통이 나뉜다. 내적연원은 각자 심성에 따라 달라질 수 있다고 한다. 특히, 내적인 조건에는 性師心弟란 전제가 주어진다고 한다.

또 道學은 중국의 노자, 장자에 의해 창교된 道敎와도 다른 학문이란다.

'道學에 내가 매료된 것은 가장 평범한 대중이 되려는 학문이란 점입니다. 보통 평범하다면 저속으로 평가될지 모르지만 그게 아닙니다. 가장 깊은 것이 가장 평범한데 있다는 진리와 같은 이치죠' 이것이 동·서양학문을 두루 섭렵하던 중 徐소장이 道學이란 학문을 탐닉하게 된 또 다른 동기라고 말한다.

道學은 人間을 가장 중요시 한다고 한다. 서양에서 말하는 우주의 主人과 동양에서 말하는 우주의 주인이란 말은 근본 의미에서부터 차이가 있다고 한다. 서양의 主人은 노예의 대칭되는 말이지만 동양의 主人은 손님 즉 귀신과 대칭되는 말이기 때문이란다. 이 같은 말들은 간혹 관념적이며 미신적이라고 할지 모르지만 내재된 의미를 새겨보면 그렇게 비판할 만할 얘기들은 아니라고 徐소장은 강조한다.

"道學에서 산다는 것은 '性'을 잊지 않고 사는 것입니다. 그것을 잊고 사는 것은 금수죠. '스스로 人性을 깨우쳐 자신의 계획대로 살되 천지에 떳떳이 사는 것이 진정한 삶이 아닙니까.' 어떤 극단적인 것에

'性'의 근본을 대는 것은 좀 고란하지요"

이와 같은 道學의 새로운 가치판단 때문에 요즘 서양에서는 신유학 사상이라고도 지칭한다는 것.

道學을 학문으로 하려면 3가지를 해탈하여야 된단다. 첫째는 가난, 잘사는 것에 대해 초월해야 되며, 둘째는 오래 살고 일찍 죽고에 대한 초월, 셋째는 명리에 대한 해탈이라고 한다.

요약하면 모든 것에 애착을 끊는 것이라고 할 수 있다. 이런 유학의 지킬 점은 우리 고유의 仙郎사상과도 맥이 이어 진다고 한다.

그래서 徐소장은 道學의 사상과 우리 고유 仙郎을 계승 발전시키는데 심혈을 기울이고 있다고 한다. 그가 말하는 仙郎사상은 한마디로 사나이 사상이랄 수 있다. 커다란 기상을 품었던 고구려인의 정신, 신라의 화랑 도정신, 온유한 가운데 품겨지는 백제인의 예의 정신 등이 仙郎사상에 갈무리되고 융합되어 우리의 위대한 사상의 한가락을 마련했다고 한다.

"그와 같은 우리 고유의 사상들이 원치 않았던 역사의 장난으로 퇴색되고 소멸되는 것을 볼 때 한스런 생각이 난다"고 徐소장은 자신의 심정을 토로한다.

그래서 徐소장은 道學統論을 집필했으며 강대국과 약소국가들의 갈 길을 제시하고 있다는 '춘추'를 새롭게 역주했다.

60년대 신교육을 받고 어려운 상황 속에 사는 한 인간으로서 자신의 길을 멋들어지게 세워 스스로 그 길에 만족하며 평생을 가고자 하는 그에게 합당한 말이라면 「溫故知新」의 진정한 실천자, 순수한 한국인이랄 것 같다.

道의 길을 가기 위해 민중 속에서 가장 평범한 대중이 되어 자기 길을 묵묵히 가는 사람. 그러면서 한국인의 사나이 상을 조금도 부끄럽지 않게 보여주는 사람이 바로 躍淵 徐正淇 씨가 아닐까.

〈金秉洙 기자〉

민중유교정착에 정열을

  '4·19의 발화점인 김주열 열사, 87년 노동자투쟁의 꽃인 이석규 열사, 역사적으로는 정유재란이라는 국난을 맞아 官民이 보여준 죽음을 불사하는 결연함의 상징인 '만인의총' 등 사회민주화와 국가의 절박한 위기에 목숨을 던질 줄 아는 기개가 있었습니다.'

  전통 儒敎의 현대화 대중화 그에 따른 의식개혁을 통하여 사회변혁의 길을 밝히려는 민중유학자 徐正淇 선생(55세)

  그 자신의 삶 또한 험난한 민주화의 길을 걸어왔다.

  南原郡 山東面 식련리가 고향으로 산동초등학교·용성중학교(5회)·서울 한성고를 졸업 祖父 蓮川公의 漢學가르침과 권유로 격변의 해인 60년 성균관대학교 동양철학과에 입학하였으나 학문에 대한 열정은 모순된 사회의 개혁으로 방향을 돌릴 수밖에 없었다. 민족통일 학생연맹 성대 조직위원장직을 맡아 61년 제적과 복학의 순탄치 않은 대학생활을 67년에 마친 그에게 사회는 이단자로 취급하였고 정신적 경제적 압박을 가했다.

  필연적으로 깊은 좌절과 방황은 보이지 않는 물리력 속에 실려있기 마련이었다.

이런 어려운 생활 가운데 그는 학문에 몰두하는 것으로 자신을 자리매김 했다. "취직이 힘들었지요. 고향에서는 기대가 크기도 했었고, 그러나 조부님의 깊은 이해가 있어 지하 골방에서 5년간 동양사상의 진수와 정치, 경제제도 그리고 문화를 공부할 수 있었습니다.

당시 박정희 정권은 근대화라는 미명하에 무조건 서구모방을 쫓았고 이것은 오랜 시기 우리 사회의 모든 부분을 지배한 유교적 전통을 해체하는 방향으로 나아갔습니다.

무엇보다 우리 것을 재발견하는 것이 급선무라고 판단되던 때였습니다. 민중들이 역사와 사회를 이끌어 가는 것이라면 그 힘을 밝히는 것도 중요했죠."

이러한 의식은 72년 동양문화연구소를 개소하여 행동화한다.

연구소에서 한문과 유교경전을 강의하고 시대현실에 맞지 않고 어려운 전통유교사상과 생활문화의 각종 의례를 일반화 간소화하는 연구를 한다.

또한 76년 한국청년유도회를 조직하여 四書三經을 대중적으로 보급하고 六禮法(성년식·결혼식·장례식·제사·벗사귐·술잔치)을 연구 재현하여 종적인 사회질서와 횡적인 연대감을 통한 삶의 보편적 질서를 정착시키는 일에 앞장섰다.

이 모든 일들은 참담한 현실 아래 서로 삶의 존귀함을 잃지 않는 민중들에 대한 깊은 애정과 자신의 성찰이었다.

폭압적인 유신정권 하에 국가원수 모독죄인 22사범으로 고초를 겪기도 한 徐향우.

이제 그는 오랜 연구와 민중적 실천의 결과를 민중유교사상의 정수를 다음과 같이 정리해놓고 있다.

"이제 유교사상의 성립 근거는 인간은 모두 선하다는 성선설(性善說)에 바탕 한다.

인간사회를 구성하는 주체인 인간자체가 본래 착하고 또한 떳떳한 인생을 스스로 경영할 수 있는 자체역량이 있다면 오늘날 민주공화 사회의 모든 갈등과 모순을 자체적으로 완전히 해결할 수 있을 것이다.

민중유교사상은 바로 이 개인적 역량을 집단적 역량으로 대체하여 항구적인 믿음과 사회적인 공동선(共同善)에 주목하면서 그 실체가 역사적으로 민중이었음을 확인하고 구시대 유도의 연역적 추리를 전환하여 귀납적 논리로 재구성하는 바이다"(민중유교 사상 36쪽·도서출판 조선문화)

지난 88년 민중유교연합의 결성을 통하여 인격, 공덕심이 있는 양심적, 도덕적인 개인과 집단이 정치를 해야 한다는 公民民主主義·公同分數主義를 내걸며 儒敎의 개혁과 사회의 민주생활의 변혁을 위하여 조직적으로 움직이고 있기도 하다.

이와 함께 김귀정양 죽음에 따른 범성균인 대책위원회 집행위원장을 맡기도 한 徐향우는 '민주화 과정에서 목숨을 바친 학생들의 죽음이 의미를 찾지 못한 것이 가슴 아프다'며 현실을 바로 잡을 수 있는 역량을 기르고 역사와 민중에 대한 희망과 믿음을 가지고 힘주어 강조한다.

앞으로 학문적으로는 민중유교사상을 완벽하게 정립 현대유교의 보급에 힘쓰고 정치적으로 반독재 민주화, 반외세 자주화의 자주·민주·통일을 위해 살아온 것처럼 일관되게 살아가겠다는 그는 또한 지방자치시대를 맞이하여 남원도 藝鄕에 걸맞게 전통문화의 발전에 힘쓰고 지역민주화를 위해 고향 사람들이 모든 일에 적극적인 참여의식을 갖기를 또한 부탁한다.

萬世心學(아무리 세월이 흐른다 해도 공부하는 자세를 잃지 않는다)을 지표로 하는 그의 삶은 『미중유교사상』, 『도학통론』, 『세계속의 한국정신』, 『정통가정의례』, 시집 『조광죽실』 등의 저서가 있고 「중국철학사」를 감수했다.

가족으로 부인 김정자 씨와 1男 5女.

〈박태수 기자〉

인물열전

"3000만 명 중에 한 명이라도 유학을 제대로 공부하는 사람이 있어야지!" 가장 존경하는 스승인 민태식 교수의 이 한마디가 동양문화연구소 서정기 소장(63)이 평생 유학을 공부하게 된 결정적인 계기가 됐다. "3000만 명 한국사람 중 한 명! 당시 유학의 거두 동교 민태식 교수가 봉급도 받지 않고 묵묵히 자신을 보필하는 제자 서정기 소장을 추켜세웠던 것이다.

동양문화연구소는 서울대교수와 충남대총장을 역임하고 말년에 성균관대 동양철학과 교수를 지낸 민태식 교수가 지난 72년 종로에서 문을 열었다. 민 교수로부터 성균관대학교에서 전통유교에 대해 배운 서 소장은 이곳에서 3년간 별다른 보수도 없이 일을 했다

70년대는 우리나라의 도약기. 남들이 모두 무지개 빛 미래를 꿈꾸며 바쁘게 생활할 때 서 소장은 배를 곯아가며 '고리타분한' 유학을 팠다. '이대로 있다간 가정도 못 살고 청춘만 날리겠다.' 부쩍 조바심이 난 서 소장은 민 교수에게 "이제 그만 두겠습니다" 했다. 민 교수의 대답은 간단했다. "그럼 지금까지 했던 공부가 너무 아깝지 않은가"

그래서 주저앉았다.

어느 날 충청도에서 한 무리의 갓 쓴 양반들이 연구소를 방문했다. 그 양반들은 서 소장을 보고 "아직도 이런 젊은이가 있네" 했다. 그 말은 분명 칭찬이지만 '대견하다'는 것 이상도 이하도 아니었다.

그런데 그 말을 들은 민 교수는 정색을 하며 "요새 도라니? 3000만 명 중에 한 명이라도 유학을 제대로 공부하는 사람이 있어야지!"하며 그들을 나무랬다. 그것은 대단한 칭찬이자 깊은 신뢰였다. 그 때부터 서 소장은 유학에 더욱 정진했다.

민 교수는 서 소장에게 "실천을 중요시하는 우리의 전통유교가 일제 시대를 거치면서 다분히 탁상공론적으로 변질, 입으로 논쟁만 벌이는 죽은 학문이 됐다"고 가르쳤다. 이 가르침은 그대로 서 소장의 사명이 됐다. '이 땅에 우리 전통유교, 실천유교를 부흥시키리라'

서 소장은 민중유교사상을 주창한다. 사상은 시대의 문제를 해결해 주지 못하면 도태한다는 게 서 소장의 생각이다. 이 대목에서 서 소장은 유교의 위기의식을 느낀다. 이 급격한 변화의 시대에 유교는 어떻게 이 시대의 문제를 해결할 것인가 서 소장은 유교가 변하지 않으면 한국사회의 개혁이 완성되기 어렵다고 믿고 있다. 한국 사회의 가장 보수적인 세력인 유교사상은 어쨌거나 아직도 우리나라의 중추사상이다. 유교가 민중을 위한, 실천을 위한 사상으로 거듭나지 않고서는, 우리의 아름다운 전통유교로 돌아가지 않고서는 이 땅에 개혁과 변화는 없다는 것이다. 서 소장이 민중유교사상을 퍼트리기 위해 노력하는 이유다.

서 소장은 이를 위해 지난 76년 일찍이 청년유도회를 만들었다. 또 '당연하게' 한문으로 되어 있어야만 하는 제사 축문을 한글로 만들어 기존유학자들로부터 '유교를 망칠 사람'이라는 비평을 듣기도 했다. 우리나라 유학의 중심지라 할 수 있는 성균관은 서 소장을 '내 논 사람' 취급한지 오래다.

서 소장은 '민중유교'란 이름에 걸맞게 서부경찰서에서 3복더위에

한 달 동안 유치장생활을 했다. 지역주민들이 모인 자리에서 "학생들을 잡아 가두는 박정희는 마르코스보다 더한 독재자다. 유신헌법은 독재를 위한 편법이다"고 주장했다가 그리된 것이다. 거기서 이재오 국회의원(은평을, 한나라당)을 처음 만나 세면대에서 홀딱 벗고 서로 등을 밀어주기도 했다.

서 소장은 소설 공자를 통해 공자의 대중화를 일찍이 시도했다. 또 시경을 알기 쉽도록 우리말로 번역하기도 했다. 지금은 인터넷 홈페이지를 만들어 젊은 네티즌들이 손쉽게 유학을 전하는데도 노력하고 있다.

서 소장은 또 연구소가 종로에 있을 때부터 지금까지 수많은 사람들에게 무료로 유학 강좌를 하고 있다. 서 소장을 찾은 지난 23일에도 그는 백발이 성성한 노제자들을 앞에 두고 논어를 강의하고 있었다. 이날에는 또 감리교 신학대학교에 다니는 학생들이 방문하기로 돼있다. 이들은 서 소장에게 유학의 기본을 대강이라도 듣고 싶다고 졸랐다. 다음달부터는 대학생들과 주부들을 위한 기초한문해석법을 강의한 후 대학과 중용을 강의할 계획이다.

서 소장의 강의는 딱딱한 학술강의가 아니라 대중강의다. 생활강의다. 실생활에서 군자로 살아가는, 슬기롭게 살아가는 법을 말해준다. 서 소장은 강의 시간에 연방 예를 들고 연방 질문을 던지면서 수강생들과 호흡을 같이 한다.

43년 공직생활을 마치고 서 소장에게 4서5경을 배우며 인생의 새로운 재미를 찾고 있다는 이원재 씨(70)는 "진작 4서5경을 알았더라면 훨씬 현명한 공직생활을 했을 것"이라고 말했다.

〈서호성 기자〉

세계 속의 한국전통문화

오늘날 세계는 우리의 화려한 문화예술에 감탄하고 있다. 그것은 88서울올림픽 개막식과 2002년 피파한일월드컵 개막식행사를 세계 200여 개국 60억 명의 전지구인이 시청한 결과이다.

88서울올림픽 개막식 중계방송을 시청한 세계 각국은 먼저 한국의 화려한 금수강산의 아름다움에 감탄했고 그 다음 에밀레종소리의 웅장한 화음에 탄복했다. 일찍이 철기문화를 개척한 이래로 그토록 아름다운 쇳소리를 개발한 나라는 한국밖에 없다고 칭찬하였다.

2002년 피파한일월드컵대회에서는 세 가지의 아름다움에 또 한번 놀랐다는 것이다. 첫째는 개막식전야제에서 우리나라 의상전을 보고 한국옷의 다양함과 화려함에 감탄했는데 관복(官服), 예복(禮服), 평상복, 남자 옷, 여자 옷, 어린이 옷 그리고 상복(喪服), 제복(祭服) 등의 색색가지 모양이 멋들어진 것이고 둘째는 개막식전행사에서 연주한 아악(雅樂)의 고상한 선율에 매료되어 세상에 이토록 우아한 음악이 있었느냐고 감격하여 마지않은 것이다. 그리고 셋째는 700여만 붉은 악마가 흔드는 우리의 태극기가 너무도 아름답고 또한 우주창조의 깊은 원리가 담겨 있을 뿐만 아니라 응원단의 행동이 질서정연하고 따뜻한 인정이 넘치는 것이었으니 오늘날 세계에서 가장 빛나는 민족이라고 박수갈채를 아끼지 않았던 것이다.

우리는 이러한 전통문화를 첨단과학과 접목시켜 보존하여 세계 속의 한국문화로 더욱 발전시켜야 하겠다.

天民說

天人一也 人性卽天理而已 人之所以知此事 覺此理 皆天也 知人事 覺天理者 蓋心也 天地之德 以其心普萬物而無心 大人之德 以其情順萬事而無情 故大人之心天地之心也 大人之道天地之道也 周流同道 同化合心而盡其心通其道 以視聽思慮動作則謂之天民矣 然且以私意而動身 以利欲而用智則知誘物化 覺蔽顚倒 所以爲知覺者不同而視聽言動不得其禮 於是人欲肆天理滅 亦人而不天矣 古之天民者 先自致其知而識其事之所當然 又自明其覺而悟其理之所以然 乃公天下之心以觀天下之理 順萬物之情而應萬物之事 然後以先知覺後知 以先覺覺後覺 然且彼之所覺 亦非分我所有以與之也 皆彼自由此理 我但能覺之而已 旣不得志則潛道歛德耕於草野而樂堯舜之道焉 沒世不見知而不悔 是古之所謂良民也 或小用其道則當爲社稷臣 乃若以徇於人也則終爲容悅者矣 將達可行於天下則幡然起而行之 格君心之非 使君能致堯舜之德 思天下之民 匹夫匹婦有不被堯舜之澤者 若已推而內之溝中 使民咸邃其情矣 其自任也重 天命也大 故終日乾乾夕陽若 廉不言貧 勤不言苦 忠不言其効 公不言其能 唯其憤發其所當爲而已 天民之所安一出於天意 雖立絶代之功而不食其功 亦敗

於頑惡之中而不辱其身　於成敗利鈍　所由者天　故人不能忘而天則無言　民
不識而君子稱之　吁戱則亦世罕知人君子矣　古之善觀人者　不觀其顯然之
跡而能察其隱微之幾焉　士友其勉之哉

謁 聖 試 科 擧 節 次

1984년 10월 10일에 成均館大學徒護國團主
催로 알성시를 再演한다기에 고증한다.

　우리나라의 文科科擧制는 新羅 元聖王 4年에 讀書出身科를 制定하
여 春秋左氏傳 禮記 文選 등을 읽어 그 뜻을 통하고 아울러 論語와
孝經에 밝은이는 上讀으로 하고, 曲禮와 論語 孝經을 통한 이는 中讀
으로 하였으며 曲禮와 孝經을 통한 이는 下讀으로 하였는데 만일 五
經을 널리 통하고 三史 및 諸子百家의 글을 아는 이는 특별 채용하였
으니 이것이 우리나라 科擧制의 처음인바 그 이전에는 활쏘기로 인재
를 뽑았었다.

　高麗 光宗 9년에 翰林學士 雙冀에게 命하여 科擧를 주재하게 하니
詩賦頌과 時務策으로 考試하여 進士를 뽑고 또한 아울러 醫와 卜 등
도 시험으로 뽑으니 이로부터 인재 발탁의 기본법이 되었다.

　朝鮮朝에서도 太祖元年에 科擧法을 制定하고 生員科를 추가 하였으
며 定宗元年에 乙, 丙 등과를 설치하였으니 임금이 친히 임하여 考試
하는 것은 대개 殿試와 謁聖科인데 謁聖科는 임금이 文廟에 拜謁한
자리에서 科擧를 실시하는 것이다. 이 절차는 國朝五禮儀와 太學志 등

에 기록되어 있다.

1. 準備物

- 임금의 행렬이 머물 자리를 廟前 東門밖에 南向으로 설치한다.
- 포 한 접시 삶은 고기 한 접시와 술
- 임금의 자리를 科擧를 시행할 곳 건물 한가운데에다 南向하여 설치하고 박에는 양쪽으로 香案을 설치한다.
- 음악대를 뜰 남쪽 가까이에 북향으로 정렬한다. 協律朗의 자리는 서쪽 계단 위에 典樂의 자리는 가운데 계단에 마련하되 모두 서쪽에서 東向하게 한다.
- 讀卷官(試驗官) 10명과 對讀官(監督官) 20명의 자리는 임금자리 옆으로 설치하되 2品 以上의 관원은 서쪽에서 동향하여 서되 북쪽이 높은 자리요, 3品 以下는 西南 모퉁이에 설치하되 北向하며 東쪽이 높은 자리이다.
- 과거 보는 사람의 자리를 마당의 동쪽과 서쪽에 설치하되 북향하게 하고 동쪽을 높은 자리로 한다. 앞뒤 좌우의 거리는 6尺씩 떨어지게 만든다.
- 禮曹正朗이 試題板을 뜰 앞에 양쪽으로 북쪽 가까이 설치한다.
- 좌우의 侍臣의 자리는 뜰 동쪽과 서쪽에 설치하되 모두 매 품등마다 자리를 달리하여 두 줄로 北向하여 선다.
- 判通禮와 階下의 典儀의 자리를 동쪽 계단 아래 西向하게 설치한다.
- 禁亂官(義禁府都事) 2명이 軍卒을 지휘하면서 한 사람은 장내 한 사람은 장을 순찰하여 外人의 接近을 막는다.
- 搜檢官(忠義衛) 2~3인이 과거보는 사람들이 책이나 쪽지를 가지고 들어오는 것을 검색한다.

- 打印官 4~5인이 試驗紙에 檢印한다.
- 收券官 2인이 答案紙를 받아 10장씩 묶어 책으로 만든다.
- 채점도장 上·中·下·二上·二中·二下·三上·三中·三下 등의 합격도장과 次上·次中·次下·更·外 등의 不合格도장
- 御賜酒·御賜花 또는 상품 등
- 扈衛軍 甲士 20~30명과 깃발 輦織扇

2. 절 차

(ㄱ) 視學酌獻文宣王儀

- 임금이 輦을 타고 文武官吏들이 호위하여 성균관 문에 이르면 성균관 교수와 학생이 길 왼편에서 맞이하여 廟前 東門 밖에 마련한 자리로 와서 내린다. 이어 임금이 祭服으로 가라 입는다
- 文武官吏와 교수와 학생이 文廟안에 들어가 뜰에 정렬하면 判通禮가 임금을 인도하여 東門으로 들어와서 동쪽 계단으로 올라가 大成至聖文宣王의 神位앞에 나아가서 北向하여 서게 한다.
- 判通禮가 四拜하시요 하면 임금이 네 번 절한다.
- 通贊 舍人이 일동 四拜하시요 하면 모든 신료와 학생이 일동 네 번 절한다.
- 奉香·奉爐가 향과 향로를 꿇어 앉아 받들면 임금이 세 번 上香한다.
- 奠爵이 술을 받들면 임금이 술잔을 받아 올리면 집례가 술잔을 받아 神位 앞에 올린다.
- 判通禮가 四拜하시오 하면 임금이 일어나 네 번 절한다.
- 통찬 사인이 일동 四拜하시오 하면 大小臣僚와 학생이 모두 네 번 절한다.

- 判通禮가 앞에서 임금을 인도하여 서쪽 계단으로 내려와 廟前 東쪽 輦으로 돌아간다. 임금이 御衣를 갈아입는다.
- 교수와 학생은 물러나와 考試場所로 가서 차례로 입장을 마친다.
  ※ 북을 한번 치면 입장하기 시작하고 입장을 모두 마치면 북을 두 번 처서 입장이 끝난 것을 알린다.
- 입장이 끝나면 장내의 각 部署가 모두 제자리에 정렬한 뒤에 讀卷官과 對讀官이 임금에게 準備完了를 보고 한다.

(ㄴ) 文科殿試儀

- 判通禮가 임금에게 科擧實行을 요청하면 임금이 翼善冠을 쓰고 袞龍袍를 입고 輿를 타고 과거장으로 나아가는데 산(繖)과 扇으로 시위하면서 간다.
- 임금이 과거장에 당도 하면 북을 세 번 치고 음악을 연주한다.
- 임금이 자리에 오르면 향로에서 향을 피워 연기를 올린다.
- 協律郎이 麾를 가로 눕히면 음악이 그친다.
- 承旨와 史官이 임금 옆으로 동쪽서쪽으로 나누어 들어와 서고 깃대를 주위 안팎에 세우고, 內禁衛를 殿內와 섬돌 위에 세우고 忠義衛를 섬돌 위에 세우고 別侍衛와 甲士를 마당 동쪽 끝 서쪽 끝에 세운다. 창을 쥔 甲士를 문 안팎에 세우고 칼을 쥔 甲士를 또 그 옆에 세운다.
- 典儀가 「四拜하라」고 하면 通贊이 일동 국궁(鞠躬) 四拜 興 平身하라고 하면 모두 鞠躬하는데 음악이 시작되고 네 번 절하고 일어나 몸을 바로 펴면 음악이 그친다.
- 奉禮郎이 뜰 앞 동쪽에 서있는 讀卷官 이하의 試驗官들을 인도하여 뜰 앞 절하는 자리에 나아가면 과거 보는 사람들도 앞으로 당겨와서 좁혀 선다.

- 通贊이 국궁 四拜 興 平身하라하면 음악이 시작 되고 讀卷官 이하 試驗官과 과거보는 사람이 함께 네 번 절하고 일어나면 음악이 그친다.
- 奉禮郎이 讀卷官이하의 관원을 인도하여 서쪽계단을 올라가서 자리에 나아가면 奉禮郎은 뜰에서 멈추어 선다 讀卷官이 임금 의 敎旨를 받들어 詩題를 쓴다.
- 承旨가 쓴 試題를 가지고 임금 앞에 나아가 엎드려 傳敎를 아 뢰고는 일어나 東쪽으로 나오면 對讀官이 試題를 받아들고 이 를 뒤따른다.
- 承旨(傳敎官)가 섬돌에 다다라 서쪽을 향하여 서서 "敎旨가 있 습니다."고 말한다. 通贊이 무릎 꿇으라고 외치면 과거에 응시 하는 사람이 모두 꿇어앉는다.
- 對讀官이 섬돌을 내려와서 試題를 奉禮郎에게 주어서 양쪽 판 (板)에 나누어 붙이게 하고 傳敎官은 侍位로 돌아간다.
- 通贊이 俯伏 興 平身하라고 외치면 과거에 응시한 사람이 절 하고 일어 나선다.
- 判通禮가 서쪽 계단으로 올라가서 임금 앞에 나아가 俯伏하고 꿇어 앉아 禮를 마쳤음을 아뢰고 俯伏하였다가 일어나 내려와 서 자기 자리로 돌아간다.
- 讀卷官이하 관원이 내려와서 뜰 앞에 서면 協律郎이 꿇어 앉 아 俯伏하였다가 麾를 들고 일어나면 음악이 시작 된다.
- 임금이 내려와 輿를 타면 纖과 扇으로 시위하기를 올 때의 의 식과 같이 한다. 임금이 편안한 곳으로 가서 쉰다.
- 協律郎이 俯伏하여 麾를 가로 눕히면 음악이 그친다. 奉禮郎이 侍臣과 儀仗과 악사를 인도하여 해산한다.

3. 과거를 봄

- 과거 보는 사람이 앞으로 나아가 試驗紙를 받고 試題를 확인하여 제자리로 돌아와서 답안지를 작성한다.
- 시간 안에 答案紙를 말아 이름 쓰고 제출한다.
- 打印官이 시험지를 받아 검사 도장 찍는다.

4. 채 점

- 讀卷官과 對讀官이 시험지를 채점하여 上·中·下·二上·二中·二下·三上·三中·三下·次上·次中·次下·更·外 등의 等級을 定한다.
- 上位의 序列을 뽑아 놓고 試驗官이 임금에게 科擧의 終了를 아뢴다.
- 奉禮郞이 임금에게 壯元選定과 施賞을 청한다.

5. 壯元施賞

- 임금 이하 처음처럼 다시 과거장으로 들어와 제자리에 간다.
- 試官 이하 관리가 앞에 나아가 四拜하고 서쪽 계단으로 올라가 임금 옆으로 가서 선다. 優秀生의 名單과 評點을 임금에게 올리면 임금이 壯元과 二等 三等을 결정하고 그 사람 이름 위에 표시하여 내려준다.
- 傳敎官이 壯元 二等 三等을 榜에 써서 붙이고 呼名하여 부른다.
- 壯元及第한 사람을 奉禮郞이 인도하여 서쪽 계단으로 올라가 임금 앞에 세우고 임금에게 四拜하게 한다.

- 承旨가 賞品을 임금에게 올리면 임금이 賞品을 내린다.
- 壯元 이하 상품을 받고 四拜하고 물러 나온다.
- 讀卷官 이하의 官員이 물러와 마당에 서면 通贊이 일등 俯伏 四拜하라고 외치면 모두 네 번 절한다.
- 判通禮가 서쪽 계단으로 올라가서 임금 앞에 나아가 禮를 마쳤음을 아뢰고 엎드렸다가 일어나 내려와서 자기 자리로 돌아간다.
- 協律朗이 꿇어 앉아 俯伏하였다가 麾를 들고 일어나면 음악이 시작 된다.
- 임금이 내려와 輿를 타면 纖과 扇으로 시위하기를 처음처럼 하여 돌아간다.
- 官員이 모두 따라간다.
- 성균관 임직원과 학생은 교문 밖에까지 전송한다.

儒教의 眞理

이 세상에는 크고 작은 많은 것이 가득 차 있습니다. 큰 것 위에는 더 큰 것이 있고, 작은 것 아래는 더 작은 것이 많이 있습니다.

이렇게 많은 것 가운데서 가장 큰 것이 무엇입니까?

높고 높은 많은 산과 깊고 넓은 바다를 가지고 있는 지구가 대단히 크지만 하늘이 더욱 크지요, 그러나 하늘보다도 더 큰 하늘이 또 있을 것이라고 합니다.

우리의 눈에 보이는 것은 아무리 큰 것이라 할지라도 그것보다 더 큰 것이 있습니다. 그리고 아무리 적은 것이라도 그보다 더 작은 것이 있습니다. 그래서 우리는 현미경이나 안경을 사용하기도 합니다만 가장 큰 것과 가장 작은 것은 아무리 해도 볼 수가 없습니다.

우리들은 보통으로 눈에 보이지 않는 것은 작은 것으로 생각합니다만 오리려 눈에 보이지 않은 것 속에 가장 큰 것이 있습니다.

이 세상에는 우리 눈에 보이는 모든 것은 이치로 되어 있어서 까닭을 가지고 있습니다. 모든 일이 까닭없이 되는 것도 없고 이유없이 하는 일도 없는 것입니다.

그래서 그 원리가 하늘도 있게 하고 땅도 있게 하고 사물도 이게 하는 것입니다. 그러니 눈에 보이지 않는 원리가 더 큰 것입니다.

그러나 그 눈에 보이지 않는 원리는 어떻게 알 수 있습니까? 만약 그것을 우리가 알 수 없다면 가장 큰 것이라고 말 할 수도 없는 것입니다.

우리는 경험과 생각으로 그것을 알 수 있습니다. 어떤 원인에서 생긴 그 결과를 경험하기도 하고 어떤 결과에서 그 원인을 생각하기도 합니다.

이런 것을 경험하고 생각하는 것은 누구입니까? 오직 인간입니다. 사람만이 눈에 보이지 않은 원리를 알고 이치를 생각합니다.

그래서 하늘보다 더 큰 것은 원리요 원리보다도 더 큰 것은 사람이며 사람 중에서도 자기 즉 나입니다.

나는 이 세상 모든 것의 주인이요 가장 큰 것입니다.

그러므로 큰 글이란 것은 나를 배우는 것입니다. 남에게서 그리고 밖에서 배워 온 것이 아니라 나의 속에서 찾고 밝혀내는 것입니다. 그래서 사람이 천하의 주인이 되고 오늘에 내가 가야 할 가장 바른 길을 가르쳐 주는 것이 유교의 진리입니다.

이제 유교의 경전 가운데 하나인 『대학』이라는 책 속에서 가르친 큰 배움의 길을 말씀드리겠습니다.

대학은 공자님께서 가르치신 뜻을 증자님께서 지으신 것입니다.

'큰 배움의 길은 나면서부터 타고난 아름다운 마음씨를 밝히는 곳에 있으며 백성을 새 사람 만드는 데 있으며 지극히 착하고 바른 곳에 머무르는데 있느니라. 마땅히 멈출 자리를 알고 난 뒤에 뜻이 하나로 정하여지는 것이니 뜻이 정해진 뒤에 마음이 조용히 침착하게 되며 마음이 고요하게 된 다음에 몸이 편안하게 되며 몸이 편안하게 된 다음에야 잘 생각할 수 있으며 잘 생각한 뒤에 그 원하는 것을 얻을 수 있느니라.

온갖 만물은 처음과 끝이 있고 일은 마침과 시작이 있는 것이니 먼 저 할 것과 뒤에 할 것을 알면 곧 바른 길에 가까우니라.'

이것이 큰 배움의 길의 알맹이입니다.

(一) 먼저 자기의 본 바탕을 찾아서 밝힐 것.

(二) 다음에 온갖 괴로움과 악에 더럽혀진 다른 사람도 새로운 착 한 마음을 되찾도록 하여 줄 것.

(三) 더 나아가 세계 인류뿐만 아니라 동물식물까지도 자유와 평화 속에 함께 살도록 참되고 아름다운 가장 착한 곳에 머무르게 할 것.

이 세 가지는 대학의 세 가지 으뜸 되는 줄거리입니다.

인간은 현실을 떠나서 살 수는 없습니다. 어떤 사람은 인생은 괴로 움과 슬픔의 연속이라고 사회를 버리고 산으로 들어갑니다. 그리고 어 떤 사람은 인간은 죄인이기 때문에 벌을 받는 사회라고 해서 세상을 버리고 신을 찾아 갑니다. 인간 사회는 본래 성품이 악한 사람들로 가 득 차서 이러한 사회에서는 살만한 가치가 없는 것이라고 하는 사람 도 있습니다.

그러나 이러한 관찰은 성급한 생각입니다. 인간의 마음이란 이해득 실에 얽혀서 순간순간 백 가지의 악한 마음이 생기지만 고요하게 움 직이지 않은 마음속에서는 항상 한 가지의 착한 마음씨가 나타나는 것입니다

세상의 자유 평화 행복은 이 착한 마음씨에서 나옵니다.

이 착한 마음씨가 없을 때 사회의 질서는 깨어지고 죽음의 세계로 암흑이 됩니다.

인간 생명은 앞으로 올 날을 위해서 있는 것이 아닙니다. 생명의 목 적은 현재에 사는 속에 있는 것이요 생명이 결코 수단이 될 수는 없 는 것입니다. 따라서 생명은 후세상의 극락 천당을 위한 수단으로 있 는 것이 아닙니다. 생명은 살기를 바랄 뿐이요 착한 마음씨는 살리는

원동력입니다.

큰 배움의 길이 첫 머리에 착한 마음씨를 밝히라고 하는 것은 유교
의 진리가 사람이 가장 사람답게 사는 길은 현실 사회관계 속에서 성
실하게 자기의 일을 하는 길을 가르치는 것이기 때문에 먼저 사람답
게 사는 길을 말하고 사회의 길을 말하며 세계의 길을 말하는 것입니
다. 착한 마음씨는 자기에게 있습니다. 눈에 보이지 않는 자기의 깊은
속마음에 있습니다. 겉에 있는 착한 마음은 거짓입니다. 깊은 속에 있
는 착한 마음씨를 찾아야 합니다. 너무 깊어서 소리도 냄새도 없습니
다. 그러니 생각해야 합니다. 생각 하되 많은 경험으로 깊은 생각을 해
야 됩니다.

착한 마음씨는 생각하는 것의 결과에 있습니다. 참으로 생각 여하에
있습니다. 생각은 또한 마음에 달렸습니다, 평안한 몸의 안정이 없이
깊은 생각에 잠길 수는 없습니다.

그러니 모든 것은 차례가 있습니다. 차례는 질서입니다. 질서는 바
른 길입니다.

다음을 봅시다. 여기에 더욱 자세한 말씀을 하셨습니다.

"옛날에 착한 마음씨를 천하에 밝히고자 하는 사람은 먼저 자기 나
라를 잘 다스리고 자기 나라를 잘 다스리고자 하는 사람은 먼저 자기
의 집안을 잘 다스리고 집안을 잘 다스리고 하는 사람은 먼저 자기의
몸을 닦고 자기의 몸을 닦고자 하는 사람은 먼저 자기의 마음을 바르
게 하고 자기의 마음을 바르게 하려는 사람은 먼저 자기의 뜻을 성실
하게 가져야 하며 자기의 뜻을 성실하게 하려는 사람은 먼저 자기의
지식을 넓혀야 하는 것이니 지식을 넓히는 것은 사물의 이치를 끝까
지 연구하는 데 있느니라.

사물의 이치를 연구한 뒤에 확실한 것을 알고 모든 것을 안 뒤에
뜻이 성실하게 되며 뜻이 성실한 뒤에 마음이 바르게 되고 마음이 바
른 뒤에 몸을 닦고 몸을 닦은 뒤에 집안을 잘 다스리고 집안을 잘 다

스린 뒤에 나라 정치를 잘하고 나라 정치를 잘한 뒤에 천하를 평화롭게 하느니라"

"천자로부터 일반 서민에 이르기까지 한결같이 모두 몸을 닦는 것이 근본 이니라."

이 얼마나 평범한 말씀 속에 깊은 진리가 있습니까?

장차 밖으로 나가 큰일을 해보려는 사람은 먼저 자기의 깊은 속을 바르게 닦아야 한다는 것입니다.

그리고 중요한 것은 자기 몸을 닦는 것과 천하의 평화를 가져온 일이 둘인 것 같으면서도 둘이 아니요 하나인 것도 아니라는 뜻을 알아내는 것입니다. 자기와 이 세계는 서로 맞붙어 있으나 보통 사람들은 자기만을 너무 높여서 천하 세계가 자기만을 위해있는 것처럼 생각하는 이기주의자도 있고 자기를 너무 낮추어서 천하 세계를 위한 일이라면 자기 목숨을 버리는 이타주의자도 있습니다만 이러한 것은 유교의 진리와는 아주 틀립니다. 유교는 어중간한 것도 싫어합니다. 때와 장소와 신분에 알맞게 열심히 살아야 합니다. 그래서 서민대중은 자기를 위하여 열심히 일하고 공무원은 나라를 위하여 열심히 봉사하며 늙은이는 초연히 인생을 즐기고 사회에 간섭하지 않는 것입니다.

유교의 가르침은 자기로부터 시작해서 천하 세계에까지 그 마음을 미쳐 나가는 것입니다. 그러므로 자기도 세계도 모두 같이 귀중하게 생각합니다.

내가 있으니 천하가 있고, 천하가 있으니 내가 있다는 것을 알아야 합니다. 유교의 가르침은 한 쪽만을 말하지 않습니다. 양쪽을 다 알도록 가르쳐서 그들이 같이 이루어지는 법을 깨닫게 하는 중용의 가르침입니다. 그래서 큰 글이라고 합니다. 우리나라에는 이러한 큰 배움의 유풍(流風)이 있어서 대인(大人)과 군자(君子)와 선비가 나라에 가득하였고, 최근 300여 년간은 동방예의의 나라라는 이름을 얻었던 것입니다.

•저 자 약 력•

서정기(徐正淇)

4.19혁명 선봉 및 민족통일전국학생 성대조직위원장
한국유학연구회 유교사상 편집인, 동양문화연구소 연구실장, 성균관 전학(典學)
한국청년유도회 회장 - 예법(관례, 향음주례, 사상견례)부흥운동 전개
동양문화연구소 부소장 및 소장 - 세계 속의 한국학운동 전개
건국대학교 대학원 철학과 박사학위 심사위원
민중유교연합 의장 - 한글제사축문 보급운동 전개
성균관유교진흥대책위원회 위원장 - 도덕성 회복과 새사람운동 전개
성균관유교문화연구위원회 위원장, 태학지 번역분과 위원장, 민주평화통일 자
문위원회 상임위원, 성균관 유교신보 편집인 겸 주간 역임, 삼경역주 성균훈로
상 수상, 성균관 태학지 번역공로상 수상
현 (사)현정회 이사, 동양문화연구소 소장, (사)한국예절교육협회 상임고문,
김동식 장군 기념사업회 상임고문

•주요 저서•
『세계 속의 韓國文化』,『세계 속의 韓國精神』,『세계 속의 韓國儒敎』,
『세계 속의 韓國禮節』,『정통가정의례』,『민중유교사상』,『실록소설 공자』,
『새시대를 위한 대학·중용』,『새시대를 위한 춘추』(상·중·하),
『새시대를 위한 시경』(상·하),『새시대를 위한 서경』(상·하),
『새시대를 위한 주역』(상·하),『새시대를 여는 길』,『韓國心學의 根源探索』,
『도학통론』,『새시대를 위한 성혼록』,『항일독립전쟁의 영웅 김동식 장군』,
『아침 햇살 영롱한 대나무 열매』,『하늘로 날아라, 못으로 뛰어라』,
『周易象數體系와 義理思想』 외 다수.

世界 속의 韓國流風

• 초판 인쇄	2006년 1월 2일
• 초판 발행	2006년 1월 2일
• 지 은 이	서정기
• 펴 낸 이	채종준
• 펴 낸 곳	한국학술정보㈜
	경기도 파주시 교하읍 문발리 526-2
	파주출판문화정보산업단지
	전화 031) 908-3181(대표) · 팩스 031) 908-3189
	홈페이지 http://www.kstudy.com
	e-mail(e-Book사업부) ebook@kstudy.com
• 등 록	제일산-115호(2000. 6. 19)
• 가 격	23,000원

ISBN   89-534-4289-3 94150 (Paper Book)
        89-534-2428-3 94150 (Paper Book set)
        89-534-4290-7 98150 (e-Book)
        89-534-2459-3 98150 (e-Book set)